高校科研经费管理与实践

杨文静 著

北京邮电大学出版社
www.buptpress.com

内 容 简 介

本书以国家最新的科研经费管理相关政策为依据,系统分析了高校科研经费的预算管理工作,结合《政府会计制度》,详细介绍并举例阐述了科研经费会计核算的具体做法,从内部控制角度梳理了科研经费的监管流程和监管机制;探讨了高校财政性科研经费的绩效评价和管理,推进建立"全方位、全过程、全覆盖"的预算绩效管理体系;介绍了如何将高校科研经费管理业务流程的内部控制嵌入信息化系统中,建立既相互衔接又有效制衡的工作机制,实现科研经费事前、事中、事后的全过程管理;整理了近年来科研经费使用和管理的问题案例,一方面希望科研人员引以为戒,另一方面期待高校管理人员积极思考应对之策,进行科学管理。

图书在版编目(CIP)数据

高校科研经费管理与实践 / 杨文静著. -- 北京:北京邮电大学出版社,2022.8
ISBN 978-7-5635-6679-2

Ⅰ. ①高… Ⅱ. ①杨… Ⅲ. ①高等学校—科技经费—财务管理—研究—中国 Ⅳ. ①G647.5

中国版本图书馆 CIP 数据核字(2022)第 130814 号

策划编辑:彭　楠　　责任编辑:王晓丹　耿　欢　　责任校对:张会良　　封面设计:七星博纳

出版发行	:北京邮电大学出版社
社　　址	:北京市海淀区西土城路 10 号
邮政编码	:100876
发 行 部	:电话 010-62282185　传真:010-62283578
E-mail	:publish@bupt.edu.cn
经　　销	:各地新华书店
印　　刷	:唐山玺诚印务有限公司
开　　本	:720 mm×1 000 mm　1/16
印　　张	:13
字　　数	:263 千字
版　　次	:2022 年 8 月第 1 版
印　　次	:2022 年 8 月第 1 次印刷

ISBN 978-7-5635-6679-2　　　　　　　　　　　　　　　　定价:58.00 元

・如有印装质量问题,请与北京邮电大学出版社发行部联系・

前　言

本书不仅是一项工作的终结或者结果,更多的是作者的工作经验和知识积累的全过程的呈现。

科研经费是高校开展科研活动的重要保障,科研经费"放管服"政策为高校科研项目管理和科研经费管理提出了更高的要求。高校作为科研经费管理的责任主体,既要为科研人员松绑,服务好科研工作,也要发挥好管理和监督的职责,尽量提高科研人员的满意度。这就需要高校相关管理人员紧跟时代要求,认真研究科研经费管理工作,切实履职,保证科研经费既放得开、又管得好。

本书从财务管理的角度出发,以最新的科研经费管理政策为依据,结合科研项目生命周期,从申报立项、经费使用结算、结题验收、审计、评价等环节出发,将业务流程融入预算管理、会计核算管理以及监管控制和绩效评价等财务管理中。本书列举了科研项目经费预算编制指南以及科研经费"负面清单",并对科研经费"包干制"的落地实施提出了具体可行的办法。本书结合2019年实施的《政府会计制度》,详细介绍并举例阐述了科研经费会计核算的具体做法;从内部控制角度梳理了科研经费的监管流程和监管机制,既简化高校科研管理流程,又不削弱高校对整体科研工作的监管效果,确保科研管理工作的有效性和规范性;建议高校加强科研经费绩效管理,通过绩效引导资源配置,提高科研经费的使用效益。本书还整理了近年来科研经费使用和管理的问题案例,一方面希望科研人员引以为戒,另一方面期待高校管理人员积极思考应对之策,进行科学管理。

本书是对自己十多年的工作经验的总结,希望我的经验能对高校财务、科研管理人员及其他管理人员提供帮助,为科研人员了解经费管理政策及项目管理的全流程提供便利。本书在编写过程中,借鉴了众多学者和高校管理人员的研究实践成果,在此感谢所有给予我智慧的老师们,如果这本书能对读者有所启发,也是我站在巨人肩膀上取得的一点成绩。同时,我还要感谢我的先生,他对家庭的照顾和付出，让我能安心将书稿完成。

由于时间和文笔所限，本书并未追求辞藻的华丽，而是尽可能地以通俗易懂为主要目标。虽然成文前后审阅多遍，但仍可能存在错误，如有读者在阅读本书的过程中发现问题，欢迎批评指正。

杨文静

目 录

第1章 绪论 ··· 1
1.1 高校科研经费财务管理概述 ··· 1
1.1.1 高校科研经费界定 ··· 1
1.1.2 高校科研经费分类 ··· 2
1.2 高校科研经费财务管理的内容及特点 ··· 4
1.2.1 高校科研经费财务管理的内容 ··· 4
1.2.2 高校科研经费财务管理的特点 ··· 5
1.3 高校科研经费财务管理基本原则 ··· 5
1.4 高校科研经费管理存在的问题 ··· 6
1.4.1 高校科研经费管理制度建设问题 ··· 6
1.4.2 高校科研经费管理和使用过程中存在的问题 ··· 7

第2章 高校科研经费预算管理 ··· 8
2.1 高校科研经费预算管理的内容 ··· 8
2.2 预算制下高校科研经费预算编制原则 ··· 9
2.3 科研经费预算支出规范举例 ··· 10
2.3.1 国家自然科学基金科研经费支出规范 ··· 10
2.3.2 国家重点研发计划科研经费支出规范 ··· 11
2.3.3 国家科技重大专项科研经费支出规范 ··· 11
2.3.4 国家社会科学基金科研经费支出规范 ··· 13
2.3.5 北京市科技计划项目科研经费支出规范 ··· 15
2.4 高校预算制下的科研经费预算编制指南 ··· 17
2.5 高校预算制下科研经费预算调整管理 ··· 19
2.6 高校科研经费"包干制"落地实施探讨 ··· 20
2.6.1 科研经费"包干制"背景 ··· 20
2.6.2 科研经费"包干制"相关文献概述 ··· 21
2.6.3 推行高校科研经费"包干制"落地实施的措施 ··· 22

2.6.4　逐步构建高校科研经费信用体系 …………………………………… 28

第3章　高校科研经费会计核算管理——基于《政府会计制度》 ……………… 31
　3.1　高校科研经费核算涉及的会计科目 ……………………………………… 31
　3.2　《政府会计制度》下高校科研经费相关业务的核算 …………………… 34
　　3.2.1　科研项目收入的核算 ……………………………………………… 35
　　3.2.2　管理费计提及使用的核算 ………………………………………… 36
　　3.2.3　科研经费支出的核算 ……………………………………………… 36
　3.3　高校科研经费的会计核算举例 …………………………………………… 37
　　3.3.1　科研项目财务建账 ………………………………………………… 37
　　3.3.2　科研相关业务处理 ………………………………………………… 38

第4章　高校科研经费监管与控制 ……………………………………………… 43
　4.1　高校科研经费监管的现状与存在的问题 ………………………………… 43
　　4.1.1　高校科研经费监管体系尚不完善 ………………………………… 43
　　4.1.2　高校科研经费内部监管存在缺失 ………………………………… 44
　　4.1.3　高校科研经费外部监管作用受限 ………………………………… 45
　4.2　高校科研经费监管的研究与借鉴 ………………………………………… 46
　　4.2.1　国外科研经费监管的借鉴 ………………………………………… 46
　　4.2.2　对国内高校科研经费管理机制的研究 …………………………… 48
　4.3　加强高校科研经费内部控制 ……………………………………………… 49
　　4.3.1　内部控制视角下高校科研经费的风险识别 ……………………… 49
　　4.3.2　内部控制视角下高校科研经费的风险防范 ……………………… 53
　4.4　整合内外部监督,落实"放管服"政策 ………………………………… 58
　　4.4.1　完善实施细则,落实"放管服"政策 …………………………… 58
　　4.4.2　建立有效的协同监管体系 ………………………………………… 59
　　4.4.3　完善科研经费信用奖惩机制 ……………………………………… 63
　　4.4.4　加大高校科研经费相关制度的宣传和培训力度 ………………… 63

第5章　高校科研经费绩效管理 ………………………………………………… 65
　5.1　高校科研经费绩效管理的内涵与意义 …………………………………… 65
　　5.1.1　绩效、绩效管理、绩效评价的概念 ……………………………… 65
　　5.1.2　高校科研经费绩效管理的内涵 …………………………………… 66
　　5.1.3　高校科研经费绩效管理的意义 …………………………………… 67
　5.2　高校科研经费绩效管理的研究综述 ……………………………………… 68

    5.2.1 关于高校科研经费绩效管理存在问题的研究 ………………… 68
    5.2.2 关于高校科研经费绩效评价指标体系的研究 …………………… 68
    5.2.3 关于高校科研经费绩效评价方法的研究 ………………………… 68
    5.2.4 关于高校科技成果产出的研究 …………………………………… 69
  5.3 高校科研经费绩效管理的问题 ……………………………………… 69
    5.3.1 高校科研经费绩效管理意识不强 ………………………………… 69
    5.3.2 高校科研经费投入和产出核算不全面 …………………………… 69
    5.3.3 高校科研经费绩效评价体系不完善 ……………………………… 70
    5.3.4 高校基于绩效评价的科研激励机制不健全 ……………………… 70
  5.4 高校科研经费绩效管理的建议 ……………………………………… 70
    5.4.1 增强绩效管理意识,完善科研经费绩效管理制度 ……………… 71
    5.4.2 科学编制科研经费预算,科学设定绩效目标 …………………… 71
    5.4.3 加强精细化管理,合理确定科研活动的全部成本 ……………… 72
    5.4.4 多部门协同配合,共同推进科研经费绩效管理 ………………… 72
    5.4.5 完善科研经费绩效评价体系,科学评价科研经费绩效 ………… 73
    5.4.6 完善科研经费绩效奖励机制,充分利用绩效评价成果 ………… 74

第6章 高校科研经费财务管理流程及信息化建设 …………………… 76
  6.1 "放管服"背景下科研经费的财务管理和服务 ……………………… 76
    6.1.1 坚持以人为本的服务宗旨 ………………………………………… 76
    6.1.2 坚持合理、透明、高效的服务原则 ……………………………… 77
  6.2 推进高校科研经费财务管理信息化建设 …………………………… 77
  6.3 "业财融合"下的高校科研经费管理流程优化 ……………………… 83
    6.3.1 "业财融合"概述 …………………………………………………… 83
    6.3.2 高校科研经费管理流程优化 ……………………………………… 84
  6.4 构建科研项目全过程管理一体化平台 ……………………………… 92

第7章 高校科研经费腐败案例及分析 …………………………………… 95
  7.1 以虚开发票套取科研经费 …………………………………………… 95
  7.2 以虚列劳务费等支出套取科研经费 ………………………………… 97
  7.3 以签订虚假合同、伪造签章等方式套取科研经费 ………………… 98
  7.4 违规转拨套取科研经费 ……………………………………………… 99
  7.5 管理人员利用职务之便贪污 ………………………………………… 100
  7.6 案例分析 ……………………………………………………………… 102

第 8 章　科研经费政策梳理 …………………………………………… 108

参考文献 …………………………………………………………………… 116

附录 ………………………………………………………………………… 120

 附录 1　《国务院办公厅关于改革完善中央财政科研经费管理的若干意见》
    （国办发〔2021〕32 号）…………………………………… 120

 附录 2　《关于进一步完善中央财政科研项目资金管理等政策的若干意见》
    （中办发〔2016〕50 号）…………………………………… 126

 附录 3　《国家自然科学基金资助项目资金管理办法》
    （财教〔2021〕177 号）…………………………………… 130

 附录 4　《国家自然科学基金委员会关于结题项目结余资金的通知》
    （国科金财函〔2021〕20 号）……………………………… 138

 附录 5　《国家社会科学基金项目资金管理办法》
    （财教〔2021〕237 号）…………………………………… 139

 附录 6　《国家重点研发计划资金管理办法》
    （财教〔2021〕178 号）…………………………………… 147

 附录 7　《关于加强和改进国家重点研发计划项目（课题）结题审计相关
    工作的通知》（国科资函〔2021〕13 号）………………… 157

 附录 8　《国家科技重大专项（民口）资金管理办法》
    （财科教〔2017〕74 号）…………………………………… 160

 附录 9　《国家科技重大专项（民口）项目（课题）财务验收办法》
    （财科教〔2017〕75 号）…………………………………… 172

 附录 10　《北京市科技计划项目（课题）经费管理办法》
    （京财科文〔2021〕1822 号）……………………………… 178

 附录 11　《关于中央财政科技计划（专项、基金等）经费管理新旧政策衔接
    有关事项的通知》（财教〔2021〕173 号）……………… 187

 附录 12　《中央高校基本科研业务费管理办法》
    （财教〔2021〕283 号）…………………………………… 189

 附录 13　《高等学校哲学社会科学繁荣计划专项资金管理办法》
    （财教〔2021〕285 号）…………………………………… 193

第1章 绪　　论

随着时代发展,高校在国家科技创新体系中的地位不断提高,高校的研究职能不断加强,政府对高校科研经费的投入不断加大,高校的科研经费和科研项目数量成为衡量高校科研创新的重要指标。

据教育部科技司 2018—2019 年高等学校科技统计资料数据,全国 2017 年度 1 939 所高校科研经费投入共计 1 772.89 亿元,2018 年度 1 944 所高校科研经费投入共计 2 052.69 亿元,2019 年度 2 007 所高校科研经费投入 2 458.20 亿元。从区域来看,高校众多的北京市高校科研经费投入总量每年均是最多,并且也是逐年增加,2017 年至 2019 年分别为 253.69 亿元、300.47 亿元和 355.32 亿元,北京地区高校科研经费每年约增加 50 亿元[1]。据专门发布中国大学排名的"艾瑞深校友会网"公开发布的资料,2019 年中国大学科研经费投入前十名高校分别为:清华大学高达 153.75 亿元;浙江大学 130.98 亿元,居第 2;上海交通大学 108.15 亿元,居第 3;北京大学 91.43 亿元,列第 4;复旦大学 88.34 亿元,列第 5;同济大学 80.34 亿元,列第 6;北京航空航天大学 79.28 亿元,列第 7;中山大学 78.12 亿元,列第 8;华中科技大学 78.01 亿元,列第 9;天津大学 75.70 亿元,列第 10。其中,共有 3 所高校科研经费投入突破 100 亿元。

近年来,我国高校科研经费逐年增长,我国高度重视科研经费管理改革,陆续出台一系列的政策文件,不断优化和完善科研经费管理和服务,旨在不断释放科研创新活力,提升科研资金使用效益。2021 年是"十四五"的开局之年,科技创新被提升到前所未有的国家战略高度,高校是国家科技创新体系的重要组成部分,科研经费作为高校开展科研活动的关键保障条件,已成为高校财务管理的重要内容。

1.1　高校科研经费财务管理概述

1.1.1　高校科研经费界定

科研经费一般指各种用于发展科学技术事业的费用,科研经费的投入体现着国家或地区对科技研发创新所能给予的支持程度,是进行科技创新、研发成果转化的重要资金保障。

高校科研经费是指高等院校所属单位及教职工个人以学校名义或利用学校的条件,通过承接科研项目、开展科研合作、进行科技咨询等方式,为有关部门或地方单位提供科学研究服务,从各种渠道所取得的科研经费拨款和收入。高校科研经费是开展科研活动的重要资金保障,通常由政府、民间组织、企业、基金会等单位以项目形式发起,以委托书或者合同的方式决定项目研究内容和经费使用范围。

高校科研经费是高校进行科学技术研究、提升高校科研创新能力和水平的重要资金保障。高校科研经费本质上是限定使用范围的专项资金,包括项目研究实施阶段所发生的与项目研究相关的所有科研经费开支,包括项目相关的一切直接费用与间接费用。项目直接费用包括设备费、业务费和劳务费,其中业务费包括差旅费、会议费、国际合作和交流费、出版信息知识产权事务费、测试化验加工费、燃料动力费等。间接费用一般包括为项目研究提供的房屋占用,日常水、电、气、暖等消耗,有关管理费用的补助支出,以及激励科研人员的绩效支出等。

1.1.2 高校科研经费分类

因为高校科研经费本质上是限定使用范围的专项资金,所以一般按照科研项目来源和项目性质划分科研经费的类型。总体来看,按资金来源和性质不同,科研项目分为纵向科研项目和横向科研项目,高校科研经费分为纵向科研经费和横向科研经费两大类,纵向科研经费一般是来源于纵向科研项目的资金,横向科研经费一般是来源于横向科研项目的资金。我国的纵向科研项目数量多且来源非常广泛,主要分为三类,具体如表1-1所示。

表1-1 我国纵向科研项目分类表

等级	自然科学类	社会科学类
一类	国家自然科学基金重点项目 国家自然科学基金重大项目 国家自然科学基金重大研究计划项目经费(100万元以上) 国家杰出青年科学基金 863计划课题(经费100万元以上) 973课题(经费100万元以上) 国家科技支撑计划课题(经费100万元以上)	国家社科基金重点项目 国家软科学研究计划重大项目

续表

等级	自然科学类	社会科学类
二类	国家自然科学基金项目 国家自然科学基金委员会科学部主任基金 国家自然科学基金专项项目 863课题(经费30万元以上) 973课题(经费30万元以上) 教育部新世纪优秀人才支持计划国家政策引导类科技计划(星火计划、农业科技成果转化资金支持项目、火炬计划国家重点新产品计划、国际科技合作计划) 国家各部委、各省、自治区、直辖市委托专项课题(经费40万元以上) 企业以产学研合作方式委托研发类课题(其中到校经费中研究经费达到50万元以上)	国家社科基金项目 国家软科学研究计划项目 教育部新世纪优秀人才支持计划 教育部哲学社会科学研究重大课题攻关项目 国家政策引导类科技计划(国家软科学研究计划) 国家各部委、各省、自治区、直辖市委托专项课题(研究经费20万元以上) 企业以产学研合作方式委托咨询类课题(研究经费30万元以上)
三类	省自然科学基金项目 863课题(经费10万元以上) 973课题(经费10万元以上) 教育部科学技术研究项目 教育部留学回国人员科研启动基金 省优秀青年科技基金 省科技攻关计划项目 省教育厅自然科学研究重点项目 国家重点实验室和国家工程(技术)研究中心开放基金 中国博士后科学基金资助 国家各部委、各省、自治区、直辖市委托专项课题(经费20万元以上) 企业以产学研合作方式委托研发类课题(其中到校经费中研究经费达到25万元以上)	教育部人文社会科学研究项目 全国教育科学规划课题 教育部留学回国人员科研启动基金 高等学校博士学科点专项科研基金(新教师基金课题) 省软科学研究计划项目 省哲学社会科学规划项目 省教育厅人文社会科学研究重点项目 中国博士后科学基金资助 国家各部委、各省、自治区、直辖市委托专项课题(研究经费10万元以上) 企业以产学研合作方式委托咨询类课题(研究经费15万元以上)

1. 纵向科研经费

纵向科研经费又叫专项拨款科研经费,是高校根据申请批复的纵向项目,承担国务院各部委及地方政府部门安排的科研项目,所获得的由国家或地方有关部门拨付的科研经费。纵向科研经费通常按项目发起单位的性质进行分类,如国家和省部的自然科学基金和社会科学基金、教育部博士学科点、社科重大项目等。纵向科研经费主要支持基础性研究、公益性研究、涉及国家安全的研究、行业关键技术研究等。纵向科研经费包括国家级、省部级和地市级三类。

(1) 国家级科研经费是指中央和国家各部、委、厅、局、办等部门代表国家立项拨款的科研经费。其中，国家科技计划、国家自然科学基金和国家社会科学基金是最重要的国家级科研经费来源。

（2）省部级科研经费是指中央和国家各部、委、厅、局、办自设项目及各省、自治区、直辖市委、局、办等代表省政府立项拨款的科研项目经费。

（3）地市级科研经费是指各省、自治区、直辖市所属委、局、办的自设项目经费。

2. 横向科研经费

横向科研经费一般是高校自筹经费，主要指由地方有关部门、企事业单位和社会团体出资投入的项目经费，也包括从国（境）外取得的外汇科研收入，由高校科研人员承接的各企事业单位委托并签订技术开发、技术咨询、技术服务以及技术转让等合同所取得的科研项目经费。横向科研项目对服务国家经济社会发展起到重要而直接的推动和支撑作用，是高校服务地方经济社会发展的重要渠道。承接横向科研项目过程中与各类企事业单位的接触，能够将理论知识应用到实践当中，有助于学校人才培养体系的完善。横向科研经费属于非政府拨付类资金，在高校科学技术收入逐步转型的当代社会中，其占比不断提高，横向科研经费在一定程度上缓解了高校科学研究经费不足的问题，已逐渐成为高校科技创收中重要的一环。

从高校管理角度来讲，无论是纵向科研经费还是横向科研经费，均由高校的财务管理部门联合科研管理部门进行管理，要实现专款专用且严格遵循国家相关的法律法规和规章制度，防范违规使用或套取科研资金。

1.2 高校科研经费财务管理的内容及特点

1.2.1 高校科研经费财务管理的内容

高校科研经费财务管理是指以遵守国家有关政策法规和高校相关管理制度为基准，由高校的财务、审计、科研管理等部门负责，对项目执行过程中资金的收支情况进行核算和监督管理，保障资金的正确使用，进而促进科研活动的有序进行。高校科研经费一般实行财务统一核算，由各院系和科研管理部门归口管理，由科研项目负责人负责。科研经费财务管理是一种控制，要考虑成本效益原则，既要促进科技创新，调动科研人员积极性，又要提高效益，兼顾公平和效率。高校科研经费财务管理的目标是为科研活动提供资金支持，保障科研活动顺利开展，通过预算、执行、控制、监督等环节规范科研经费的收支，并使科研经费的使用符合相关管理制度的要求，提高科研经费使用效益，提升科研能力和水平，预防和减少套取科研经费等腐败行为的发生。

高校科研经费纳入高校全面预算管理，从科研项目预算编制开始，包括预算申报、经费到款、项目立项、报销核算、预算调整、结题审计、项目决算、结余资金的处理等贯穿整个科研项目生命周期,财务部门负责科研资金使用的拨款及监督管理。高校通过财务管理部门进行资金的监管,促进高校科研项目领域的健康发展,最大程度地将研究资金转化为社会效益,促进社会的科技进步。

1.2.2 高校科研经费财务管理的特点

高校科研经费管理主要有以下几个特点。

1. 主观性

科研经费管理的执行与评价很大程度上取决于管理人员及科研人员的主观判断选择,因此管理过程并不是绝对的,而具有很大的主观性。

2. 阶段性

高校科研项目从申报、到款到结题,其中包含很多阶段流程,高校科研项目的管理严格按照各阶段具体情况具体管理,每一阶段都有其配套的监管流程。

3. 复杂性

高校科研经费财务管理系统受到国家政策、高校环境、研究领域等多方面因素的影响,加上高校科研经费的来源较广,种类较多,涉及面及层次也较多,因此,高校科研经费具有一定的复杂性,科研经费的管理具有一定的难度。

4. 协调性

高校科研经费的财务管理虽由财务部门主要负责,但同时也需要审计部门、科研部门、科研项目小组协调配合,如此才能全面地分析项目进展过程中的问题。

1.3 高校科研经费财务管理基本原则

1. 专款专用原则

科研经费是项目经费,是专用于某个项目的资金。因此,科研经费在使用过程中要求必须在规定范围内进行支出,不得挪用、混用科研经费。

2. 创新性原则

科学管理强调的是管理的创新,科研经费的使用管理模式要结合国情和各高校科研管理体制,设定适合本校的管理模式,这样才能更好地管好、用好科研经费,不能搞一刀切、一个样的管理模式。

3. 效益优先原则

力求以最低的成本实现高效率的产出。科研经费的使用目的就是保证科研项目的完成。而完善经费的管理体制、提高科研经费的使用效率、实现经济效益及社会效益最大化是科研经费管理的目标,只有这样才能使得有限的科研经费为潜在的科研成果服务。

4. 合规性原则

科研经费是设定专门用途的资金,受托于项目的组织方。按照这种科研项目契约,受托者需要按照经费委托方的要求正确使用科研经费。在我国,纵向科研经费大多是国家财政的科技投入经费,是国家用于推进科学技术发展而预算的经费。因此,科研经费的使用和管理要严格符合国家制定的各项政策法规以及财务的相关制度规定,必须体现责权统一,明确经费经济责任,项目负责人要对科研经费承担经济责任。

1.4 高校科研经费管理存在的问题

自 2016 年开始,中共中央办公厅、国务院办公厅、财政部、国家科技厅、教育部、地方政府等相继出台了多项科研经费管理办法和意见,如《关于进一步完善中央财政科研项目资金管理等政策的若干意见》(中办发〔2016〕50 号)、《国务院关于优化科研管理提升科研绩效若干措施的通知》(国发〔2018〕25 号)、《国务院办公厅关于抓好赋予科研机构和人员更大自主权有关文件贯彻落实工作的通知》(国办发〔2018〕127 号)、《中共教育部党组关于抓好赋予科研管理更大自主权有关文件贯彻落实工作的通知》(教党函〔2019〕37 号)、《国务院办公厅关于改革完善中央财政科研经费管理的若干意见》(国办发〔2021〕32 号)等一系列优化科研经费管理的政策文件和改革措施,有力地激发了科研人员的创造性和创新活力,促进了科技事业的发展。各高校和科研机构为了贯彻落实文件精神、推进科技领域"放管服"改革、优化科研项目和经费管理,积极推动并保障措施落地,切实为科研工作松绑助力,激发了科研人员的积极性,增强了科研人员获得感。但各高校和科研机构在科研经费管理方面仍然存在政策落实不到位、项目经费管理刚性偏大、协同管理理念执行不够、经费报销难等问题。

1.4.1 高校科研经费管理制度建设问题

2015 年 5 月,李克强总理在全国推进简政放权放管结合职能转变工作电视电话会议上首次提出"放管服"概念,即简政放权、放管结合、优化服务。近几年,国家非常重视科研经费的制度建设,不断修订和完善各类科研项目及经费的管理办法。每一类纵向科研项目都配备了相应的资金使用管理办法,以确保经费使用的规范性和有效性。但由于项目研究的特点,经费管理制度之间难免产生分歧。

例如,《国家自然科学基金资助项目资金管理办法》(财教〔2021〕177 号)规定:直接费用中的劳务费是指在项目实施过程中支付给参与项目研究的研究生、博士后、访问学者以及项目聘用的研究人员、科研辅助人员等的劳务性费用,以及支付给临时聘请的咨询专家的费用等。

又如,《北京市科技计划项目(课题)经费管理办法》(京财科文〔2021〕1822号)规定:业务费是指为完成项目(课题)目标所需购置低值易耗品费用和消耗性费用等相关费用。主要包括材料、测试化验加工、燃料动力、差旅/会议/国际合作与交流、档案/出版/文献/信息传播/知识产权事务、咨询、其他等方面支出。其中,咨询支出主要用于项目(课题)实施过程中支付给临时聘请的咨询专家的费用。

可以看出,上述两个文件对于直接费用中专家咨询费归属哪一个预算项的规定不同,《国家自然科学基金资助项目资金管理办法》将专家咨询费列入劳务费预算项,而《北京市科技计划项目(课题)经费管理办法》将专家咨询费与劳务费并列在业务费预算项下,这会导致高校在制定自己的管理办法时产生不确定性。

1.4.2 高校科研经费管理和使用过程中存在的问题

本书将从高校科研经费核算、预算以及监管等方面分析存在的问题。其中,高校科研经费预算管理方面的问题详见第2章,科研经费会计核算管理方面的问题详见第3章,科研经费监管方面的问题详见第4章。除此以外,科研经费的管理和使用存在的问题主要集中体现在日常报销过程中,例如,通过编造虚假合同、开具虚假发票等方式违规套取科研经费,具体分析案例详见第7章。

第 2 章　高校科研经费预算管理

预算管理作为科研经费管理的核心，不是简单的成本控制过程，而是一种利用资源增加价值及实现目标的有效方法。优化与完善科研经费预算管理可以充分发挥预算的导向作用和协调控制的功能，提高科研经费的使用绩效，组织和协调资源服务于科研活动，从而增强科研机构的核心竞争力[2]。《国务院办公厅关于改革完善中央财政科研经费管理的若干意见》（国办发〔2021〕32号）规定："简化预算编制。进一步精简合并预算编制科目，按设备费、业务费、劳务费三大类编制直接费用预算。""下放预算调剂权限。除设备费外的其他费用调剂权全部由项目承担单位下放给项目负责人，由项目负责人根据科研活动实际需要自主安排。调整权全部下放给项目承担单位和科研人员。""扩大经费包干制实施范围。在人才类和基础研究类科研项目中推行经费包干制，不再编制项目预算。项目负责人在承诺遵守科研伦理道德和作风学风诚信要求、经费全部用于与本项目研究工作相关支出的基础上，自主决定项目经费使用。"本章将分别阐述高校科研经费预算管理、预算编制原则、典型项目预算支出规范举例、预算调整等内容，并分析科研项目预算包干制落地实施情况。

2.1　高校科研经费预算管理的内容

预算管理的核心问题是资金的使用与管理。高校科研经费预算管理的首要特征就是以承担单位的财务管理体系为保障，这种财务管理体系保障贯穿于高校科研经费预算管理与约束的全过程。在项目任务书的预算编制阶段，需要以承担单位的财务基础数据资料为基础，以相关经费的开支情况为参考，由财务人员配合项目组进行科研经费的预算编制。在科研经费的使用过程中，必须依据国家相关的财经法规，按照本单位的财务管理制度，通过会计核算与财务管理体系，借助于财务管理信息化、网络化手段来保证科研经费按照预算管理的要求执行。在结题验收阶段，必须通过承担单位的会计核算系统归集汇总各项成本开支，由科研项目组编报科研经费的财务决算报告，并由财务人员审核，为项目的验收做好基础工作[3]。

科研经费预算具体包括科研经费的收入预算和支出预算，预算管理对于项目立项、项目实施、监督检查和结题验收等科研经费管理各个环节具有明确的指导意义。收入预算包括各种来源渠道的经费以及高校的配套经费。科研经费的支出预算分为直接费用和间接费用两部分。直接费用包括：设备费、材料费、测试化验加工费、燃料动力费、差旅费、会议费、国际合作与交流费、出版/文献/信息传播/知识产权事务费、劳务费、专家咨询费和其他支出等。间接费用包括：承担单位为课题研究提供的现有仪器设备及房屋，水、电、气、暖消耗，有关管理费用的补助支出以及绩效支出等。预算管理要兼顾预算刚性与经费支出调整之间的需要，下放预算调剂权限，赋予高校及项目负责人科研经费使用的自主权，这可在很大程度上解决预算管理刚性偏大的问题。

2.2 预算制下高校科研经费预算编制原则

经费预算是国家公共财政安排用于科学研究的资金得以合法、合规和有效使用的基本保障。科研经费预算是科研经费收支的基本依据，项目负责人根据国家有关规定和科研项目管理的相关要求，按照科研任务目标相关性、政策相符性和经济合理性原则编制科研经费预算。

（1）目标相关性是指预算的支出内容要紧紧围绕科研项目的总体目标，不能安排和项目目标不相关的支出内容，不能把改善单位科研条件和缓解经费压力同科研项目经费混在一起。

（2）政策相符性是指要符合国家的财政政策、财务制度、政府集中采购制度、海关进口审批规定、环境保护法、消防安全规定等。

（3）经济合理性是指完成科研目标的同时，付出尽可能小的成本，以达到二者的最佳组合。例如，在设备原材料的品种和采购价格的选择上，在会议举办的规模和次数的选择上，需要考虑付出成本与所达到效益的最优配置。

"放管服"背景下完善预算编制还要考虑以下三方面。

（1）立足"刚柔并济"。所谓"刚"是指对特定项目、特定方面支出的预算编制必须明确、具体，不能模糊随意，不能具有太多弹性。在预算执行过程中必须严格按照预算的内容执行，不能随意变化，确保重点领域、关键内容、重要设备等方面的预算得到落实。所谓"柔"是指对一些新兴领域和需要探索的重要领域，可以适当编制比较抽象、概括的预算项目，在预算编制和执行过程中留有弹性，不能因过度严格而限制科研人员学术自由和创新。

（2）围绕绩效导向。所谓绩效导向就是科研经费的支出应当产生特定的成效，如无法产生特定成效，在预算编制方面应当有所调整，使有限的科研经费投入最重要的领域。

（3）坚持法治思维。所谓法治思维就是预算的编制必须有法可依、有据可依，按照职权程序编制和执行，不能随意编造，更不能违规列支[4]。

2.3 科研经费预算支出规范举例

2.3.1 国家自然科学基金科研经费支出规范

依据《国家自然科学基金资助项目资金管理办法》（财教〔2021〕177号）、《国家自然科学基金委员会关于国家自然科学基金项目经费管理相关事宜的通知》（国科金财函〔2021〕23号）以及国家自然科学基金《项目指南预算编报要求》（2021年）规定，国家自然科学基金科研经费支出规范如表2-1所示。

表2-1 国家自然科学基金科研经费支出规范

预算项	具体列支内容	要求
直接费用	项目实施过程中发生的与之直接相关的费用	—
1. 设备费	项目实施过程中购置或试制专用仪器设备，对现有仪器设备进行升级改造，以及租赁外单位仪器设备而发生的费用。计算类仪器设备和软件工具可在设备费科目列支	应当严格控制设备购置，鼓励开放共享、自主研制、租赁专用仪器设备以及对现有仪器设备进行升级改造，避免重复购置。除50万元以上的设备费外，其他费用只提供基本测算说明
2. 业务费	在项目实施过程中购置图书、收集资料、复印翻拍、检索文献、采集数据、翻译资料、印刷出版、会议/差旅/国际合作与交流等费用，以及其他相关支出	—
（1）材料费	在项目研究过程中消耗的各种原材料、辅助材料、低值易耗品等的采购及运输、装卸、整理等费用	—
（2）测试化验加工费	在项目研究过程中支付给外单位（包括依托单位内部独立经济核算单位）的检验、测试、化验及加工等费用	—
（3）燃料动力费	在项目实施过程中使用的相关仪器设备、科学装置等运行发生的水、电、气、燃料消耗等费用	—
（4）出版/文献/信息传播/知识产权事务费	在项目研究过程中需要支付的出版费、资料费、文献检索费、专业通信费、专利申请及其他知识产权事务等费用	—

续表

预算项	具体列支内容	要 求
（5）会议/差旅/国际合作交流费	在项目研究过程中开展科学实验（试验）、科学考察、业务调研、学术交流等所发生的外埠差旅费、市内交通费用；为了组织开展学术研讨、咨询以及协调项目研究工作等活动而发生的会议费用；以及项目研究人员出国及赴港澳台、外国专家来华及港澳台专家来内地（大陆）工作的费用	本科目不超过直接费用10%的，不需要提供预算测算依据；超过10%的，需要提供必要测算说明
（6）其他支出	在项目研究过程中发生的除（1）~（5）之外的其他支出	—
3. 劳务费	项目实施过程中支付给参与项目研究的研究生、博士后、访问学者以及项目聘用的研究人员、科研辅助人员等的劳务性费用，以及支付给临时聘请的咨询专家的费用等	项目聘用人员的劳务费开支标准，参照当地科学研究和技术服务业从业人员平均工资水平，根据其在项目研究中承担的工作任务确定，其由单位缴纳的社会保险补助、住房公积金等纳入劳务费科目列支。不得支付给参与本项目及所属课题研究和管理的相关人员
间接费用	依托单位在组织实施项目过程中发生的无法在直接费用中列支的相关费用	间接费用按依托单位单独核定，申请人不用单独编制
1. 日常水、电、气、暖等消耗	依托单位为项目研究提供的房屋占用，日常水、电、气、暖等消耗	—
2. 管理费用	有关管理费用的补助支出	—
3. 绩效支出	激励科研人员的绩效支出	—

2.3.2　国家重点研发计划科研经费支出规范

依据《国家重点研发计划资金管理办法》（财教〔2021〕178号）规定，国家重点研发计划科研经费支出规范与国家自然科学基金科研经费支出规范基本相同。

2.3.3　国家科技重大专项科研经费支出规范

依据《国家科技重大专项（民口）资金管理办法》（财科教〔2017〕74号）规定，国家科技重大专项科研经费支出规范如表2-2所示。

表2-2 国家科技重大专项科研经费支出规范

预算项	具体列支内容	要求
直接费用	在项目（课题）实施过程（包括研究、中间试验试制等阶段）中发生的与之直接相关的费用	—
1. 设备费	在项目（课题）实施过程中购置或试制专用仪器设备，对现有仪器设备进行升级改造，以及租赁使用外单位仪器设备而发生的费用	应当严格控制设备购置，鼓励共享、试制、租赁专用仪器设备以及对现有仪器设备进行升级改造，避免重复购置
2. 材料费	在项目研究过程中消耗的各种原材料、辅助材料、低值易耗品等的采购及运输、装卸、整理等费用	—
3. 测试化验加工费	在项目（课题）实施过程中支付给外单位（包括承担单位内部独立经济核算单位）的检验、测试、设计、化验、加工及分析等费用	—
4. 燃料动力费	在项目实施过程中直接使用的相关仪器设备、科学装置等运行发生的水、电、气、燃料消耗等费用	—
5. 会议/差旅/国际合作与交流费	在项目（课题）实施过程中为组织开展相关的学术研讨、咨询以及协调任务等活动而发生的会议费用；在项目（课题）实施过程中开展科学实验（试验）、科学考察、业务调研、学术交流等所发生的外埠差旅费、市内交通费用等；在项目（课题）实施过程中相关人员出国（境）、外国专家来华及港澳台专家来内地（大陆）工作而发生的费用	—
6. 出版/文献/信息传播/知识产权事务费	在项目（课题）实施过程中，需要支付的出版费、资料费、专用软件购买费、文献检索费、专业通信费、专利申请及其他知识产权事务等费用	—
7. 劳务费	在项目（课题）实施过程中支付给参与研究的研究生、博士后、访问学者以及项目（课题）聘用的研究人员、科研辅助人员等的劳务性费用	项目（课题）聘用人员的劳务费标准，参照当地科研和技术服务业人员平均工资水平，根据其在项目（课题）研究中承担的工作任务确定，其社会保险补助纳入劳务费科目列支。劳务费预算不设比例限制，据实编制

续表

预算项	具体列支内容	要求
8. 专家咨询费	在项目（课题）实施过程中支付给临时聘请的咨询专家的费用。专家咨询费不得支付给参与项目（课题）研究及其管理相关的工作人员	专家咨询费的标准按国家有关规定执行
9. 基本建设费	项目（课题）实施过程中发生的房屋建筑物构建、工程配套机电设备购置等基本建设支出	应当单独列示
10. 其他费用	在项目（课题）实施过程中除1~9之外的其他直接相关的支出	其他费用应当在申请预算时详细说明
间接费用	承担单位在项目（课题）组织实施过程中无法在直接费用中列支的相关费用。主要包括承担单位为项目（课题）研究提供的房屋占用，日常水、电、气、暖消耗，有关管理费用的补助支出，以及激励科研人员的绩效支出等	—

2.3.4 国家社会科学基金科研经费支出规范

依据《国家社会科学基金项目资金管理办法》（财教〔2021〕237号）规定，国家社会科学基金科研经费支出规范如表2-3所示。

表2-3 国家社会科学基金科研经费支出规范

预算项	具体列支内容	要求
直接费用	项目实施过程中发生的与之直接相关的费用	—
1. 业务费	在项目实施过程中购置图书、收集资料、复印翻拍、检索文献、采集数据、翻译资料、印刷出版、会议/差旅/国际合作与交流等费用，以及其他相关支出	—
(1) 图书资料费	在项目研究过程中需要支付的图书资料费	—
(2) 复印翻拍费	在项目研究过程中需要支付的复印费、翻拍费	—

续表

预算项	具体列支内容	要　求
（3）文献检索费	在项目研究过程中需要支付的文献检索费	—
（4）数据采集费	在项目研究过程中发生的调查、访谈、数据购买、数据分析及相应技术服务购买等支出的费用	—
（5）翻译资料费	在项目研究过程中需要支付的翻译资料费	—
（6）印刷出版费	在项目研究过程中支付的打印费、印刷费及阶段性成果出版费等	—
（7）会议/差旅/国际合作交流费	在项目研究过程中开展科学实验（试验）、科学考察、业务调研、学术交流等所发生的外埠差旅费、市内交通费用；为了组织开展学术研讨、咨询以及协调项目研究工作等活动而发生的会议费；以及项目研究人员出国及赴港澳台、外国专家来华及港澳台专家来内地（大陆）工作的费用	—
（8）其他支出	在项目研究过程中发生的除（1）～（7）之外的其他支出	—
2. 劳务费	项目实施过程中支付给参与项目研究的研究生、博士后、访问学者以及项目聘用的研究人员、科研辅助人员等的劳务性费用，以及支付给临时聘请的咨询专家的费用等	项目聘用人员的劳务费开支标准，参照当地科学研究和技术服务业从业人员平均工资水平，根据其在项目研究中承担的工作任务确定，其由单位缴纳的社会保险补助、住房公积金等纳入劳务费科目列支。不得支付给参与本项目及所属课题研究和管理的相关人员
3. 设备费	在项目实施过程中购置设备和设备耗材、升级维护现有设备以及租用外单位设备而发生的费用	应当严格控制设备购置，鼓励共享、租赁设备以及对现有设备进行升级
间接费用	依托单位在组织实施项目过程中发生的无法在直接费用中列支的相关费用	间接费用按依托单位单独核定，申请人不用单独编制
1. 日常水、电、气、暖等消耗	依托单位为项目研究提供的房屋占用，日常水、电、气、暖等消耗	—
2. 管理费用	有关管理费用的补助支出	—
3. 绩效支出	激励科研人员的绩效支出	—

2.3.5 北京市科技计划项目科研经费支出规范

依据《北京市科技计划项目(课题)经费管理办法》(京财科文〔2021〕1822号)规定,北京市科技计划项目科研经费支出规范如表2-4所示。

表2-4 北京市科技计划项目科研经费支出规范

预算项	具体列支内容	要 求
直接费用	项目实施过程中发生的与之直接相关的费用	—
1. 设备费	设备费主要用于在项目(课题)实施过程中购置或试制专用仪器设备,购置计算类仪器设备、软件工具;对现有仪器设备进行升级改造,以及租赁使用外单位仪器设备而发生的相关费用	承担单位应当严格控制仪器设备购置支出。对使用市级财政科技经费购置的仪器设备,应根据国家有关政策及本市关于加强首都科技条件平台建设、促进重大科研基础设施和大型科研仪器开放共享的相关规定,履行查重评议程序。承担单位可自行采购科研仪器设备,自行选择科研仪器设备评审专家。对科研急需的设备和耗材采用特事特办、随到随办的采购机制,可不进行招标投标程序。涉及变更政府采购方式的,财政部门实行限时办结制度,对符合要求的申请项目,原则上自收到变更申请之日起5个工作日内办结。对承担单位采购进口科研仪器设备实行备案制管理
2. 业务费	业务费是指为完成项目(课题)目标所需购置低值易耗品费用和消耗性费用等相关费用	—
(1) 材料支出	材料支出主要用于在项目(课题)实施过程中消耗的各种原材料、辅助材料等低值易耗品的采购及运输、装卸、整理等费用	—
(2) 测试化验加工支出	测试化验加工支出主要用于由于承担单位自身的技术、工艺和设备等条件的限制,在项目(课题)实施过程中委托或与外单位合作(包括承担单位内部独立经济核算单位)进行的检验、测试、化验、加工、计算、试验、设计、制作等所支付的费用	—

续表

预算项	具体列支内容	要　求
（3）燃料动力支出	燃料动力支出主要用于在项目（课题）实施过程中相关大型仪器设备、专用科学装置等运行发生的可以单独测算的水、电、气、燃料消耗等费用	—
（4）档案/出版/文献/信息传播/知识产权事务支出	档案/出版/文献/信息传播/知识产权事务支出主要用于在项目（课题）实施过程中，需要支付的出版、资料购买及印刷、文献检索、专业通信、专利申请及其他知识产权事务等费用	落实中央关于破除科技评价"唯论文"不良导向要求，不得列支在学术期刊"黑名单"或预警名单上发表论文的支出
（5）会议/差旅/国际合作交流支出	会议/差旅/国际合作交流支出主要用于在项目（课题）实施过程中为组织开展学术研讨、咨询论证，以及组织协调项目或课题等活动而发生的会议费；开展科学实验（试验）、科学考察、业务调研、学术交流等所发生的城市间交通费、住宿费、伙食补助费和市内交通费；研究人员出国及外国专家来华开展科学技术交流与合作的费用	承担单位为完成项目（课题）的任务目标，列支的差旅/会议/国际合作交流支出不纳入"三公"经费、机关运行经费和行政一般性支出统计范围，不受"零增长"限制 承担单位应根据科研活动实际需要，按照实事求是、精简高效、厉行节约的原则，制定出台科研类差旅、会议支出管理办法，合理确定科研人员乘坐交通工具等级、住宿费标准，会议次数、天数、人数和会议支出范围、标准
（6）咨询支出	咨询支出主要用于项目（课题）实施过程中支付给临时聘请的咨询专家的费用	承担单位应根据科研活动实际需要，制定咨询支出管理办法和开支标准，不得支付给参与项目（课题）研究及管理相关的工作人员
（7）其他支出	其他支出主要用于项目（课题）实施过程中除（1）～（6）之外的其他业务费支出	—
3.劳务费	劳务费主要用于在项目（课题）实施过程中支付给项目（课题）组成员、参与项目研究的研究生、博士后、访问学者以及项目（课题）组临时聘用的研究人员、科研辅助人员、科研财务助理的劳务性费用。项目（课题）聘用人员的社会保险补助、住房公积金等纳入劳务费列支	承担单位应根据科研活动实际需要，建立劳务费分配制度。财政供养人员不得列支劳务费

续表

预算项	具体列支内容	要求
间接费用	项目(课题)承担单位在组织实施项目(课题)过程中发生的无法在直接费用中列支的相关费用,主要包括绩效支出及管理费用	实行总额控制,按照不超过项目(课题)经费中直接费用扣除设备费后的30%核定。对数学、物理等纯理论基础研究项目,间接费用比例进一步提高到不超过60%,具体间接费用核定比例由市科委、中关村管委会在项目(课题)组织过程中予以明确
1. 绩效支出	绩效支出是项目(课题)承担单位为提高科研工作绩效安排的相关支出	间接费用由承担单位统筹安排使用。承担单位应当建立健全间接费用的内部管理办法,公开透明、合理规范使用间接费用。间接费用的使用应向项目(课题)组内部创新绩效突出的团队和个人倾斜,承担单位要处理好合理分摊间接成本和对科研人员激励的关系,不得截留、挪用、挤占。承担单位可将间接费用全部用于绩效支出,不受比例限制。绩效支出安排应当与科研人员在项目(课题)研究中的实际贡献挂钩,真正体现科研人员价值。绩效支出的使用范围和标准应在单位内部公示
2. 管理费用	管理费用主要包括项目(课题)承担单位为项目(课题)研究提供的现有仪器设备及房屋,水、电、气、暖等消耗,以及有关管理费用的补助支出等	实行工资总额管理的承担单位从科研经费中列支的编制内有工资性收入科研人员的绩效支出,一次性计入当年本单位绩效工资总量,但不受核定的本单位绩效工资总量限制,不作为核定下一年度绩效工资总量的基数,不作为社会保险费缴纳基数

2.4 高校预算制下的科研经费预算编制指南

本小节通过分析科研项目管理的相关制度和规定,结合实际工作中遇到的问题,列举科研项目经费预算编制的要点,供科研人员参考,希望在预算编制方面对科研人员有所帮助。科研经费预算编制指南如表2-5所示。

表 2-5 科研经费预算编制指南

预算项	费用项	预算编制
设备费	设备费	含购置设备费、试制设备费、设备改造费、设备租赁费。计算类仪器设备和软件工具可在设备费列支
业务费	材料费	专用材料、辅助材料、低值易耗品的采购价款、运输、装卸及整理费用。以主要材料的品种、规格、数量、单价逐项计算,同时把辅助材料一并计算
	测试化验加工费	支付给外单位的检验、测试、化验、加工及计算分析等费用。按检验、测试、化验、加工的具体名目、次数、单价计算。取得的技术服务类发票属于测试化验加工费
	燃料动力费	在项目实施过程中直接使用的相关仪器设备、科学装置等运行发生的水、电、气、燃料消耗费用等。以运行时间、水、电、气、燃料的实际价格测算
	出版/文献/信息传播/知识产权事务费	根据任务目标测算图书出版的种类、数量、价格;文献检索、查阅的数量、单价;信息传播的种类、数量、单价;知识产权申报的类别、单价、注册等市场公允价计算
	会议费	按照规定标准编制会议费,参照《中央和国家机关会议费管理办法》相关规定,一般高校举办会议标准是 550 元/人天,其中住宿费 340 元/人天、伙食费 130 元/人天、其他费用 80 元/人天,各项费用之间可以调剂使用。对于不发生的事项,报销额度上限应按明细标准进行相应扣减 会议费开支范围包括会议住宿费、伙食费、会议室租金、交通费、文件印刷费等
	差旅费	按规定乘坐交通工具的等级,按照出差目的地测算城市间交通费,参照《中央和国家机关差旅费管理办法》第七条规定 按照出差目的地标准测算住宿的标准,参照《中央和国家机关差旅费管理办法》第十四条规定 按照出差目的地标准以出差自然天数测算伙食补助费和交通补助费。伙食补助费西藏、青海、新疆按每人每天 120 元标准测算,其他地区按照每人每天 100 元标准测算;市内交通补助费按规定标准包干使用,按照每人每天 80 元标准测算

续表

预算项	费用项	预算编制
业务费	国际合作交流费	出国及赴港澳台、外国专家来华及港澳台专家来内地(大陆)工作的费用。出国及来华人数、职级、天数、标准的计算,严格执行财政部出国及外国来华人员的支付标准
业务费	其他支出	项目实施过程中会发生一些在上述预算科目的支出内容之外的其他相关支出,支出内容要与课题任务密切相关,并列明事项
劳务费	劳务费	劳务费不设比例限制,开支标准参照当地科学研究和技术服务业从业人员平均工资水平,根据其在项目研究中承担的工作任务确定,其由单位缴纳的社会保险补助、住房公积金等纳入劳务费科目列支
劳务费	专家咨询费	专家咨询费支付标准参照《中央财政科研项目专家咨询费管理办法》规定:高级专业技术职称人员的专家咨询费标准为1 500~2 400元/人/天(税后);其他专业人员的专家咨询费标准为900~1 500元/人/天(税后)。院士、全国知名专家可按照高级专业技术职称人员的专家咨询费标准上浮50%执行
劳务费	专家咨询费	以会议形式发放专家咨询费:会期半天按照上述标准60%执行;会期不超过两天按照上述标准执行;会期超过两天,第一天和第二天按照上述标准执行,第三天及以后按照上述标准的50%执行
劳务费	专家咨询费	以现场访谈或者勘察活动形式发放专家咨询费,按照会议形式组织的专家咨询费标准执行
劳务费	专家咨询费	以通讯活动形式发放专家咨询费,按照上述标准的20%~50%执行

2.5 高校预算制下科研经费预算调整管理

2016年《关于进一步完善中央财政科研项目资金管理等政策的若干意见》(中办发〔2016〕50号)规定:"下放预算调剂权限,在项目总预算不变的情况下,将直接费用中的材料费、测试化验加工费、燃料动力费、出版/文献/信息传播/知识产权事务费及其他支出预算调剂权下放给项目承担单位。"科研经费的直接费部分调剂权限下放至项目承担单位,直接费中设备费、差旅/会议/国际合作和交流费、其他费用以及间接费的调剂权限仍然需要履行相应的手续。

2021年《国务院办公厅关于改革完善中央财政科研经费管理的若干意见》(国办发〔2021〕32号)规定:"下放预算调剂权限。设备费预算调剂权全部下放给项目承担单位,不再由项目管理部门审批其预算调增。项目承担单位要统筹考虑现有设备配置情况、科研项目实际需求等,及时办理调剂手续。除设备费外的其他费用调剂权全部由项目承担单位下放给项目负责人,由项目负责人根据科研活动实际需要自主安排。"科研经费预算调剂权限除间接费用外,全部下放至承担单位及项目负责人手中。政策进一步扩大科研经费管理自主权,有力地激发了科研人员的创造性和创新活力,促进了科技事业发展。

预算调剂权限下放后,高校项目管理部门要结合学校各项财务管理制度制定相应的科研经费管理制度,同时做好政策的宣传和培训工作,尽量避免在预算执行过程中出现随意调整预算的现象。科研经费预算频繁调整导致预算功能失效,由于科研人员对项目活动内容和项目成果的策划缺乏系统性,因此项目经费的预算往往会出现不全面、不细致的情况,那么科研经费预算调整则成为项目实施过程中的必然要求。科研人员通过各种理由进行预算调整,甚至会对原有的项目经费预算重新测算,打乱了整个经费预算的结构,直接影响到项目实施过程中经费的使用和管理,同时也给科研项目管理带来很大的工作难度,导致预算编制、监管功能失效,预算经费绩效考核和结题财务验收无法开展。事实上,经常性的预算调整也是考核科研人员对经费管理责任是否到位、信用是否到位的体现[5]。

2.6 高校科研经费"包干制"落地实施探讨

2.6.1 科研经费"包干制"背景

2019年3月,李克强总理在《政府工作报告》中提出:进一步提高基础研究项目间接经费占比,开展项目经费使用"包干制"改革试点,不设科目比例限制,由科研团队自主决定使用。随后,李克强总理主持召开国家杰出青年科学基金工作座谈会,强调要持续深化科技领域"放管服"改革,进一步解除科研人员束缚,年内推动项目经费使用"包干制"改革试点落地。

2020年,国家自然科学基金项目首次提出在国家杰出青年科学基金项目试点经费使用"包干制"。项目经费无须编制经费预算,取消直接费用和间接费用,项目负责人在规定范围内自主使用经费,进一步扩大了科研人员对经费管理和使用的自主权,为科研人员摆脱繁杂的科研经费管理约束、缓解科研经费矛盾、激发研究创新活力奠定了良好的基础。

2021年5月,习近平总书记在两院院士大会上指出要推动科技管理职能转变,赋予科学家更大技术路线决定权和经费使用权[6]。2021年6月,李克强总理在《政府工作报告》中强调要提升科技创新能力,优化项目申报、评审、经费管理等流程,消除科研人员不合理负担,同年,李克强总理在国家科学技术奖励大会上指出要深化科研领域"放管服"改革,切实给科研人员松绑减负,体现了国家科研经费管理改革的决心。随后,《国务院办公厅关于改革完善中央财政科研经费管理的若干意见》(国办发〔2021〕32号)明确提出:"扩大经费包干制实施范围。在人才类和基础研究类科研项目中推行经费包干制,不再编制项目预算。项目负责人在承诺遵守科研伦理道德和作风学风诚信要求、经费全部用于与本项目研究工作相关支出的基础上,自主决定项目经费使用。鼓励有关部门和地方在从事基础性、前沿性、公益性研究的独立法人科研机构开展经费包干制试点。"

2.6.2 科研经费"包干制"相关文献概述

相关学者普遍认为,科研经费"包干制"一定程度上顺应了时代的发展,破除了科研人员的束缚,是对科研规律的尊重,是促进"放管服"政策有效落地的手段。例如:李艳认为"包干制"的再次提出在一定程度上顺应了时代的发展,也是对科研规律的尊重[7];王仕涛认为"包干制"的实施在一定程度上解决了不确定性与预算要求具体化的矛盾,有助于推进科研经费管理的创新治理[8]。

研究者也认为实施科研经费"包干制"对基层科研管理和经费管理提出了更高的要求,科研经费"包干制"不是"以包代管""以包代改""一包就灵""一包了之",一些研究者提出了针对政策实施的建议措施。

(1)提高科研人员的责任意识。例如:李艳提出科研经费的管理还在于科研人员对经费的投入与产出意识,以及合理使用经费的方法[7];严纯华强调了科研项目负责人要对科研经费承担责任[9];汪春娟、赵春晓提出了高校实施科研经费"包干制"的原则和方式,即要坚持尊重科研规律的原则,分类实施,真正落实项目负责人责任制、项目负责人支配权[10];张世敏、杨琰认为科研经费"包干制"的实施依赖于科研团队的科学操守和素养,因此需要加强对科研人员科学家精神的培养,树立"诚信科研、规矩在先、责任自负"的理念,强化科研人员自律意识[11]。

(2)建立科学有效的考核评价机制,坚持以质量、绩效、贡献为核心的评价导向,全面准确反映成果创新水平、转化应用绩效和对经济社会发展的实际贡献。例如:严纯华提出,"包干制"的实施有待构建一个科学、高效、诚实、节约的经费申请和支出体系,这样才能确保科研经费为科研项目研究提供有力的保障作用[9];章维针对高校科研经费管理问题,分析了科研经费"包干制"的实施内容,并提出科研经费"包干制"目标实现的策略[12]。

(3)加强配套的审计监督和绩效考核,建立并完善科研信用体系等配套措施。例如:张天柱分析了高校科研经费"包干制"的适用范围,并提出加强审计监督,建立与"包干制"配套的审计制度[13];樊缤绮认为,在实施"包干制"的过程中,"包干制"固然能为科研人员松绑,但也不意味着为其大开方便之门,在"松绑"的过程中,科研人员更应当对科研经费的使用承担起相应的责任,划好科研诚信的红线[14];汪春娟、赵春晓提出坚持放管结合、信任与监督结合、目标管理与过程管理结合[10];韩凤芹、史卫分析了科研经费"包干制"实施的必要性,介绍了国外的科研经费"包干制"做法,并对"包干制"试点提出了不能"以包代管""以包代改""一包就灵""一包了之"的有效建议[15]。

综上所述,科研经费"包干制"的实施在理论研究和政策支持方面都有了较好的基础,"包干制"改革可以一定程度上解决严格按照预算支出不符合科研特点的问题,有了政策的基础,如何落实"包干制"才是下一步的关键。

2.6.3 推行高校科研经费"包干制"落地实施的措施

1. 建立健全规范的科研经费管理制度,为"包干制"落地实施提供制度依据

(1) 报销制度。大多科研经费制度制定以科研项目管理办法或者制度为依据,科研经费报销制度是科研经费管理制度的重要组成部分,也是与科研人员密切相关,确保科研经费科学管理和高效使用的关键。

(2) 信用考核制度。在实践中建立科研人员诚信档案、完善项目考核机制。"包干制"是一种手段,改革的重点是基于激励和信任。改进科研经费的管理要把"包干制"跟"放管服"结合,改变管理理念和方式,在试点中不断推进和完善。我国应建立科学研究信用评价体系和专门管理机构,并从立法的高度保护科研诚信。一旦发现项目负责人和项目组成员存在违反职业道德、违背科学精神和科研诚信的行为,将直接影响个人信用评价等级,项目承担单位也要承担相应的责任和后果,这也是对公民道德提倡高度自律与社会监督相结合的有效管控手段[12]。

(3) 建立配套审计制度。加强审计监督,建立与"包干制"配套的审计制度。"包干制"要求高校要加强对各类科研经费的审计监督,高校内部审计部门要对科研经费的真实性、合法性、效益性进行审计,积极防范挪用、套取科研经费等违法行为。高校财务部门对科研经费进行绩效考评时,可以借鉴审计部门在各项审计中发现的涉及科研经费的问题与建议;审计部门进行审计时,也可以借鉴科研经费绩效评价结果。财审联动不但可以使资源得到共享,而且为切实推进绩效评价结果应用提供了新途径[13]。

(4) 建立科研经费支出"负面清单"。2015年5月4日,教育部发布的《教育部关于深入推进教育管办评分离促进政府职能转变的若干意见》明确提出:在有条件的地方和学校开展负面清单管理试点,清单之外的事项学校可自主施行,要尽量缩减负面清单事项的范围,更多采取事中、事后监管方式。引入"负面清单"管理理念为解决高校科研经费管理"瓶颈"问题提供了新的视角和路径。《北京市自然科学基金项目经费使用"包干制"管理办法(试行)》规定:"为保证项目经费的合规、高效使用,建立项目经费使用'负面清单',明确了'负面清单'有以下几方面:违规列支设备费;通过虚构合作、协作等方式转拨、转移项目经费;虚构经济业务、编造虚假合同、使用虚假票据套取资金;通过虚列、伪造名单,虚报冒领劳务费;用于在相关机构列为'黑名单'的学术期刊上发表论文的论文支出;违反其他国家法律法规及相关规章制度的行为。"

2021年9月底,新修订的《国家自然科学基金资助项目资金管理办法》《国家重点研发计划资金管理办法》规定:"项目资金管理使用不得存在以下行为:编报虚假预算;未对项目资金进行单独核算;列支与本项目任务无关的支出;未按规定执行和调剂预算、违反规定转拨项目资金;虚假承诺其他来源资金;通过虚假合同、虚假票据、虚构事项、虚报人员等弄虚作假,转移、套取、报销项目资金;截留、挤占、挪用项目资金;设置账外账、随意调账变动支出、随意修改记账凭证、提供虚假财务会计资料等;使用项目资金列支应当由个人负担的有关费用和支付各种罚款、捐款、赞助、投资、偿还债务等;其他违反国家财经纪律的行为。"

以北京市属某大学为例,该高校的科研经费管理办法规定科研经费不得开支:非科研用房的房租费、物业管理费及供暖费;住宅小区停车费、车辆保险费、车辆维修费、车辆保养费、车辆年检费;礼品、景区门票、旅游费用等与科研活动无关的支出。

高校应该根据自身特点和实际情况,科学合理地拟定"负面清单"。首先,高校要明确清单的制定依据,让科研人员明白不能做的理由及其依据。其次,在制定清单时,高校要设立多方参与决策机制,综合考虑财务、科研、税务、财政、银行等相关行业专家的意见和建议。最后,清单的内容要与时俱进,高校要根据实践情况及国家各项政策法规,及时对清单进行修正完善。

根据高校科研经费管理过程中常见的违规或者不合理使用经费的问题,本小节总结了科研经费支出"负面清单",如表2-6所示。

表2-6 科研经费支出"负面清单"

预算项	费用项	负面清单
设备费	设备费	不得购买、试制或租赁与科研项目无关的仪器设备;不得购置应属于承担单位提供的通用仪器设备,如普通办公电脑、打印机、扫描仪、投影仪、传真机、办公桌椅等办公相关设备用品
业务费	材料费	不得购买与科研项目无关的材料;不得以虚假业务、虚开发票、虚假合同等方式报销套取科研经费;不得恶意拆分报销材料费规避内控监管,逃避招投标;不得列支普通办公材料(复印纸、硒鼓、墨盒、打印纸等)费用
	测试化验加工费	不得通过虚构测试化验加工内容、提高测试化验加工支出标准等方式违规开支测试化验加工费;不得以测试化验加工名义违规转包科研项目,变相转拨资金;不得委托不具备相关业务资质或经营范围不符的单位开展测试化验加工任务并支付测试化验加工费用

续 表

预算项	费用项	负面清单
业务费	燃料动力费	不得列支日常办公发生的水、电、气、暖等费用;不得列支私家车汽油费
	出版/文献/信息传播/知识产权事务费	不得列支日常办公用途的电话费、网络费、手机充值费用及邮寄费等;不得列支与本项目不相关的专利年费、版面费等;发表版面上未标注本项目资助信息,不得从项目经费列支版面费
	会议费	不得虚构会议事项,或通过提供虚假参会人员名单、伪造参会人员签字等方式报销会议费;严禁各单位借会议名义组织会餐或安排宴请;严禁套取会议费设立"小金库";严禁在会议费中列支公务接待费
	差旅费	不得扩大差旅费开支范围和提高开支标准;不得报销因私或不相关业务发生的火车票、机票、住宿等费用;不得列支不合理的市内交通费、汽油费、过路过桥费等
	国际合作交流费	不得以对外学术交流合作的名义变相公款出国旅游;不得报销与科研项目无关的家人、亲属等人员的国际旅费;不得以虚假方式报销国际旅费,如虚构事项、虚报天数、人数等信息;不得超期回国违规报销国际旅费补助;不得擅自扩大国际旅费开支范围和提高开支标准
	其他支出	不得列支与项目研究无关的其他支出;不得报销个人家庭消费支出,如个人家庭生活用品、手机、眼镜、娱乐、健身、医疗、培训、参观旅游等支出;不得报销不合理的招待费、礼品费
劳务费	劳务费	不得通过编造虚假劳务合同、虚构人员名单等方式虚报冒领劳务费、专家咨询费;不得超标准发放劳务费、专家咨询费;不得以劳务费形式发放应由单位承担的其他人员工资;不得将专家咨询费发放给项目组成员或支付给参与项目管理的工作人员等
	专家咨询费	

2. 分类、分项实施高校科研经费"包干制"

(1) 高校科研经费分类实施"包干制"

科研经费"包干制"的本意不在于"全包""随意包",而应分类实施科研经费"包干制"。纵向科研经费大多属于财政性资金,对资金管控较多,资金的规范性和绩效性要求相对严格,纵向科研经费"包干制"可以适当"包干",对较为敏感的"劳务费""专家咨询费""设备费"进行比例控制,而其他用途经费可以进行"包干制"使用[16]。2016年7月,中共中央办公厅、国务院办公厅等部门印发的《关于进一步完善中央财政科研项目资金管理等政策的若干意见》(中办发〔2016〕50号)第二条第五款规定:"自主规范管理横向经费。横向科研经费纳入单位财务管理,由项目承担单位按照合同约定或委托方要求管理使用。"

根据《关于进一步完善中央财政科研项目资金管理等政策的若干意见》(中办

发〔2016〕50号)有关规定,横向经费可以按照合同约定或委托方要求管理使用经费,实行经费大包干。对于教育拨款中的科研类项目及纵向课题,要下放经费调整自主权,在会议费、差旅费、出国经费等支出标准上试行"单项包干",简化科研设备采购流程,按照科研规律自主安排科研经费使用。

横向科研经费与纵向科研经费不同,本质上属于经济合同关系。发包方(如企业)委托承包方(如高校科研人员)签订了合同,在合同中已明确约定项目承接人应完成的任务、研究周期、项目完成标准、发包方应向承包方支付的款项以及支付方式等具体要求,这就确定了契约关系。因此只要项目组在合同约定时间内完成任务目标,经费使用支配权便可交由项目负责人包干来使用。

(2) 高校科研经费分项实施"包干制"

第一,具有明确费用支出标准的费用项可实施"包干制"。在科研经费中,差旅费是一项相对独立、支出相对集中的经费内容。差旅费必然涉及交通费、住宿费、伙食补助费、公杂费、补助费等,是高校科研经费报销中较为频繁的一项费用支出。差旅费中有较为清晰的交通费标准、各省市的住宿费标准、伙食补助标准和公杂费补助标准。对于野外作业的住宿费发票缺失的情况,也能够在事实真实的情况下,在标准内据实报销城市间交通费,按标准发放伙食补助费和市内交通费补贴。因此,差旅费实行"包干制"是可行和必要的,且有系列标准规范,不会出现差旅费违规、违纪现象。对于科研人员来说,自行确定和选择差旅费标准的消费支出可节约留用。

第二,具有明确使用范围的费用项(如会议费、培训费、科研人员绩效)可实施"包干制"。会议费是科研承办单位或科研项目负责人组织召开的与项目相关的会议费,科研人员视会议成本费决定会议的规模、天数和会议费支出标准和范围等。培训费是根据科研项目的研究需要,派出科研人员参加相关的专业技术培训所产生的费用,除缴纳的培训费外,还包括培训期间的基本生活学习费用,如注册费、学术活动费、医疗保险费、书籍资料费、交通费等,科研项目负责人一般情况下都会按标准对总额的上限进行控制。科研人员绩效是针对科研项目中参与科研项目研究的程度和对科研成果的贡献程度来进行目标核定的科研奖励费。考虑到科研智力报酬的无定量性,对参与的科研人员一般会按照科研分工进行目标预定,给予一定额度的科研奖励,促进科研人员参与的积极性和创新性发挥[16]。

3. 以信息技术为手段,构建高校科研经费"包干制"监管体系

有效的监管是高校科研经费实施"包干制"的前提,高校要以完善科研经费监管制度体系为基础,构建内部监管和外部监管相结合的监管模式,同时建立健全科研经费信用奖惩机制,加大对科研人员以及管理人员的培训力度,以信息化手段为载体,构建科研经费"包干制"下的信息监管平台。随着"互联网+"的深入影响,科研经费监督体系平台化已成为当前科研经费信息化建设的客观要求。科研经费

"包干制"下的监管平台是全过程、全方位的监督,高校应加快科研监管信息共享平台建设,实现科研管理信息系统、科研经费预算系统、科研经费报销系统、科研经费审计系统、科研经费验收系统的衔接,消除"信息孤岛"现象,使科研项目从申报、立项、预算、报销、中期验收等环节得以全流程融入信息共享平台。

4. 全面贯彻落实高校科研财务助理制度

(1) 科研财务助理任职要求和职责

科研财务助理任职要求:需要有较强的服务意识、学习能力和沟通协调能力,较强的责任意识,以及团队合作精神;认真学习掌握国家各类科研管理、财务报销、资产管理、政府采购、结题验收等规章制度,及时准确更新知识,贯彻执行新规章、新制度。

科研财务助理的职责:参与科研项目相关经济业务,为科研项目的经费管理提供专业化、精细化的财务服务;服务要贯穿科研经费管理的整个流程,包括项目申报、立项、实施、结题验收等。科研财务助理在以上4个阶段的职责如下。

项目申报阶段:协助科研项目组完成科研项目申报前的经费预算编制,提高科研项目预算执行的可操作性、合理性,使科研经费使用能满足科研任务的需要,使科研经费符合实际情况。

项目立项阶段:协助科研项目组完成经费到款入账、认领和立项手续。

项目实施阶段:协助科研项目组完成经费预算的调剂,科研经费的支出要合法、合理、合规,随时关注项目预算执行情况,督促项目组推进科研经费的执行进度;取得的发票要及时履行报销手续,及时催还、清理各类往来款,提高经费使用效益。

项目结题验收阶段:根据财务预算执行情况,协助科研项目组如实完成财务中期、年度及决算报告编制,确保账表相符;协助科研项目组接受各级审计检查等监督管理工作,协助项目组完成审计或者验收提出的不合理支出的调账或者退款手续。

(2) 科研财务助理的落地实施

第一,转变思想观念,推动科研财务助理制度的落地。随着科研经费规模的扩大,国家对科研管理的规范性和有效性要求越来越高。科研财务助理制度是高校贯彻落实国家"放管服"政策改革的重要举措,是给广大科研人员"松绑减负"的重要手段,也是加强财务与科研工作有效衔接的重要抓手。近年来,科研人员反映的科研经费报销难度增大、报销事项烦琐复杂、审批签字流程复杂等问题一直是困扰科研人员的难题,财务部门和科研人员都感到较大的压力。因此,无论对高校还是科研项目负责人来说,都要积极转变观念,认识到科研财务助理制度的重要意义。项目负责人把原有的"自留地"拿出来由专业的科研财务助理来经办,为自己留出更多的时间和精力来从事科研项目研究,提高科研经费管理的效率和效益。高校要重视科研财务助理人才队伍的培养,要从工作条件、工作环境、工资待遇等方面积极支持科研财务助理工作。各项目组成员要充分理解和支持科研财务助理的工作,尊重科研财务助理的专业能力和办事能力。

第二,完善科研财务助理实施细则,保障科研财务助理工作的开展。各高校结合科研实际情况,进一步细化实施细则,从根本上推进科研财务助理工作的开展。实施细则主要包括:建立科研财务助理的准入标准,例如,高校要加强科研财务助理队伍建设,根据实际情况选择单位自行培养、与第三方公司合作培养或直接聘用第三方公司专业人员等方式,加快高校科研财务助理人员库的建设;建立科研财务助理的薪酬方案,充分体现科研财务助理的劳动价值;细化科研财务助理的岗位职责;建立科研财务助理的考核、职称及晋升标准,设立科研财务助理专项奖励基金,对绩效考评优秀或有突出贡献的科研财务助理给予一定的奖励,充分调动他们工作的积极性,同时要确保科研财务助理人员职称晋升和职业发展道路畅通,打消其后顾之忧,有效维护科研财务助理人员的合理合法权益。

第三,建立科研财务助理培训制度,提高科研财务助理的综合素质。高校要加强对科研财务助理的专业素养和执业技能培训,科研财务助理不仅要熟悉科研经费政策,也要熟悉科研政策、科研流程。国家及地方科研经费管理政策不断变化,需要高校职能部门尤其是财务部门、科研管理部门、资产管理部门以及审计部门等联合起来,定期开展对科研财务助理相关方面的政策培训,不断更新其知识体系、提高其综合素质,促进高校科研管理水平的提升。

5. 开展高校科研经费管理培训

近年来,高校积极鼓励科研人员申报纵向课题,如国家自然科学基金、国家社会科学基金等。同时,高校也给科研人员下达横向项目经费的指标任务,鼓励科研人员积极引进企业科研经费,并鼓励积极推动科技成果转化。高校科研经费总量的不断增加给科研经费的管理带来了压力。因此,加强科研经费管理方面的培训,尤其是科研经费政策方面的培训,是提高科研经费管理水平和科研经费使用效率的重要手段。

第一,加强对科研经费管理基础工作的培训。培训的内容要涉及方方面面,从报销单据的粘贴,到预约系统的使用,再到物流系统的跟踪,最后到支付结算时的减少现金结算,推行公务卡或者支票转账结算方式。同时,科研经费的报销需要按照一定的标准来执行,尤其是在科研经费"包干制"管理模式下,有了相应的标准,科研经费的报销才能更好地执行。例如,在实际执行过程中,如果使用包干制对难以取得发票的差旅费报销,那么,差旅期间每天包干金额是多少、财务人员应如何入账、依据什么入账、原始凭证附加哪些票据或者说明等,都需要提前对科研人员做好培训和宣讲工作。

第二,加强对科研经费政策的培训。这些年来,科研经费政策逐步得到调整和完善,科研人员对科研经费的使用规定比较生疏。很多科研人员对科研经费政策不清楚,财务报销时经常因为缺失某个环节上审签,而无法顺利完成经费报销,从而导致其对科研经费报销产生畏惧感[5]。财务管理部门要积极落实科研经费"放管服"政策,梳理科研经费报销内容及附件要求,建立科研经费报销手册,提供科研经费报销最多跑一趟清单等个性化服务,定期对科研人员,尤其是科研财务助理开展培训,及时传达最新的政策要求等。总之,科研经费"包干制"的实施要与科研项目的运行规律相结合,规范的制度体系、不断完善的绩效考核制度和信用诚信体系,能为科研经费"包干制"实施创造良好的环境。

2.6.4 逐步构建高校科研经费信用体系

1. 我国科研信用政策的演变

我国科研信用政策体系发展经历了三个阶段:起步阶段;丰富和充实阶段;强化提升阶段。

(1) 起步阶段(2002—2007 年)

2002 年以来,针对科技评价和计划管理制度不健全、评价体系不完善、评价方法不规范等问题,科技部从改革和完善科技管理入手,会同有关部门作出了《关于改进科技评价工作的决定》(国科发基字〔2003〕142 号),相继制定了《国家科技计划项目评审行为准则与督查办法》《关于在国家科技计划管理中建立信用管理制度的决定》《科技部落实建立健全惩治和预防腐败体系工作方案》等一系列政策性文件,提高国家科技计划管理的公开性和透明度,建立对科研不端行为的预防和监督体系。2005 年 3 月,国家自然科学基金委监督委员会发布了《对科学基金资助工作中不端行为的处理办法(试行)》,对不端行为处理种类、处理规则、处理细则以及处理程序等作出了规定。2006 年 11 月,科技部以第 11 号令颁发了《国家科技计划项目实施中科研不端行为处理办法(试行)》,对科技计划实施中的科研不端行为进行了界定,并提出了查处办法。国家自然科学基金委设立了监督委员会,专门负责对基金项目申请和执行中的科研不端行为进行监督和查处。2006 年,教育部在高校广泛开展了科研诚信和学风建设,发布了《关于加强高等学校学术道德建设的意见》《关于树立社会主义荣辱观,进一步加强学术道德建设若干意见》等一系列文件,对高校科研道德建设予以指导和推动。

(2) 丰富和充实阶段(2009—2017 年)

2009 年 1 月,科技部以第 13 号令颁发了《国家科学技术奖励条例实施细则》,为了杜绝评奖过程中学术不端、弄虚作假等现象,专门增加了针对不同行为主体违规的处罚措施,具有极强的针对性、严肃性。2014 年 3 月,《国务院关于改进加强中央财政科研项目和资金管理的若干意见》进一步明确完善了科研信用管理工作。《社会信用体系建设规划纲要(2014—2020 年)》强调要加强教师和科研人员的诚信教育。2016年,《关于建立完善守信联合激励和失信联合惩戒制度加快推进社会诚信建设指导意见》(国发〔2016〕33号)规定:"推进社会信用体系建设,加强信用信息公开和共享,依法依规运用信用激励和约束手段,构建政府、社会共同参与的跨地区、跨部门、跨领域的守信联合激励和失信联合惩戒机制,促进市场主体依法诚信经营,维护市场正常秩序,营造诚信社会环境。"2016年,《高等学校预防与处理学术不端行为办法》(中华人民共和国教育部令第40号)概括了构成学术不端行为的七条表现。

(3) 强化提升阶段(2018—2020年)

2018年,国务院公报第17号《关于进一步加强科研诚信建设的若干意见》遵循"明确责任、协调有序,系统推进、重点突破,激励创新、宽容失败,坚守底线、终身追责"的基本原则,主要目标是健全科学规范、激励有效、惩处有力的科研诚信制度规则,建立覆盖全面、共享联动、动态管理的科研诚信信息系统,建立职责清晰、协调有序、监管到位的科研诚信工作机制并有效运行,使广大科研人员增强诚信意识,为建设创新型国家和世界科技强国奠定坚实基础。2019年,《哲学社会科学科研诚信建设实施办法》(社科办字〔2019〕10号)对违背科研诚信的行为界定为九条。2019年,《科研诚信案件调查处理规则(试行)》(国科发监〔2019〕323号)明确了科研失信行为及处理措施。2019年,《关于进一步弘扬科学家精神加强作风和学风建设的意见》提出:高等学校、科研机构和企业等要把教育引导和制度约束结合起来,对科研失信行为实行"零容忍",在晋升使用、表彰奖励、参与项目等方面"一票否决"。2020年,《关于进一步压实国家科技计划(专项、基金等)任务承担单位科研作风学风和科研诚信主体责任的通知》(国科发监〔2020〕203号)、《国家科学技术奖励条例》(国令第731号)等政策颁布,进一步强调加强科研诚信建设。

2. 构建高校科研经费管理信用体系的措施

国家层面的制度保障已经比较完善,高校层面构建科研经费信用体系需要从以下几方面入手。

第一,高校应进一步推进科研诚信制度化建设,明确科研经费管理责任体系。高校是科研诚信建设第一责任主体,仍然需要不断完善教育宣传、诚信案件调查处理、信息采集、分类评价等管理制度。高校可通过大学章程、教师行为规范、岗位说明书等内部规章制度及聘用合同,对高校科研人员作出明确规定或约定。高校科研人员要坚守底线、严格自律,恪守科学道德准则,遵守科研活动规范,践行科研诚信要求。

第二,高校要加强科研活动全流程诚信管理,包括项目指南、立项评审、过程管理、结题验收和监督评估等。高校要重点关注科研经费使用过程中资金的支付方式,尽可能减少现金使用量,通过支票、转账汇款以及公务卡等支付方式替代现金使用。高校要建立跨部门联合调查机制,积极主动、公正公平开展调查和处理,严肃查处严重违背科研诚信要求的行为。在科研活动中,对学术不端、套取科研经费等违背科研诚信要求的科研人员,高校要实行"一票否决"制,建立健全科研经费信用奖惩机制,对于遵守科研诚信管理的人员,在绩效考评、职称聘任、项目成果推优等各方面优先考虑。

第三,高校要切实加强科研诚信的教育和宣传,将科研诚信纳入单位日常管理,加强对科研人员、教师和青年学生等的科研诚信教育,在入学入职、职称晋升、参与科技计划项目等重要节点开展科研诚信教育。高校可组织编写科研诚信知识读本,加强科研诚信教育内容和课程体系建设。高校可将科研诚信教育列入大学和研究生教育的必修课程,纳入科研人员职业教育培训课程体系,使科研诚信教育贯穿科研人员的职业生涯。高校要加强科研诚信的日常宣传教育,充分利用校园网、各种会议以及校内广播电视、微信公众号等宣讲科研诚信制度、树立科研诚信的典范,营造尊重科学、诚实守信的良好氛围。

第四,高校要加快推进科研经费信用数据库和信息平台建设。高校要建立健全科研经费信用信息采集、记录、评价、应用等管理制度,明确实施主体、程序和要求。高校可通过财务信息公开,逐步扩大公众对经费信用管理的知情权、参与权、监督权,使科研经费诚信建设接受科技界和社会的监督。高校要充分发挥社会中介机构对科研经费信用的监督作用,科研经费管理信用体系的建设需要全社会信用环境的营造。

第3章 高校科研经费会计核算管理
——基于《政府会计制度》

为进一步规范高校会计核算，提高会计信息质量，按照财政部的统一部署，高校自2019年1月1日起执行《政府会计制度》，不再执行《高等学校会计制度》。《政府会计制度》重构了会计核算模式，形成了预算会计和财务会计适度分离又相互衔接的政府会计核算模式，这是中国政府会计改革的重大创新，主要体现在以下3方面。

第一是"双功能"。"双功能"突破长期以来政府会计的单一预算会计体系，提出政府会计由预算会计和财务会计构成。预算会计包括预算收入、预算支出、预算结余等3个会计要素；财务会计包括资产、负债、净资产、收入、费用等5个会计要素。"双功能"概念的提出，在完善预算会计功能基础上，强化了财务会计功能，更加完整地反映了政府会计信息。

第二是"双基础"。"双基础"明确提出财务会计实行权责发生制，预算会计一般实行收付实现制。这一制度安排兼顾当前实际情况和长远改革方向，使得政府会计核算既能反映预算收支等流量信息，又能反映资产、负债等存量信息。

第三是"双报告"。"双报告"要求政府会计主体应当同时编制决算报告和财务报告，并且明确两种报告的内容和信息使用者范围。

这种适度分离又相互衔接的政府会计核算模式，使公共资金管理中预算管理、财务管理和绩效管理相互联结、融合，可全面提高管理水平和资金使用效率，对规范政府会计行为、夯实政府会计主体预算和财务管理基础、强化政府绩效管理具有深远的影响。

与《高等学校会计制度》相比，《政府会计制度》对高校科研经费核算进行了较大的调整，本章梳理了高校科研经费核算涉及的会计科目，总结了高校科研经费相关业务的核算要求，并就实践中常见的科研经费核算业务进行了举例说明。

3.1 高校科研经费核算涉及的会计科目

《政府会计制度》下，高校科研经费涉及的相关经济业务主要有：科研任务书或合同协议的确立；收到科研款项；根据合同完工进度确认收入；发生相关费用或形成资产。相应核算中会涉及的会计科目有：预收账款；预提费用；科研事业收入；业务活动费；事业预算收入；事业支出等。高校科研经费核算涉及的会计科目如表3-1所示。

表3-1 高校科研经费核算涉及的会计科目

总账科目	明细科目	科目名称	核算内容	核算要求
2305	—	预收账款	本科目核算高校预先收取但尚未结算的款项。本科目期末贷方余额反映高校预收但尚未结算的款项金额	高校收到科研事业收入应先记入本科目，再采用合同完成进度等方式分期确认收入
2401	01	预提费用——项目间接费用或管理费	本科目核算高校根据国家和学校相关管理规定，从科研项目收入中提取的项目间接费用或管理费。本科目期末贷方余额反映高校已预提但尚未支付的预提间接费或管理费	按项目进行明细核算
4101	02	科研事业收入	本科目核算高校开展科研活动及其辅助活动取得的收入，包括通过承接科研项目、开展科研协作、进行科技咨询等取得的收入	本科目应当按照科研事业收入类别、项目等进行明细核算。对于高校因开展科研及其辅助活动从非同级财政部门取得的经费拨款，应单设"非同级财政拨款"明细科目进行核算；科研事业收入中如有专项资金收入，还应按具体项目进行明细核算
			高校因开展科研及其辅助活动从非同级财政部门取得的经费拨款，通过本科目核算。期末结账后，本科目无余额	
—	0201	非同级财政拨款	本科目核算高校取得的除同级财政部门以外的中央及地方部门拨付的科研经费拨款以及从同级横向部门取得的科研事业拨款即纵向科研经费收入	科研事业收入应依据合同完成进度进行确认，应当根据业务实质，选择累计实际发生的合同成本占合同预计总成本的比例、已经完成的合同工作量占合同预计总工作量的比例、已经完成的时间占合同期限的比例、实际测定的完工进度（以支定收）等方法，合理确定合同完成进度

续表

总账科目	明细科目	科目名称	核算内容	核算要求
—	0202	其他科研事业收入	本科目核算高校开展科研及其辅助活动取得的横向科研经费收入,包括科技开发与协作收入、科技咨询收入、实验室开放服务收入等	科研事业收入应依据合同完成进度进行确认,应当根据业务实质,选择累计实际发生的合同成本占合同预计总成本的比例、已经完成的合同工作量占合同预计总工作量的比例、已经完成的时间占合同期限的比例、实际测定的完工进度(以支定收)等方法,合理确定合同完成进度
5001	02	业务活动费——科研费用	本科目核算高校各学院、系等教学机构、科学技术处、学报编辑部、科研实验室、研究所、科研平台等部门开展科研及其辅助活动所发生的,能够直接计入或采用一定方法计算后计入的各项费用	—
6101	—	事业预算收入	本科目核算高校开展专业业务活动及其辅助活动取得的现金流入。年末结转后,本科目应无余额	本科目应当按照事业单位的类别、项目等进行明细核算
—	02	科研事业预算收入	本科目核算高校开展科研业务活动及其辅助活动取得的现金流入,包括通过承接科研项目、开展科研协作、进行科技咨询等取得的收入;高校因开展科研及其辅助活动从非同级财政部门取得的经费拨款	本科目应当按照科研事业预算收入类别、项目等进行明细核算。对于高校因开展科研及其辅助活动从非同级财政部门取得的经费拨款,单设"非同级财政拨款"明细科目进行核算;科研事业预算收入中如有专项资金收入,应按具体项目进行明细核算

续表

总账科目	明细科目	科目名称	核算内容	核算要求
—	0201	非同级财政拨款	本科目核算高校取得的除同级财政部门以外的中央及地方部门拨付的科研经费拨款以及从同级横向部门取得的科研事业拨款即纵向科研经费收入	—
—	0202	其他科研事业预算收入	本科目核算高校开展科研及其辅助活动取得的横向科研经费收入，包括科技开发与协作收入、科技咨询收入、实验室开放服务收入等	—
7201	02	事业支出——科研支出	本科目核算高校各部门开展科研及其辅助活动所发生的各项现金流出。年末结转后，本科目应无余额	高校应当按照《政府收支分类科目》中的"支出经济分类"的款级科目进行明细核算

3.2 《政府会计制度》下高校科研经费相关业务的核算

财政部于2017年10月发布的《政府会计制度——行政事业单位会计科目和报表》，详细规定了77个财务会计一级科目和26个预算会计一级科目的核算内容、明细核算要求、主要账务处理等内容，明确了财务报表和预算会计报表的格式及填报要求，并对单位通用业务或共性业务和事项的账务处理进行了举例说明。财政部于2018年8月印发高等学校执行《政府会计制度——行政事业单位会计科目和报表》的补充规定和衔接规定，对高校执行《政府会计制度》明细科目设置、报表编制和说明、留本基金的会计处理、受托代理业务的账务处理以及受托加工物品的账务处理进行了详细的说明。《政府会计制度》充分体现了财政预算改革的新要求，有利于系统、完整地规范各部门、各单位的会计核算，提高政府会计信息的准确性、全面性、相关性、可比性和及时性；有利于进一步提升部门预算和决算的全面性、规范性和透明度，夯实政府资产负债管理的基础，提升财政资源的配置效率。

《政府会计制度》全面引入权责发生制，权责发生制要求凡在本期发生应属于本期的收入或费用，无论是否在本期已收到或还未收到货币资金，均应作为本期的收入处理，如学校科研事业收入在实际收到时作预收处理，期末按实际工作完成量确认本期收入；凡在本期发生的应从本期收入中获得补偿的费用，无论其是否在本期已实际支付或未付货币资金，均应作为本期的费用进行核算，如待摊费用等。依据权责发生制进行会计核算,有利于正确反映各期的费用水平和盈亏状况。在《政府会计制度》下,财务会计采用权责发生制,预算会计采用收付实现制,权责发生制和收付实现制是基于会计分期的假设,两种核算方式均要求收入与费用准确配比,正确划分归属。

3.2.1 科研项目收入的核算

财政部于2018年8月印发高等学校执行《政府会计制度——行政事业单位会计科目和报表》的补充规定和衔接规定:高等学校以合同完成进度确认事业收入时,应当根据业务实质,选择累计实际发生的合同成本占合同预计总成本的比例、已经完成的合同工作量占合同预计总工作量的比例、已经完成的时间占合同期限的比例、实际测定的完工进度等方法,合理确定合同完成进度。高等学校在实施新制度时,应结合本校的会计核算系统、科研合同管理系统及学校实际情况选择一种合同完成进度确定方法来确认科研事业收入,为了保持会计核算的连贯性,一旦确定了科研收入确认方法,不要随意变更。

高等学校主要通过承接科研项目、开展科研协作、转化科技成果、进行科技咨询等取得科研事业收入。科研人员申请纵向科研或获得横向科研项目时,一般会签订任务书或合同,任务书和合同会规定项目经费总金额、付款方式、付款日期以及合同有效期等内容,但大部分高校的科研系统与财务系统都没有进行对接,合同数据没有共享,由于高校合同管理系统信息化程度不高,因此完全按照合同完成进度确认收入可操作性不强。而按实际测定的完工进度确定收入是一种比较专业的测定方法,需由专业测定机构或校内专门的测定部门对科研项目进行测定,虽然这种专业测定产生的数据最为准确,但是增加了高校科研成本,也不是高校确认科研收入方法的最优选择。目前,按累计实际发生的合同成本占合同预计总成本的比例确定科研收入(即通常所说的"以支定收")是大多数高校的选择。"以支定收"的优势主要体现在两方面:一方面,这种方法避开了合同管理系统信息化的要求,不需要跨部门、跨系统的协作,具备可操作性;另一方面,财务人员可以通过账务系统设置科研收入确认的规则,在月底或者年底通过智能凭证生成。

(1) 采用预收款方式的收入核算

目前高校普遍采用的做法是"以支定收",即以费用类科目加上固定资产、无形资产的合计数作为确认科研事业收入的基数(不含往来款科目的余额),此种做法的前提条件是固定资产科目和无形资产科目必须设置项目核算,保证科研项目收入数据的准确性。如果高校的科研政策允许项目结题后可以继续报销,那么应该在项目结题时将剩余经费一次性确认收入。项目款项到账后,财务会计按照权责发生制最终确认科研事业收入,增值税是价外税,不包含在科研事业收入中;预算会计按照收付实现制确认包含增值税税额的科研事业预算收入。由于财务会计与预算会计口径不一致，导致科研事业收入与科研事业预算收入总额不等，因此，年底需要通过编制"本年盈余与预算结余的差异情况说明表"进行调节。

（2）科研项目增值税核算

采用预收账款核算科研事业收入的，增值税直接通过预收账款支出，不形成费用，预算会计直接计入科研支出。采用预借发票方式的，高校确认收入的时点（按照合同完成进度）与按照税法确认增值税纳税义务发生的时点（增值税票开具时）可能一致，也可能不一致。学校发生预借发票业务时，可以不作确认科研事业收入的账务处理，通过"应收账款"科目核算应扣缴的增值税即可。

3.2.2　管理费计提及使用的核算

《政府会计制度》规定：从科研项目收入中提取的项目间接费用或管理费，财务会计应通过"预提费用"科目核算，预算会计通过"非财政拨款结转"和"非财政拨款结余"科目核算，不再通过"事业基金"科目核算。高校按规定从科研项目收入中计提间接费用或管理费时，除按新制度规定借记"单位管理费用"科目外，也可根据实际情况借记"业务活动费用"等科目。"预提费用"科目可以进行项目核算，也可直接在预提费用一级科目下设二级明细科目，以区分不同学院及部门间管理费的计提和使用情况。对于2019年以前（《政府会计制度》实施前）年度提取的尚未完全支出的管理费在使用时仍然通过"业务活动费"科目核算，对于2019年及以后年度新计提的管理费在使用时，借记"预提费用——项目间接费用或管理费"科目，贷记"银行存款"科目。高校使用计提的项目间接费用或管理费购买固定资产、无形资产的，在财务会计下，按照固定资产、无形资产的成本金额，借记"固定资产""无形资产"科目，贷记"银行存款"等科目；按照相同的金额，借记"预提费用——项目间接费用或管理费"科目，贷记"累计盈余"科目。同时，在预算会计下，按照相同的金额，借记"事业支出"等科目，贷记"资金结存"科目。

3.2.3　科研经费支出的核算

普通业务的报销如差旅费、版面费等支出与高校会计制度相比变化不大，主要增加了预算会计分录，变化较大的是固定资产的会计核算。《政府会计制度》的实施使得固定资产的核算更加准确合理，有效提高了高校财务报表的信息质量，这一点在固定资产的后续计量上体现得尤为明显。《政府会计制度》要求固定资产计提折旧，为固定资产核算与管理的"账实相符""账账相符"打下了坚实的基础。高校在会计核算时，比如取得不需安装的固定资产时，直接增加固定资产，在计提折旧时，增加业务活动费，这就要求对六大类固定资产科目进行项目核算，并按照资产的使用部门区分教育、科研、行政、后勤及离退休五类，分类计入相应费用，准确核算和计量固定资产的价值。资产类别的区分、资产折旧额的计算、不同类别固定资产折旧方法的选择等都需要财务部门及资产管理部门的相互配合才能完成。

3.3 高校科研经费的会计核算举例

本节按照《政府会计制度》要求,按照高校科研项目生命周期,从科研经费到款、立项、开具发票、报销、结题等环节,重点对高校执行《政府会计制度》后一些核算界限不清晰的会计业务进行了梳理,主要包括科研收入确认业务、固定资产购置、公务卡归集报销、涉及以前年度的调整事项等。鉴于各高校使用的核算软件、财务管理体制、部门及项目等辅助核算不甚相同,因此触发预算会计分录的方式等可能存在细微差异,仅供参考。本节以 X 大学为例,分别介绍科研项目财务建账及具体的会计核算处理,下面先简单对 X 大学的情况进行说明。

X 大学科研人员王老师承担了一项科研项目,并签订了技术开发合同,合同总金额为 15 万元,支付方式为分期支付。其中,第一期支付金额为 10 万元,支付时间为 2021 年 11 月 4 日;第二期支付金额为 5 万元,支付时间为 2022 年 6 月 1 日。合同有效期为 1 年,于 2021 年 11 月 1 日开始生效。该横向项目在财务系统中的项目号为 A,王老师立项时选择采用包干制。假设 X 大学采用"以支定收"的方法确认科研事业收入,X 大学规定所有科研项目统一在每月月末计算各项总支出并确认收入。X 大学为增值税一般纳税人,按规定对技术开发服务进行简易征收。

3.3.1 科研项目财务建账

科研项目申请下来立项时,应先根据经费来源和性质将其划分为纵向项目或横向项目,这是因为两类项目在财务管理和会计核算要求上存在较大不同。例如:纵向项目一般不需要开具增值税发票,相应不需要进行增值税业务的处理;横向项目需要开具增值税发票,可以采用包干制预算管理模式。无论是预算制还是包干制,均通过预算模板来统一控制和管理。选择采用预算制的,立项时需要提交明细预算,分别列明直接费用(如设备费、业务费和劳务费等)、间接费用(如绩效支出和管理费)的具体预算金额。财务管理部门根据立项时提交的预算表,将预算项的金额录入财务系统,并将项目设置为余额控制,单个预算项设置为不可超支。包干制科研项目无须提交预算表,但是为了便于结题管理和日常统计需求,项目设置为余额控制,预算模板、预算项之间设置为不控制,即只要项目有余额,就可以在直接费和间接费等预算项中列支,不控制具体哪一个预算项的金额。

在科研项目财务建账环节,财务人员需在财务系统中建立项目 A,并选择包干制预算模板。以 X 大学为例,横向科研经费的包干制预算模板如图 3-1 所示。由图 3-1 可以看出,包干制预算模板只控制项目总额不超支,而不控制具体预算项的金额。因此,科研人员可以在项目余额内自主决定将经费报销在哪个预算项上,无须再做预算调整,从而达到了简化流程、提高效率的效果。

预算项代码	预算项名称	控制方式
A132	项目余额	禁止超支
A13201	收入	不控制
A13202	支出	不控制
A1320201	直接费用	不控制
A132020101	设备费	不控制
A132020102	业务费	不控制
A132020103	劳务费	不控制
A1320202	间接费用	不控制
A132020201	管理费	不控制
A132020202	绩效支出	不控制
A132020203	水电气暖等消耗	不控制

图 3-1 横向科研经费的包干制预算模板

3.3.2 科研相关业务处理

（1）科研经费到款

按约定 2021 年 11 月 4 日到校科研经费 10 万元，具体的科研经费到款会计核算如表 3-2 所示。

表 3-2 科研经费到款会计核算　　　　　　　　　　　　单位：元

财务会计		预算会计
借：银行存款	100 000.00	不做账务处理
贷：其他应付款	100 000.00	
（因尚未办理立项，故无法按项目预收款核算，暂时计入其他应付款科目）		

（2）立项开发票

2021 年 11 月 6 日，X 大学的王老师将立项单等资料提交财务办理立项手续，并要求开具增值税普通发票，具体的立项开发票会计核算如表 3-3 所示。

表 3-3 立项开发票会计核算　　　　　　　　　　　　单位：元

财务会计		预算会计	
确认项目 A 预收款项：			
借：其他应付款	100 000.00	借：资金结存——货币资金	100 000.00
贷：预收账款	97 087.38	贷：事业收入——科研事业预算收入	100 000.00
应交增值税　A 项目	2 912.62		
（辅助核算：1. 选择科研事业收入收支类型；			
2. 归集增值税支出项目 A）			

续 表

财务会计		预算会计	
根据税法规定计提增值税附加：			
借：业务活动费　A 项目	349.51	借：事业支出——科研事业支出	349.51
贷：其他应交税费——增值税附加	349.51	贷：资金结存——资金结存过渡	349.51

（3）计提项目管理费

财务人员根据立项表信息，计提相应的管理费，假设 X 大学按照到款的 6% 计提项目管理费，具体的计提项目管理费会计核算如表 3-4 所示。

表 3-4　计提项目管理费会计核算　　　　　　　　　　　　单位：元

财务会计		预算会计	
借：业务活动费——项目间接费或管理费	6 000.00	借：非财政补助结转——项目间接费或管理费	6 000.00
贷：预提费用——项目间接费或管理费	6 000.00	贷：非财政拨款结余——项目间接费或管理费	6 000.00

（4）公务卡支付报销

2021 年 11 月 17 日，X 大学的王老师通过预约报销系统预约报销公务卡消费图书资料 200.00 元，具体的公务卡支付报销会计核算如表 3-5 所示。

表 3-5　公务卡支付报销会计核算　　　　　　　　　　　　单位：元

财务会计		预算会计
借：业务活动费　A 项目	200.00	由于未发生资金收付，预算会计不做处理
贷：其他应付款——公务卡	200.00	
（辅助核算：归集公务卡支出项目 A）		

（5）银行转账支付报销

2021 年 11 月 20 日，X 大学的王老师预约报销采购专用设备一台，其金额为 3 000.00 元，支付方式为银行转账，具体的银行转账支付报销会计核算如表 3-6 所示。

表 3-6　银行转账支付报销会计核算　　　　　　　　　　　单位：元

财务会计		预算会计	
借：固定资产　A 项目	3 000.00	借：事业支出——科研事业支出　A 项目	3 000.00
贷：银行存款	3 000.00	贷：资金结存——货币资金	3 000.00

（6）科研收入确认

根据《政府会计制度》要求，高校可以根据情况选择采用预收款方式或者应收款方式按照合同完工进度确认科研事业收入。以合同完成进度确认科研事业收入时,应当根据业务实质,选择累计实际发生的合同成本占合同预计总成本的比例、已经完成的合同工作量占合同预计总工作量的比例、已经完成的时间占合同期限的比例、实际测定的完工进度等方法,合理确定合同完成进度。本节以累计实际发生的合同成本占合同预计总成本的比例的方法(简化为"以支定收")为例。2021年11月底,X大学王老师的项目共支出3 200.00元,按照完工进度确认科研收入,具体的科研收入确认会计核算如表3-7所示。

表3-7 科研收入确认会计核算 单位:元

财务会计		预算会计
借:预收账款 A项目	3 200.00	不做账务处理
贷:事业收入——科研事业收入	3 200.00	

(7) 公务卡还款

2021年11月22日,X大学的王老师完成公务卡还款200.00元,具体的公务卡还款会计核算如表3-8所示。

表3-8 公务卡还款会计核算 单位:元

财务会计		预算会计	
借:其他应付款——公务卡	200.00	借:事业支出——科研事业支出 A项目	200.00
贷:银行存款	200.00	贷:资金结存——货币资金	200.00

(8) 缴纳增值税

2021年12月,财务人员申报缴纳增值税后,增值税归集交税,具体的缴纳增值税会计核算如表3-9所示。

表3-9 缴纳增值税会计核算 单位:元

财务会计		预算会计	
借:应交增值税	2 912.62	借:事业支出——科研事业支出 A项目	2 912.62
其他应交税费——增值税附加	349.51	资金结存——资金结存过渡	349.51
贷:银行存款	3 262.13	贷:资金结存——货币资金	3 262.13
		(根据A项目归集的增值税汇总该项目科研事业支出)	

(9) 计提累计折旧

2021年12月,高校财务应计提固定资产折旧,根据A项目性质,折旧费用应为业务活动费,假设折旧方法为平均年限法,资产使用年限按6年计,折旧金额为500.00元,具体的计提累计折旧会计核算如表3-10所示。

表 3-10　计提累计折旧会计核算　　　　　　　　　　　　　　　　　单位：元

财务会计	预算会计
借：业务活动费——科研费用　A 项目　500.00 贷：累计折旧　　　　　　　　　　　　500.00	由于未发生资金收付，预算会计不做处理，项目余额不发生变化

（10）使用科研管理费采购办公用品

2021 年 12 月 3 日，科研管理部门使用科研管理费采购了一批金额 1 000 元的办公用品，支付方式为银行转账，具体的使用科研管理费采购办公用品的会计核算如表 3-11 所示。

表 3-11　使用科研管理费采购办公用品的会计核算　　　　　　　　单位：元

财务会计	预算会计
借：预提费用——项目间接费或管理费　1 000.00 贷：银行存款　　　　　　　　　　　　　1 000.00	借：事业支出——科研事业支出　　　　1 000.00 贷：资金结存——货币资金　　　　　　1 000.00

（11）使用科研管理费采购专用设备

2022 年 3 月 15 日，科研管理部门使用预提管理费采购了一台金额为 2 000 元的专用设备，使用银行存款从预提的管理费支付，具体的使用科研管理费采购专用设备的会计核算如表 3-12 所示。

表 3-12　使用科研管理费采购专用设备的会计核算　　　　　　　　单位：元

财务会计	预算会计
借：固定资产　　　　　　　　　　　　2 000.00 贷：银行存款　　　　　　　　　　　　2 000.00	借：预提费用——项目间接费或管理费　2 000.00 贷：累计盈余　　　　　　　　　　　　2 000.00

（12）收到科研经费二次到款

2022 年 6 月 1 日，高校收到第二笔科研经费到款 5 万元，王老师开具增值税普通发票。相关税费包括：增值税 1 456.32 元，附加税 174.76 元，该校计提管理费 3 000 元。具体的收到科研经费二次到款会计核算如表 3-13 所示。

表 3-13　收到科研经费二次到款会计核算　　　　　　　　　　　　单位：元

财务会计	预算会计
借：银行存款　　　　　　　　　　　　50 000.00 贷：预收账款　　　　　　　　　　　　48 543.69 　　应交增值税　A 项目　　　　　　　1 456.32 （增值税科目要归集、填写扣税项目号 A、具体发票号、开票日期）	借：资金结存——货币资金　　　　　　50 000.00 贷：事业收入——科研事业预算收入　　50 000.00

续表

财务会计	预算会计
借:业务活动费　A项目　　　　　　174.76 贷:其他应交税费——增值税附加　174.76	借:事业支出——科研事业支出　　　174.76 贷:资金结存——资金结存过渡　　　174.76
借:业务活动费——项目间接费或管理费 　　　　　　　　　　　　　3 000.00 贷:预提费用——项目间接费或管理费 3 000.00	借:非财政补助结转——项目间接费或管理费 　　　　　　　　　　　　　3 000.00 贷:非财政拨款结余——项目间接费或管理费 　　　　　　　　　　　　　3 000.00

第4章 高校科研经费监管与控制

国务院办公厅《关于改革完善中央财政科研经费管理的若干意见》(国办发〔2021〕32号)规定:强化科研项目经费监督检查。加强审计监督、财会监督与日常监督的贯通协调,增强监督合力,严肃查处违纪违规问题。加强事中事后监管,创新监督检查方式,实行随机抽查、检查,推进监督检查数据交汇共享和结果互认。减少过程检查,充分利用大数据等信息技术手段,提高监督检查效率。强化项目承担单位法人责任,项目承担单位要动态监管经费使用并实时预警提醒,确保经费合理规范使用;对项目承担单位和科研人员在科研经费管理使用过程中出现的失信情况,纳入信用记录管理,对严重失信行为实行追责和惩戒。探索制定相关负面清单,明确科研经费禁止性行为,有关部门要根据法律法规和负面清单进行检查、评审、验收、审计,对尽职无过错科研人员免予问责。新形势下如何遵循深化科研领域政府职能转变和"放管服"改革方向,处理好激励与约束、信任与监督、放权松绑与守住底线等的关系,对科研经费监管提出了新挑战。

4.1 高校科研经费监管的现状与存在的问题

"放管服"改革提出之后,科研项目管理部门及高校关于简政放权、放管结合的理念有了较深的认识,高校通过实施统筹监管规范科研项目,使科研项目有序规范进行。项目负责人通过实施创新自主权在高校简政放权过程中发挥自身主观能动性,从而提高创新积极性和科技创新效率。高校在改革实施过程中缺乏有效的监管机制和完善的监管方式,在科技创新简政放权改革过程中仅重视事后监管,无法预防风险,在不同程度上存在一些监管问题(如监管意识、监管手段、监管保障等)、"会放不会管"问题等[17]。本节将针对目前高校科研经费监管存在的主要问题进行总结分析。

4.1.1 高校科研经费监管体系尚不完善

1. 高校科研经费管理权责不清

高校科研经费监管体系尚不完善,造成科研经费使用乱象频发,致使科研人员通过各种形式、各种方法套取科研经费(详见第7章案例分析)。各类经费管理办法监督的对象为"经费使用单位",并没有谈到对经费的分配过程进行监督,社会公众对经费分配和使用的监督缺位,监督结果很少向社会进行公示。

2. 项目负责人负责制落实不到位

项目负责人对其应负责任理解不到位,他们认为只要财务部门给予报销,就说明业务本身没有问题,一旦审计或者验收环节出现问题,就是财务的问题。项目负责人要负责预算制定和调整、经费使用以及事务安排等管理工作。一些大型科研项目的经费往往上百万、上千万,科研团队人数往往有数十人,因此落实科研经费使用项目负责人负责制非常重要。然而,从现实情况看,无论是项目负责人,还是项目组成员,他们都对责任制度、科研制度规范认识不到位,并未落实好监管责任。

3. 以信任为前提的管理机制尚未建立

"放管服"在科研领域的改革能否顺利实现,关键在于能否让科研人员享受到政策制度上的改进,以及让科研人员切实地感受到"被相信"的感觉。缺乏信任的科研人员处于僵化的行政体制下难以自行支配经费,这样就会打消科研人员的积极性,造成一部分科研人员仅是为了职称晋升和完成岗位考核而从事科研活动的局面。在缺乏普遍激励的情况下,为不断提升人们的科研积极性,则需不断提升奖励力度[18]。

4.1.2 高校科研经费内部监管存在缺失

1. 未形成闭环管理的体系,科研经费监管呈现碎片化管理模式

高校科研经费的管理机制和设计流程不够科学,没有处理好"防范风险"和"便捷高效"的关系,在关键环节、关键节点缺乏科学严谨的监控体系。项目申报、下达、立项、执行、结题验收等各环节之间所属归口管理部门职责相对独立,未形成完整闭环监管模式。例如:科研管理部门对项目预算的调整等未传递给财务部门,造成结题审计时两部门预算不一致;审计部门一般进行项目后审计,审计问题没有反馈到财务管理部门和科研管理部门;资产管理部门只负责采购、招投标等管理,未对经费支付进行跟踪管理。这些现象概括起来说就是各行政管理部门没有形成闭环的反馈机制,无法形成闭环管理[19]。

高校科研管理部门面临着项目和经费数量增减的压力,精力主要放在如何获取更多项目与经费上,对经费使用监管不太重视,主动监管动力不足,有时候甚至为调动科研人员申报项目积极性,放松对经费的监管要求;财务部门一般只对票据的合规性进行审核,对支出相关性缺少审核,对预算执行缺乏跟踪;监察审计等部门监管属于事后查处;院系分管科研领导和科研秘书主要负责科研后勤服务,经费监管手段有限。有些高校设置了由院系领导审签科研经费的关口,但由于专业细分不同、科研内情不了解等难以发挥监管效用。高校内部没有形成对科研经费的整体化监管,参与者多,管理分散,信息不共享且传递反馈滞后,造成科研经费监管有盲区[20]。

2. 未建立或者未有效执行相应的惩罚措施，导致内部监督效力不强

由于现有的法律法规不利于区分"违规"与"违法"行为，现有财政科研经费的监督管理规定大多是一些行政规章和规范性文件，虽然《国家科技计划（专项、基金等）严重失信行为记录暂行规定》提出了相关处罚措施，但在实际执行过程中，现有科研经费监管惩戒措施并没有细化落地。

科研经费腐败行为因发生在校园内，有关部门就对其网开一面。例如：有的高校怕揭露"家丑"影响发展，以自查自纠代替处分；有的高校则功过相抵，大事化小，用处分代替刑罚。此外，高校缺乏科研经费腐败责任追溯机制，从一些科研经费腐败案件看，并不是每个参与者都会受到应有惩罚，对具有监管责任的部门和领导干部也没有追责。根据主观期望效用理论，作为理性的决策者会充分估计被惩处的主观概率，根据收益和成本来选择自己的行为。而当惩处概率和强度特别低的情况下，科研经费违纪行为成本就特别低，会使得科研经费违纪行为从偶发性向多发性转变[20]。

4.1.3 高校科研经费外部监管作用受限

1. 缺乏统一的外部监管机构和标准

现有科技计划（专项、基金等）层次很多，既有中央部委发布的，也有地方各级政府部门发布的。各相关的层级与部门各自监管，没有统一的监管机构或平台，同时，不同部门间科研经费使用的政策规定也不尽相同，没有统一的监管标准。外部监管的权威性和威慑力大于内部监管，但由于政出多门、经费使用标准多、多层多头监管、权责不清晰等原因，外部监管受到了限制。部分财务验收专家和审计人员由于对政策把握水平不同，因此在落实政策时束手束脚，倾向于选择最严格的管理方式，最终出现国家越放权单位管理反而越严格的情况。

2. 外部监管的范围、内容受限

从范围来看，高校科研经费体量巨大，立项层级多、类别多、项目多，外部监管力量分散，无法做到全部涵盖；从内容上看，高校科研经费支出繁杂，外部监管无力对经费使用内容进行具体监管，只能事后抽样检查。

3. 外部监管缺乏定期持续化制度

高校科研经费的监管并非科技部、教育部等立项部门以及纪检、监察、审计等监督部门的主要业务，立项部门和监督部门还有其他大量工作，对科研经费使用监管的时间、精力有限。例如，教育部经过两年才实现对75所直属高校的科研经费管理检查全覆盖[21]。

4. 外部监管科技手段运用不足

外部监管由于站位高、面向广的特点，不能对高校科研经费具体使用情况及时监管，但有利于运用大数据、电子化等方式开展监管。从整体上看，外部监管科技化手段运用仍然相对不足。

5. 外部监管结果的信息共享不充分

目前,高校不同部门之间检查信息互通不足、监督工作信息化支撑不够、科研项目信息化平台建设缓慢。外部监管未充分利用纵向数据深度分析、大数据整体分析,监督结果应用缺少共享,监管效率有待进一步提高。

4.2 高校科研经费监管的研究与借鉴

目前,我国许多学者对高校科研经费的监管进行了研究,探索建立科学合理的高校科研经费监管机制。

4.2.1 国外科研经费监管的借鉴

国内学者研究了国际特别是美国和日本的科研经费管理体系和管理机制,并进行了相关的比较,提出了相关借鉴,具体如下。

2007年,贺德方研究了美国的科研管理体制,指出美国政府制定了严格的预算审批和拨款制度,从科研项目预算申报起就已经开始了对科研经费的监督管理,并将监督贯穿于科研经费的分配、使用、列报等全过程,实现对科研经费的全流程管理。按照时间来看,美国对科研经费的监督管理可划分为事前、事中及事后监督,形成了政府宏观监管、主管部门日常监督、机构内部监督、审计机构事后监督全方位的监管体系[22]。

2017年,印卫华从管理理念与政策、管理体制、拨款机制三方面对中美大学科研经费管理进行了比较,从外部监督和内部监督两方面对中美大学科研经费监督进行比较。通过分析发现,在美国,大学科研经费的外部监督主要是政府监督和社会监督。政府监督主要是联邦政府的审计部门对大学科研经费的审计监督,社会监督主要是社会公众和组织的监督。美国政府机构与高校科研部门之间信息化系统互通互连,外部监督获取信息比较方便,在有效的外部监督的推动下,美国高校的内部监督也是积极有效的。美国高校内部通过系统完成项目的审批,经费使用都以明细的形式记录在系统中,多系统间也实现了对接,方便了学校科研管理机构对项目的实时监管[23]。

2017年,周涛分析日本科研经费管理模式时提到日本科研项目承担单位违规支出科研经费的情况,项目管理单位会令其返还科研经费或者是取消该单位申请科研项目的资格[24]。

2019年,李田霞研究了日本科研经费监管。日本设立第三方管理机构日本学术振兴会,统一负责全国科研经费的拨款与执行,统筹政府各部门科研经费配置,确保经费配置效益最大化,避免经费配置过程中的重复配置或过度集中配置[25]。

2020年,杨雯雯等人提出:日本高校建立了对科研经费每年开展内部审计工作的内审机制,并建立了科研人员不违规使用科研经费的承诺制度[26]。

2020年,孙逊分析了美日两国的科研经费管理制度,发现其科研经费监督机制相对比较完善,均在国家层面上出台相应制度,对科研经费管理进行约束和监督。美国以精细化管理导向建立科研经费管理体系,主要通过设置专职科研管理人员、灵活的人工费管理、精细的间接成本核算、严格的经费监管等方式进行科研经费管理,从而减少科研人员负担,调动科研人员积极性。日本以服务学术研究导向建立科研经费管理体系,主要通过设立第三方专业机构、公开透明的跨部门信息平台、探索导向的科研评价体系等进行科研经费管理,从而保障科研资源倾向于基础研究和对新领域的自由探索[27]。

2021年,李劲等人系统地梳理了日本科研经费监管体系、监管政策、监管和服务措施等,在此基础上建议我国构建完善的科研经费监管组织体系,制定并实施统一的科技经费监管政策,强化对项目承担单位的监督检查,完善科技项目申报前的预警管理,加强以防范为主的科研经费监管服务,采取多种形式的经费监管处罚措施。监管处罚措施包括:强化部门间联合惩戒机制;完善问责制度,分类约束、惩戒承担单位和科研人员,对不遵守法律法规造成的重大损失要提高违法违规成本,依法追究有关责任人的行政和法律责任[28]。

通过对国外尤其美国和日本两国科研经费监管经验的研究可以发现,国外高校科研经费监管体系主要包括:内部控制、外部监督、严格的诚信和惩戒机制。

一是通过内部控制建设,夯实项目承担单位经费监督主体责任。利用各部门之间的权力制衡机制,建立健全专门的经费管理制度,加强内部审计制度,充分发挥内部监督作用,以提高科研经费的使用效益。

二是构建外部监督体系,主要包括政府监督和社会监督两种方式。政府监督主要表现为对科研经费的审计检查和科研成果的论证考查,一般委托第三方中介机构开展相应的检查工作。社会监督作为一种普遍的形式存在于各国高校科研经费的外部监督中。高校的科研经费大部分来源于政府拨款,而政府拨款基本上来自税收,所以纳税人享有对这些来源于税收的科研经费的审查监督权利,他们需要了解这些关乎纳税人利益的税收的用途和效益,社会公众广泛的监督是最有力的监督方法,发挥着重要的外部监督作用[5]。

三是健全诚信体系,严格惩罚机制。西方国家要求高校做到以下几点:财务信息公开,特别是科研经费的收支管理信息需要按相关规定进行公开,自觉完成对科研经费使用的监督;实行承诺制,对科研经费使用的合规性作出承诺,对其负责;对违反诚信的行为进行联合惩戒,提高违法违规成本。

4.2.2 对国内高校科研经费管理机制的研究

2013年,申笑颜等将博弈论用于高校科研经费监管过程,探讨高校科研经费监管策略选择的问题。他们提出建立科学的监管模式,降低监管成本,对使用者的每一笔科研经费的发生,管理者都可以进行及时跟踪与监督,适时借用外力严格规范使用者的行为,并多角度加大处罚力度[29]。

2015年,金文哲等结合高校科研经费监管的特殊性,认为需从监管理念、模式、方式、过程、环境等方面树立危机意识,建立长效监管机制[30]。

2016年,戴智华等从国家重点实验室视角,分析科研经费管理的内外部环境主体,提出了高校科研经费内外部环境主体相互协同、齐抓共管实现科研经费的良性发展,并有力提升国家重点实验室科研经费绩效,这一路径和具体监管措施也可推广到高校科研经费协同监管中[19]。

2017年,邹毅从高校科研腐败的93起案例出发,分析高校科研经费监管机制存在的问题。他认为高校内部监管存在缺失,科研经费管理体制仍然存在弊端,计划政令式的配置方式依然存在于科研管理体制并占据主导地位,从而成为产生经费监管问题的深层次根源。他还分析了管理廉政风险产生的原因,划分廉政风险的等级和分布依据,并基于此提出管理体制改革建议[20]。

2019年,许敏建立高校科研管理者与项目负责人对科研管理制度监管行为的演化博弈模型,得出高校合理的奖惩机制和高效的监管体系是演化稳定形成的重要因素的结论,并由此提出改革监管环境、加强风险识别、优化控制活动、强化信息沟通、健全奖惩机制的对策建议[17]。

2020年,张瑞元从财会监督的角度分析了科研经费的财会监管要点,提出在"放管服"背景下,高校财会监管既要满足服务科研人员的工作理念,又要实现对科研经费的精准管理与监督[31]。

2021年,李耀龙、张天萌认为,科研和诚信不是独立的,二者是相辅相成的关系,科研人员不仅要潜心科学研究,也要遵守相应的法规,诚实守信。在具体的操作层面,他们建议构建以打分制为形式的科研诚信负面清单,组织财务、审计、科研等部门的业务骨干对科研人员的诚信程度进行打分,根据打分情况对其进行分类管理[32]。

综上所述,目前国内高校科研经费监管行为研究主要集中于理论探讨阶段,且多集中于科研项目监管角度,对项目监管与经费监管相结合的研究较少,且对科研经费监管还存在一些不足之处,如内部监管不到位、内外部监督协同机制不健全、科研经费监控的信息化还不够完善、奖惩机制不健全等。

4.3　加强高校科研经费内部控制

加强高校科研经费内部控制建设,梳理高校科研经费管理的流程,建立科研经费管理相关业务活动相互联系、相互制约的措施和方法是实现科研经费监管的重要内容。高校应识别单位层面和业务层面的风险点,并有针对性地采取措施应对风险,完善内部控制,从而提高科研经费监管水平。

4.3.1　内部控制视角下高校科研经费的风险识别

高校已按照财政部要求连续编制2017—2020年行政事业单位内部控制报告,根据内部控制报告编报所填报的内容及评分,本小节从单位层面和业务层面来识别高校科研经费管理存在的风险点。

1. 单位层面

财政部公布的《2017年全国行政事业单位内部控制建设分析报告》显示:全国范围内绝大多数单位均积极开展本单位内部控制环境建设,内部控制的组织实施也表现出阶段性和长期性,在管理信息系统建设方面,各单位内部控制信息系统建立尚处于起步阶段。各单位对资金收支和资产管理业务的信息化建设关注度明显高于其他业务领域,但也仅达到50%,合同业务的信息化建设只有34.06%。管理信息系统建设可固化业务流程,提升工作效率,减少人力成本,也能实现业务全过程监控。合同业务的信息化建设程度高低,直接影响高校科研事业收入核算方式是否与《政府会计制度》的要求一致。

2. 业务层面

(1) 科研经费预算业务管理风险

在预算编制环节,项目负责人承担预算编制的主体责任,由于项目负责人财务方面知识的限制,因此预算编制不科学、随意性大,各预算项目之间的关系界定不清楚。在预算执行环节,预算编制的不科学、不合理导致预算执行困难,甚至出现无法执行的情况。虽然科研人员的自主权越来越大,但频繁的预算调整有可能导致科研项目支出内容与实际科研活动不匹配,预算与执行相脱节。比如,纵向科研项目设备费一般不允许列支通用设备,项目负责人在编制预算时将打印机、笔记本电脑等列入设备费预算,导致后续预算无法执行;又如,会议费是指举办会议而发生的费用,并非参加会议发生的费用,科研人员编制小额的会议费预算显然在项目研究后续过程中无法报销,只能调整预算。

(2) 科研经费收支业务管理风险

① 预借发票业务风险。据统计,北京市某高校2018年横向科研项目有将近44%需要预借发票,到2021年有将近50%的项目需要提前预借发票。根据政府会

计制度要求,预借发票的业务需要对缴税业务进行核算,可不做科研事业收入的账务处理。高校预借出去的发票,有可能出现跨月、跨季度、跨年才能收款的情况,甚至出现科研款项一直不到账,产生坏账的风险。

②科研经费使用风险。例如:高校科研经费报销过程中存在冒领劳务费、将外协费划拨至项目负责人自己控制的公司、利用虚假业务和真实发票套取科研经费等现象;电子发票的日益普及,导致重复报销的问题出现;科研人员抓住制度的漏洞,因项目研究期间规定限制较多,在项目研究期间不支出或少量支出,待结题后将项目余额结转至结题项目继续使用,从而导致科研经费流失、科研腐败。

③科研经费报销风险。报销过程中授权审批手续不全,越级审批现象时有发生。差旅费报销是科研经费报销的难点和风险点,经常出现乘坐交通工具的等级不符合规定、住宿费的标准超标、往返票据不具备连续性等问题。另外,"包干制"下差旅费报销票据问题也是困扰科研人员和财务人员的一大难点。对于上述问题,可参考北京市属某大学科研经费报销规定:野外考察、心理测试等难以取得票据的外埠科研活动可提供说明后实行包干制报销,由科研人员自行解决异地住宿、用餐及交通等出差费用,按照每天800元标准发放补助,不可将所取得的发票在其他项目另行报销。报销时需附以下材料:第一,证明出差起止日期的相关票据如往返高速通行费等;第二,由项目负责人提交特殊事项说明(说明至少应包含调研日期、地点等内容,财务人员依据说明内容审核发放补助金额),说明经学院院长或科研机构负责人审批;第三,调研期间能取得的其他部分票据,如部分住宿费发票或者往返城市间交通费发票、租赁车辆的汽油费等,应将所取得的所有发票一并附上。

(3)政府采购业务管理风险

根据《中华人民共和国政府采购法实施条例》规定,高等院校采购属于政府采购法规范的内容,科研经费采购又是高校物资采购的一部分,所以科研经费采购同样需要符合政府采购法的规定。《国务院办公厅关于改革完善中央财政科研经费管理的若干意见》(国办发〔2021〕32号)规定:"优化科研仪器设备采购。中央高校、科研院所、企业要优化和完善内部管理规定,简化科研仪器设备采购流程,对科研急需的设备和耗材采用特事特办、随到随办的采购机制,可不进行招标投标程序。项目承担单位依法向财政部申请变更政府采购方式的,财政部实行限时办结制度,对符合要求的申请项目,原则上自收到变更申请之日起5个工作日内办结。有关部门要研究推动政府采购、招标投标等有关法律法规修订工作,进一步明确除外条款。"由此可见,《中华人民共和国政府采购法实施条例》规定和《国务院办公厅关于改革完善中央财政科研经费管理的若干意见》规定有冲突。

科研资产采购的特殊性主要体现在及时性、高标准性和不确定性。所谓及时性,是指科学实验需要的实验材料大多随用随采。高校科研人员大多精力在科学研究上，他们并没有那么多精力应付复杂的程序，一般也很少去做采购的预算、计划，而实验用材料一旦需要，都是应急的，如果不能及时采购到所需的实验材料，会直接影响科学实验的进程。所谓高标准性，是指科学实验所需的材料要符合科学实验的需要，能够实现实验的目的，而政府采购的部分材料因为价格的原因可能符合采购要求的指标但并不一定能达到科学实验的要求。所谓不确定性，是指政府采购预算一般需要在前一年上报并确定，以备来年采购，但科研项目的立项申请具有很大的不确定性，很多科研项目在预算周期内无法最终确定能否立项，这样造成年底不能提报预算而耽误第二年的采购，进而导致科学研究进程的推迟[33]。

虽然高校积极贯彻科研经费"放管服"政策，但在实际执行过程中，这就会造成高校出现"想放不敢放"的状况，且"放管服"政策对科研经费的使用限制仍然较多。笔者针对北京市属某高校科研人员发放 89 份调查问卷，回收有效问卷 51 份，问卷结果显示：约 76.47% 的科研人员认为科研经费没有必要实施政府采购，或可特事特办，随到随办。由于科研经费有别于高校开展日常工作的财政性基本经费和专项经费，不能完全执行政府采购，这就导致后续经费报销困难，手续繁杂，因此，提供各种情况说明是必不可少的。

（4）资产管理风险

高校资产管理应重点关注固定资产及实验材料采购、验收、出入库领用登记等管理情况。目前，大多数高校建立了明确的资产管理制度规定，但是在日常管理过程中仅限于制度层面的控制，对科研资产的实物管理不够重视。科研资产采购、验收入库、保管、清查登记、报废处理等管理权限由项目组负责完成，资产管理部门应起到相应的监督作用，但在现实中，由于科研资产类别、数量众多，资产管理工作人员数量严重偏低，工作压力普遍较大，甚至出现人员不足的现象，因此，资产管理人员对科研资产的管理也是流于形式，这使得高校很难像生产型企业那样建立起一套完备的材料采购出入库流程。

高校科研资产缺乏购置后的约束和监管，资产管理部门对于科研资产购入后是否符合科研工作需求、是否能够带来预期科研效益、是否可以最大限度地发挥功用等内容缺乏一套完整可行的考核机制。高校未建立统一的资产信息管理平台，项目负责人都是根据自身项目需求在预算范围内采购，这就有可能造成不同项目组之间采购同样的仪器设备。项目组之间缺乏沟通，造成科研人员重复采购设备，而学院之间、各项目负责人之间各自为政，资源配置不合理，使得资产利用率得不到制度监督，高校设备共享使用效率低下，引发科研资产浪费现象。

科研项目的实验材料一般由科研人员随用随采，实验材料的管理也由科研人员负责，报销时财务人员一般要求经办人、验收人和项目负责人三者签字，但也仅是形式上的审核，实验材料的出入库管理存在监管不严、资源浪费的风险。另外，对于已采购或租用的固定资产未在本单位存放的，高校无法进行监管或监管不到位。

财务系统与资产系统对资产的认定不一致,以通用设备和专用设备的认定问题为例进行说明。资产系统根据国标《固定资产分类与代码》进行认定,而财务核算则根据实质重于形式的原则。例如,某教师采购组装完成一台用于参加比赛的足球机器人,资产系统认定其为通用设备,而科研人员和财务人员根据实际使用情况可认定其为专用设备。两个系统认定不一致不仅会导致年底资产对账困难,还会给科研人员造成不必要的麻烦。

高校存在长期占用和违规处理科研资产的现象,例如:有的科研人员未登记未报批就长期占用科研资产;有的科研人员把一些设备、材料和无形资产拿回家;更有些科研人员无视科研专用设备的使用和租赁限制,违反学校对出租收入处置的相关规定,私自租借给外单位或个人使用,将取得的租金收入占为己有,不入学校财务账,将其视为自己的"小金库"。

（5）合同业务管理风险

政府会计制度改革的一大特点就是提出科研经费财务会计按照合同完成进度确认事业收入,这对项目承担单位合同管理信息化水平提出更高的要求,合同管理信息化水平的高低是限制高校贯彻执行政府会计制度的一大因素。但确认合同进度本身就是一个比较困难的问题,对于不同类型的科研合同,工作量测量标准也难以统一。科研收入确认应当按照合同完成进度等确认,这一变化对科研经费合同管理提出了高要求,但长期以来,因为高校科研经费来源多,执行周期和执行进度情况复杂,也因为高校科研经费管理中合同的管理经验缺失,重立项轻过程的粗放管理模式仍然存在(例如:合同签订部门只关注是否能按合同顺利发生支出;财务人员审核更关注合同的执行和票据的合法性,未形成合同全过程管理的制度体系;合同进度无法确认、完工进度缺乏合理测算依据等),使科研收入按合同进度确认无法真正有效执行。

高校科研合同管理存在如下问题。

第一,合同管理部门对科研合同管理松懈。高校科技合同归口管理部门是学校科技处,科技处对科技合同的审查局限于纸质文本材料,存在对科技合同合作方和供应商实质性审查工作缺失的风险。学校合同管理主要部门一般在学校办公室下设独立法务科室,负责参与学校办公室归口合同的审核,参与起草、修订学校相关合同的示范文本,并负责学校有关法律文书的起草。在实际工作中,科技处对合同文本进行形式审查后,便向科研人员开具合同专用章使用批条,科研人员凭借合同章使用批条即可向学校办公室请用科技合同专用章。盖上学校合同专用章后,合同即产生法律效应,学校合同归口管理部门对合同文本审查的局限性给学校合同管理带来较大隐患。

第二,科研合同签订要素不健全。例如,合同无甲方单位名称、签字、盖章、签订日期等要素。高校各学院或者各部门存在未经授权对外签订合同、合同执行不规范、提前或者滞后支付合同款的现象。

（6）信息系统管理风险

高校科研项目涉及的业务部门较多,例如:科研部门负责项目的立项、预算调整审批、合同管理、结题验收等;财务部门负责科研经费的到款入账、预算控制及执行;资产部门负责对科研项目采购的资产进行管理;审计部门要全程严格监督科研经费的使用情况;合同管理部门负责签订合同的审核等。从项目申报立项开始到结题验收结束,看似独立的环节,实则需要各部门的相互配合,例如,在项目申报这一流程中,科研管理部门负责审批项目任务书、合同等并指导科研人员申报,而财务人员要参与到预算编制环节,指导科研人员编制科学、合理的预算。在项目执行过程中,财务部门要对确认立项的经费进行预算分配、经费入账等,同时要对经费的支出进行实时监控,当有开支不当的情况出现时,财务部门要实时将情况反馈给科研管理部门,科研部门要跟踪项目进展情况,资产管理部门要审核项目使用的设备资产状况。在结题环节,财务部门负责对项目决算表进行审核,提供预算执行情况及明细账等,内部审计部门也要发挥审计监管职能,并将审计结果进行公示。然而,目前高校各部门的信息系统各自独立,数据没有充分共享,部门之间的数据传输费时费力,信息资源的利用效率低,资源整合效果差,且容易出现推诿扯皮的现象。

4.3.2　内部控制视角下高校科研经费的风险防范

本小节以 COSO 内部控制框架为依据,在参考我国《行政事业单位内部控制规范》的基础上,以内部控制五要素为出发点,构建了"以优化内部控制环境为前提、以全面风险评估为依据、以关键活动控制点为核心、以科研经费信息与沟通为载体、以科研经费审计监督为保证"的科研经费内部控制体系。

1. 优化内部控制环境,形成良好的科研经费文化

高校内部控制环境涉及面广,主要包括:高校管理者对内部控制建设的态度;科研人员及相关职能部门教职工的诚信及道德价值观;高校文化;人事管理、财务管理、资产管理等各项规章制度等。高校的管理者要认识到加强内部控制环境建设的重要性,在贯彻落实"放管服"改革的过程中,相关职能部门应梳理科研管理相关规章制度,制定切实可行的管理办法,准确把握"政策宽松、管理严格"的原则,建立宽严相济、刚柔并济的科研经费管理体系。同时,高校要建立科研人员诚信档案,逐步形成良好的科研管理环境,让科研经费更好地在阳光下运行。

2. 做好全面风险评估,开展绩效考评工作

高校应根据自身特点制定考核评价方式(内部自评或者外部协助);高校应制定内部控制考核评价实施的范围(横向科研项目或者纵向科研项目);高校应合理利用考核评价的结果,制定绩效考评奖惩措施,完善相关的内部控制。

3. 严格管理控制活动，形成规范化、制度化的控制措施

（1）预算编制及执行

包干制科研经费无须编制项目预算，项目负责人可自主支配经费的使用方向，但需要高校建立完善的包干制相关管理办法。高校应将科研经费预算编制规范化、制度化，提高财务人员的事前参与度。高校可根据需要成立科研经费管理办公室，办公室成员包括财务人员和科研管理人员，负责指导科研项目预算编制、预算执行、审核预算调整等，以提高预算编制质量，减少预算调整的次数，降低与科研活动实际需求不符的风险。高校可通过编写通俗易懂的预算编制指南明确预算编制要点，确保科研人员在遵循科研活动规律的前提下遵照预算编制原则进行编制。

在预算执行过程中，高校除了要重点关注劳务费、设备费以外，还要重点关注外拨经费的拨付。通过外拨经费套取科研经费是科研经费腐败的手段之一，在已知的腐败案例中，利用关联公司通过外协费套取科研经费的现象时有发生。因此，在项目立项审批时，需要做到如下几点：通过合作单位的营业执照、组织机构代码、资质证明等材料，加强对外拨经费合作单位的资质审核；项目负责人需要就是否与外协合作单位存在关联关系作出声明，如必须与项目负责人利益关联单位进行合作时，需经专家论证、公示评审结果后，方可审批；在外拨经费支付时，财务审核应严格按照外协合同约定的拨款时间、方式、银行账号和金额等内容进行拨付；高校要加强对外协费的监管，对未经审批、擅自违规转拨经费的，项目负责人应承担相应经济和法律责任。

（2）科研经费收支业务

高校要明确科研经费开支范围，加强对原始凭证的审核，报销审核要点有：所有票据必须真实、合法、完整；电子发票在报销时需在财务报销预约系统进行认证，电子发票认证可杜绝重复报销；发票内容及大小写金额正确、相符；机打和电子发票的一切内容均不得涂改；手写发票中的金额不得涂改，手写发票其他内容有改动的，改动处必须加盖与原发票所加盖印章相同的印章；发票开具的内容须与开票单位经营范围相符，不得虚列发票内容；发票未详细注明商品名称、单价、数量、金额的，须使用税控机打印明细清单，并加盖发票专用章。支付审核要求有：款项的支付一般应通过支票、汇款或公务卡方式，最大限度减少现金的使用；分次支付的报销业务，首次付款时必须提供发票、合同原件等全部报销材料，后续付款时附发票、预约单摘要注明"进度款"等字样，同时在预约单上标注合同原件所在的报销单号或预约单号；公务卡报销时须提供准确的刷卡记录信息（POS机小票、短信截屏或公务卡明细账单），以便财务人员顺利进行入账及还款操作；预约报销凭单上的签字要齐全，一般报销业务必须要有经办人和项目负责人的签字，购买实物类的业务必须再加上验收人的签字，经办人、验收人、项目负责人必须由不同的三人构成；涉及固定资产购置的，需办理固定资产入库手续，提供固定资产入库单，如暂时不能

办理入库手续,需按照固定资产暂不入库手续报销,待满足入库条件后,再及时办理入库报销手续。高校要提高项目负责人的支出审批权限,赋予学院、科研管理部门、主管校领导等相应的审批权限。

防范科研经费报销风险,一方面要从科研经费政策上细化财务报销规则,明确经费报销要求,完善报销手续;另一方面要从技术平台上提升经费管理手段,将科研经费的财务报销融入高校经费报销信息化中,建立财务报销一体化系统平台,改变传统的科研经费面对面报销的模式。结合当前高校财务信息化发展情况,目前财务各子系统的信息集成主要涉及财务预约报销系统、自助投递系统、物流传递系统、财务核算及查询系统、无现金支付系统、短信推送平台、会计电子档案系统等。

(3) 政府采购管理

高校对科研物资的采购要做到"放"与"管"的结合,且把重点落在"放"上。科研采购由科研人员自行处理,但是事中的监督和事后的管理要跟上,发现违法违规的现象要严惩不贷。《国务院办公厅关于改革完善中央财政科研经费管理的若干意见》(国办发〔2021〕32号)规定:"优化科研仪器设备采购。中央高校、科研院所、企业要优化和完善内部管理规定,简化科研仪器设备采购流程,对科研急需的设备和耗材采用的采购机制,可不进行招标投标程序。"《北京市科技计划项目(课题)经费管理办法》规定:"除科研急需的设备和耗材外,涉及政府采购事项的,应严格按照《中华人民共和国政府采购法》及北京市有关规定执行。承担单位使用财政资金采购北京市政府集中采购目录以内或者采购限额标准以上的货物、工程和服务项目,均应按照政府采购有关规定执行。"高校应从执行层面制定具体的执行办法,切实考虑科研物资采购的特殊性,给科研人员提供更多的选择途径。另外,高校还要对采购加强监管,特别是对采用"特事特办、随到随办"采购机制以及未进行招标的采购流程,可采取抽查的方式,一旦发现违规违法现象,便记入科研人员诚信档案,将惩罚措施落实到制度上,做到执行过程有据可依。

同时,高校要优化采购流程、规范采购管理,改变原有的碎片化信息管理,加强项目组成员、资产管理部门、财务部门以及其他管理部门之间的沟通与协调,实现各管理部门及人员之间的无缝对接,避免出现重复采购及后期购买的设备、价钱与预算出入较大的情况,实现信息的充分共享,节约成本,降低实际采购和计划采购之间的差异率。高校可定期对科研人员以及职能部门相关管理人员进行专门的工作培训,包括采购业务流程、新出台的政策法规、科研仪器设备方面的专业知识、实时的市场情况等。

(4) 资产管理

科研项目对实验材料及固定资产的管理要落实到制度上,高校应将科研资产全部纳入学校资产范围进行统一管理,并且针对自身在具体实施过程中的薄弱环节加强管控,制定系统化、规范化的资产管理制度,明确资产管理部门、财务部门、项目负责人以及其他相关部门的责任,从资产的采购、资产的验收入库、资产的使用、流转、资产的报废等资产流转的全过程构建权责清晰的资产管理制度。在资产购置时,高校应完善登记程序与验收入库流程,确保财务部门账务系统资产数据与资产管理部门所记录的资产信息一致。高校应加强对图书资料、电子设备以及低值易耗品的管理,由于其流动性大、价值低,通常由科研人员自己保管,因此,更要做好使用人员的登记工作。高校要加强科研资产日常管理,做到定期清查,及时调整。如果在清查盘点过程中发现毁损、丢失或者账实不符等情况,应建立追责机制,及时查明原因,并对责任人予以追究。对于使用科研经费采购的存放于校外的固定资产,由项目负责人进行监管,避免高校资产的流失。高校应在现有资产管理制度下,建立科研资源共享平台,开展校内资源共享机制,鼓励科研人员在计划采购科研资产时,首先考虑校内的共享资产,而不是盲目购买新的设备或材料。科研资源共享平台应由高校的资产管理部门牵头,科研管理部门和财务部门配合共同管理,科研人员可以根据需要申请采购科研相关的设备,对于科研资源共享平台资产库中已经存在的设备,优先考虑共享使用,实现不同项目之间的资源共享,避免设备的重复购买,提高资产的使用效率。

(5) 合同管理

高校应充分重视合同管理的重要性。基于合同完成进度的科研事业收入确认,应当建立在完善的合同管理基础上。高校法务部门应当参与科研合同的订立,而不仅仅是授权给科研管理部门负责审签合同。规范合同的条款和形式,应根据《政府会计制度》要求明确收入确认的关键信息,如期限和完工进度等。财务应当以合同内容为根本出发点,分段设置收入、费用确认的关键信息,依据每个合同段完成的情况,以时点划分,自动确认收入及费用,用这种细化后的方法提高收入、费用确认的准确率。高校财务人员要对往来账款进行催收和冲销,确保收入及时入账,同时,高校要建立跟踪检查纠错机制,跟踪收入的确认是否正确,这样在保障工作效率提高的基础上,也能够满足《政府会计制度》的核算要求[34]。

科研合同应由科研部门集中统一管理,并由其加强对合同文本的审核,建立规范的合同文本,对于需要修改、变更或终止的合同,应及时协商解决。高校也可从校外聘请专业的法律事务所,协助学校法律事务办公室完成合同管理、合同项目谈判、合同文本审查等工作。在合同执行阶段,法律事务所可提供风险控制服务,防止合同签约方因违约而导致学校科研团队利益受损。财务部门在审核报销时,要加强对合同各要素的审核,按照合同约定付款,对不符合国家法律、法规及学校相关制度规定的要拒绝支付。在发生合同纠纷时,事务所可向学校提供纠纷处理意见。在发生合同补充、转让和终止业务时,事务所能指导科研人员完成上述工作。

4. 加强职能部门之间的信息沟通,消除信息孤岛

高校应建立信息系统各模块之间的互联互通,提高信息共享率。高校职能部门应用的信息系统有科研管理部门的科研系统、财务部门的网上预约报销系统和会计核算系统、资产管理部门的政府采购系统和资产管理系统、人事部门的人事系统、审计部门的审计系统。一个完善的科研项目综合管理平台从项目立项、实施、中期检查、验收等各个流程实现管理部门与科研人员的无障碍交流，并保证双方能及时交换信息。因此，各系统和各模块之间要建立数据接口，缩短数据传递的时间，让"信息多跑路，科研人员少跑路"。

高校应建立科研管理平台，梳理科研到款查询、立项、报销、预算调整、结题、绩效考评、审计监督等业务流程，同时，因各部门工作繁杂细致，高校还需要清晰地划分各部门的责任和权限。另外，各部门在日常工作中要基于统一的制度，并围绕"服务好科研项目"这一宗旨统筹各项管理工作。这就需要高校建立信息共享平台，把科研项目事前的立项、经费认领、预算编制等，事中的经费使用、预算调整、中期检查，以及事后的项目结题、验收审计等各个环节的管理工作通过信息平台与各个相关职能部门进行信息共享。科研经费管理信息化的建设需要既懂财务又擅长计算机的复合型人才，因此，高校应提高现有财务人员的信息化水平，不断探索人才引进机制，充实高校财务队伍建设。

5. 重视内部审计监督，做好最后一道屏障

（1）重视审计工作

虽然现阶段高校内部审计监督多数为事后监督，但是高校仍然要重视审计监督工作。内部审计工作的核心在于了解经费管理的具体执行情况，在保证科研经费安全的前提下确保科研经费高效利用，对经费使用进度进行有效监督和控制管理。内部审计监督是内部控制的最后一个环节，也是关系到科研经费使用效率和效果提高的关键环节。无论是科研人员，还是管理人员，都要给予审计监督工作应有的支持，配合审计人员的工作。审计人员要肩负起内部审计监督工作的重担，提高高校经费使用效益。

（2）建立审计目标体系

高校科研经费审计既要确保科研资金的安全，又要提高经费的使用效益。科研经费管理中存在的难题较多，因此需要构建覆盖短期目标、中期目标以及长期目标的审计目标体系，并且能够根据审计状况进行动态调整。高校科研经费的审计目标体系包括长期审计计划、短期审计计划及具体的审计计划。面对高校科研经费管理中的突出问题，高校应将改进经费管理的薄弱环节作为短期审计的目标。科研经费审计监督的短期目标是发现问题，纠正弊端。监督和揭露高校科研经费管理中的问题是改善科研经费管理的迫切需要。此外，由于科研项目的腐败案件时有发生，科研经费管理体制存在的问题日益凸显，因此，高校应以健全科研经费管理体制为中期目标。最后，高校要将推动技术创新和实行创造性工作作为审计和监督的长远目标，其最终目标是推进科研经费发挥原本的价值，通过创造性的工作,促进社会进步[35]。

(3)确定审计重点

在实际实施过程中,审计部门要结合项目特点确定审计重点,明确审计程序、内容,确定科学的监督评价管理标准。由于科研项目类别的多样性,因此,高校要依据项目自身的特点来选择相关的审计重点和标准进行审计,要建立合理、有效的审计评价标准。合理有效的审计评价标准是完成科研经费审计工作的重点,审计人员在进行审计时应根据高校科研项目和资金的特点,明确审计内容和程序,确定科学的监督和评价管理标准,按照国家和学校制定的审计计划目标设定有效的审计方案。对于典型、具有重大科研价值、对高校发展有重大影响的科研项目,高校应当做好审计结果的公示,披露的信息要全面且便于理解,在最大程度上提升高校的管理效能。高校要加强审计队伍建设,培养全面发展的高素质审计人才。在高校的科研经费内部审计工作中,审计人员应秉持公正、客观的审计原则,发表独立的审计意见。除高校科研经费内部审计工作外,内部审计监督的另一个职能是定期开展对本单位内部控制体系的评价,对内部控制体系的有效性、适用性及可持续性发表意见,及时发现内部控制设计和运行的缺陷,提出解决问题的措施,不断完善内部控制体系。

4.4 整合内外部监督,落实"放管服"政策

科研活动的顺利开展需要科研经费的稳定投入,新形势下如何遵循深化科研领域政府职能转变和"放管服"改革方向,处理好激励与约束、信任与监督、放权松绑与守住底线等的关系,对高校科研经费监管提出了新挑战。高校应逐步构建权责明确的科研经费监管体系,建立政府监督、高校内部监督和外部监督的监督体系,实现"分级管理、权责明确、运转高效"的监管机制。同时,高校要担负起作为项目承担单位的监督主体责任,不断完善科研经费管理、财务管理和单位内控制度等,加大警示教育力度,加强科研伦理培训。高校要促进财务审计、项目审查、绩效评估等监管方式的协同配合,在完善监管的同时,为科研人员提供服务支持,最大限度减少对科研人员的影响,让科研人员把主要精力放在科研工作中。

4.4.1 完善实施细则,落实"放管服"政策

根据新制度经济学中的制度变迁理论,高校相关部门在国家及各级政府部门提出改革意见后,应充分分析政策,因地制宜地修订、完善科研管理制度和校内内控制度,并循序渐进地实行改革。对于高校而言,只有对国家"放管服"改革有了全面深入的认识,才能积极主动地开展高校"放管服"改革。高校需协调处理好改革中的主体与客体、放权与监管、目标和措施之间的关系,把握简政放权尺度,增强责

任意识,细化制度,防止规避责任,防止简单任务复杂化。高校要努力做到既简化高校科研管理流程中的办事程序、扩大科研工作者自主权限,又不削弱高校对整体科研工作的监管效果,确保科研管理工作的有效性和规范性,促进各项科研管理工作有序进行。高校要及时按照制度规定完成自主权下放,把握统筹权尺度,理顺科研项目管理与监督检查的关系。在制度改革后及时做好宣传工作,提高项目负责人对科研项目的归属认识[17]。

高校要深化"放管服"的政策要求,从实际出发,适时制定、完善高校各类科研经费管理办法,确保经费管理有据可依。高校要将"包干制"尽快落地,逐步优化科研经费的使用。同时预算调整、间接经费使用、劳务费管理等科研经费重点问题要及时解决,继续细化各类支出内容的使用规范,做到报销标准统一、制度规范,操作简便。高校财务管理部门要深入落实"放管服"政策要求,依据最新的政策和制度,制定相应的实施细则,进一步简化预算调整流程、改变结余资金管理方式、提高项目负责人的审批权限。对于横向科研经费,高校可推行使用"包干制"预算管理模式,为科研人员潜心研究提供更加良好的外部环境。

4.4.2 建立有效的协同监管体系

高校科研经费内部控制从科研经费管理的流程进行了优化规范,科研人员应按流程办事,作为承担单位的高校应发挥主体作用,各职能部门也应明确职责,参与内控,保证相关控制措施有效实施。高校应当明确划分科研经费的监管责任,不仅要明确法人责任制和项目负责人负责制的权责范围,更要明确相关职能部门的权责,确保经费的使用合理合法,共同为经费的监管贡献力量。

建立有效的内部监管体系,需要不断优化控制活动,加强事前、事中、事后监督。其中,事前应设立专门科研经费管理部门,由法务人员对科研合同进行审核,财务人员对项目预算进行审议并提供咨询,科研项目管理部门在项目申报阶段做好可行性论证。事中应加强信息公开,实行公务卡结算制度,提升支出透明度,通过科研财务信息化平台把握经费动态。纵向科研项目中期出现重大事项变更时,需执行严格审批程序。事后应做好项目验收工作,横纵向科研项目部门均应参与科技成果验收。高校要对科研项目完成情况进行综合评价,做好结题审计,及时做好科研经费财务决算,将科研经费预算执行情况纳入对项目的整体考核指标中。高校要强化自我约束与自我规范意识,开展多部门联合检查工作。科研团队要树立责任意识,积极配合高校审计监督和项目评估,认真履行"放管服"改革政策[17]。

建立有效的协同监管体系,高校可从以下几点入手。

1. 切实履行高校法人责任

高校是科研项目管理的责任主体,统筹协调科研、财务、资产、人事、档案、纪检监察和审计等部门的科研管理工作。高校要强化责任意识、完善责任体系、健全科技资源配置机制和科研活动内控机制。校长作为高校法人代表,要认真履行法人代表责任,指导督促分管科研、财务工作的校领导,加强对科研活动的管理。

2. 落实项目负责人负责制

项目负责人是科研经费使用的直接责任人,对经费使用的合法性、真实性和相关性承担法律责任。项目负责人要按照批复预算或合同(任务书、计划书)、有关财经法律法规和科研经费管理制度使用经费,接受上级和学校相关部门的监督检查。

3. 高校法务部门的协同监管

针对竞争性科研项目,在签订科研合同时,学校法务部门应当高度参与科研合同的订立,而不仅仅是授权给科研管理部门负责审核签订。高校法务部门的参与使得合同文本更加规范,可最大限度减少科研合同后续执行及验收环节产生的纠纷。经费使用是否按照合同执行,是判断项目执行好坏的标准。

4. 二级学院的协同监管与服务

高校二级学院是科研活动的基本单位,也是最熟悉项目研究内容的基层组织,对于项目经费使用过程中发生费用的必要性、合理性以及项目研究相关性,要承担起相应的监督和管理责任,发挥科研经费监管第一道防线的作用。二级学院根据学科特点和科研项目实际需要,合理配置资源,为科研项目执行提供基本条件保障;二级学院要监督预算执行,督促项目进度,确保科研任务保质保量完成。

5. 财务管理部门的协同监管与服务

高校财务管理部门负责科研经费的财务管理和会计核算,包括起草修订科研经费报销实施细则等科研经费管理的相关制度;指导项目负责人编制科研经费预算;审查项目决算;监督、指导项目负责人规范使用科研经费等。财务管理部门监管的责任贯穿于整个项目的立项和执行过程。

在立项环节,财务人员通过设置预算模板对已经批复的项目预算进行分项控制,避免结题审计过程中产生预算执行与批复预算不一致的情形。例如,北京市某高校财务人员通过财务核算系统进行项目大类设置,每类项目分别建立相应的预算模板,分类、分预算项进行控制,严禁超支。如需调整预算,则要执行相应的手续。实行预算模板控制后,在预约报销时,项目负责人只能在预算额度内(无论是总额还是分项额度)使用,杜绝预算超额度使用。该高校横向科研经费实行包干制后,设置的包干制预算模板、预算制模板如图4-1、图4-2所示。

科研经费报销支付环节是财务人员监管的关键环节。财务人员应严格按照国家及学校规定审核报销,对于不符合规定的,财务人员有权拒绝报销。在审核报销单据时,财会人员会针对具体经济事项进行具体分析,主要采用逐项检查的方式检查相应经济事项的真实性、合法性和相关性,主要体现在以下两方面。第一,从宏观方面检查是否符合法律法规要求。例如:预算是否超支;是否存在非科研目的的支出;是否按要求进行政府采购。第二,从微观方面检查具体报销内容的真实性和

预算项代码	预算项名称	控制方式	合并控制码	当年限额	同步预算项公式	关联科目
A132	项目结额	禁止超支		0.00		
A13201	收入	不控制	*	0.00		Z2305#*+Z3001.2#*+Z4101.2#*
A13202	支出	不控制	*	0.00		
A1320201	直接费用	不控制	*	0.00		
A132020101	设备费	不控制	*	0.00		Y*#3021499+Y*#31003+Y*#31022
A132020102	业务费	不控制	*	0.00		Y*#30201+Y*#3020201+Y*#3020202+Y*#30206+Y…
A132020103	劳务费	不控制	*	0.00		Y*#3022601+Y*#3022602
A1320202	间接费用	不控制	*	0.00		Y*#3020101+Y*#3020102+Y*#3020201+Y*#30202…
A132020201	管理费	不控制	*	0.00		Y*#999904
A132020202	绩效支出	不控制	*	0.00		Y*#301070203
A132020203	水电气暖等消耗	不控制	*	0.00		Y*#3020501+Y*#30206+Y*#3020801+Y*#3029906
A13299	限额规则		*	0.00		
A132A1	收入(不计项目余额)	不控制	*	0.00		Z6001#*+Z6101#*+Z6201#*+Z6301#*+Z6401#*+Z…
A132A2	支出(不计项目余额)	不控制	*	0.00		Y7201#*+Y7301#*+Y7401#*+Y7501#*+Y7601#*+Y…

图 4-1 横向科研项目包干制预算模板

预算项代码	预算项名称	控制方式	合并控制码	当年限额	同步预算项公式	关联科目
A133	项目余额	禁止超支		0.00		
A13301	收入	不控制	*	0.00		Z2305#*+Z3001.2#*+Z4101.2#*
A13302	支出	禁止超支	*	0.00		
A1330201	直接费用	禁止超支	*	0.00		
A133020101	设备费	禁止超支	*	0.00		Y*#3021499+Y*#31003+Y*#31022
A133020102	业务费	禁止超支	*	0.00		Y*#30201+Y*#3020201+Y*#3020202+Y*#30206+Y…
A133020103	劳务费	禁止超支	*	0.00		Y*#3022601+Y*#3022602
A1330202	间接费用	禁止超支	*	0.00		Y*#3020101+Y*#3020102+Y*#3020201+Y*#30202…
A133020201	管理费	禁止超支	*	0.00		Y*#999904
A133020202	绩效支出	禁止超支	*	0.00		Y*#301070203
A133020203	水电气暖等消耗	禁止超支	*	0.00		Y*#3020501+Y*#30206+Y*#3020801+Y*#3029906
A13399	限额规则	不控制	*	0.00		
A133A1	收入(不计项目余额)	不控制	*	0.00		Z6001#*+Z6101#*+Z6201#*+Z6301#*+Z6401#*+Z…
A133A2	支出(不计项目余额)	不控制	*	0.00		Y7201#*+Y7301#*+Y7401#*+Y7501#*+Y7601#*+Y…

图 4-2 横向科研项目预算制模板

相关性。例如:报销票据是否为国家规定的合法票据;票据真伪如何;实验材料的购买是否真实;差旅费支出是否合理真实;劳务费发放对象是否真实存在。当任何一个环节存在质疑时,财会人员会根据具体情况要求经办人提供证明材料、项目负责人填写补充说明或项目负责人所在学院领导审批等方式,证明报销事项的真实性、合法性、相关性。例如,北京市某高校对劳务费和专家咨询费一律通过银行卡的形式发放,这种无现金支付方式既规范了科研经费的管理,又防范了科研经费支付风险,同时通过单位对个人的银行转账支付,有效防范了个人所得税的漏报风险。劳务税代扣代缴管理,在某种程度上限制了通过科研项目发放劳务费、专家咨询费等科研贪污受贿行为。在科研经费支付环节,高校要按照财政部、中国人民银行的有关规定,推行银行转账或公务卡支付,在支付环节加强财会监管,提升预算执行的监控水平。因此,高校应鼓励科研人员使用公务卡和对公转账支付,做到应刷尽刷,最大限度减少现金支付,确保科研经费使用的可追溯、可检查性,并以此作为防范科研经费挪用和贪污的重要监管方法。

在结题、验收环节,财务人员为配合后续经费审计工作,负责对科研经费的收入、支出及结余资金进行审核,尤其是对预算执行情况进行审核。由于前期已经设置了预算模板,因此,不会出现预算额度超支的现象,但由于审计部门和财务部门的理解上有偏差,会出现费用项的归集不一致的情况,或者出现审计认为已发生的支出不合理的情况,此时就需要调账或者退回已报销费用。针对此情况,财务人员可要求项目负责人提交经负责人所在学院、科技部门、财务部门审核通过的会计调账说明，并以此为依据进行调账，避免出现随意调账、为了结题而调账的风险。

6. 科研管理部门协同监管与服务

高校科研管理部门代表学校对科研项目及经费实施归口管理，在科研经费监管中具有组织、协调、管理成果的职能。科研管理部门具有科研项目及经费的管理权、科研经费审批权、科研经费使用监督权、批复预算调整权、科研项目绩效考核权、科研经费间接费提取及比例分配权。在项目申报时，项目任务书或合同需经高校科研管理部门审核，在项目实施时，科研管理部门要监管科研经费运行是否合理有效。

高校科研管理部门既要对高校科研事业发展做好整体战略统筹和规划，又要负责科研项目和经费的日常管理和服务工作。高校科研管理部门负责科研项目和合同管理，负责各级各类纵向项目申报、立项、中期检查、结题、项目认定等服务与管理工作；负责横向项目合同签订、结题、经费分割、项目认定等服务与管理工作；负责学术论文、著作、专利等科技成果的登记和管理工作；负责科技成果奖励申报工作；负责科研基地及科技创新平台建设，组织各级科研重点实验室、工程中心、社科基地等申报工作；负责协调各基地的建设与管理；负责校内各科研机构的建设和管理。

7. 资产管理部门协同监管与服务

高校资产管理部门负责使用科研经费采购形成的固定资产或者无形资产的登记、清查、处置和产权管理；负责科研设备政府采购预算的汇总；负责组织招投标工作以及使用科研经费进行协议采购和零星采购的管理工作。

高校资产管理部门在科研设备论证、采购、招标的运行中发挥着指导和管理作用。资产管理部门收到项目负责人提出的采购申请后，依据项目经费资金性质以及预算额度进行审核。对于项目负责人使用纵向科研经费采购打印机、笔记本电脑等通用设备的，资产管理部门要予以拒绝；对于符合要求的采购申请，资产管理部门予以批复，批复意见要明确项目负责人通过什么形式进行采购，是否需要政府采购，是否需要招投标等。项目负责人在收到批复意见后，依据批复意见进行采购。由资产管理部门统一管理，可以避免发生违规采购的情况。设备在办理资产入库后，由资产管理部门统一出具入库单。这些协同监管措施既提高了科研经费管理效率，也避免了设备重复购置的问题。

8. 审计部门协同监管

高校审计部门负责科研经费的审计监督，以及对学校委托的科研经费使用情况进行审计。高校审计部门承载着科研经费评价反馈和监督指导的任务。高校审计管理部门在对高校科研经费审计中往往会发现问题并形成很多经验，针对科研经费审计发现的共性问题，审计部门要及时向项目负责人及相关职能部门反馈，及时修正这些管理政策和问题，避免再次出现类似情况。

4.4.3 完善科研经费信用奖惩机制

1. 健全科研经费管理激励机制

在实际工作中,高校要改进评价指标,以科研成果为主,考虑科技成果转化量,不再单纯以项目量、经费量等指标评价绩效,将实际科研工作量与项目、经费结合起来。在职称评聘和业绩奖励中,高校要更加重视科研内容与质量。同时,高校还要积极构建科研信用体系,科研信用体系的主要作用就是让守信者得到鼓励,让失信者付出代价。在同等条件下,可以优先推荐科研守信者所申报项目以及项目成果,在承担项目经费资助力度、监管方式等方面为其提供优惠政策,并在科研经费报销与管理过程中,给予其优先办理的权利,为其提供优先的财务服务,最大限度提高诚信科研工作者的积极性。

2. 强化刚性惩处

对科研经费问题进行刚性惩处,是优化监管机制的前提。高校要严格执行内部监督,严惩科研经费腐败人员,对参与者进行全面追责。由于科研管理体制缺陷等原因造成了既往科研乱象的多发性、普遍性,因此,在惩处上可以规定一个时点,对时点前的科研违纪问题采取自主查纠和内部处理方式解决,对时点后发生的科研违纪问题严格查处。

3. 建立科研经费诚信数据库

在建立数据库和共享平台时,高校要制定科研经费、科研经费信用数据库,统一标准,并通过高校财务信息公开,加强科研经费信用信息收集能力,充分发挥经费信用信息共享平台系统的作用,保证经费信用管理贯穿于项目管理的全过程。高校要实行"宽严相济"的科研经费监管惩戒措施,分类约束和惩戒承担单位和科研人员,对不遵守法律法规造成的重大损失,依法追究有关单位和课题负责人的行政和法律责任。高校要推动建立重大案件跨部门、跨地区联合调查机制,建立"一处受罚、处处受限"的联合惩戒机制。高校还要对科研经费腐败行为实行零容忍,正本清源,建立良好的研究风气。

4. 探索科学分类的监管方式

针对不同类型的科技活动,高校要实行不同的科研经费评价标准和评价方法。对于包干制等新型项目组织模式,要积极探索科研经费监管新思路。同时,高校还要明确科研经费违规行为的定义和内涵,对科研经费违规行为进行分类和梳理,形成负面清单,在有条件的科研项目中实行经费支出负面清单管理,统一经费监管准则。

4.4.4 加大高校科研经费相关制度的宣传和培训力度

科研人员普遍不太重视法律法规和科研制度政策规范的学习。为了防患于未然,各高校要定期组织本单位科研人员、行政人员召开科研经费使用的培训会和研讨会,编制科研经费监管法规政策汇编,加强政策规章解释服务。高校可将科研经费腐败案例收集整理成册,免费发放给科研人员,加大案例警示力度,加强经费使用负面清单的宣传。

第5章 高校科研经费绩效管理

预算绩效管理于20世纪80年代在英美等西方国家率先兴起,我国在2003年十六届三中全会首次提出建立预算绩效评价体系,开启了我国财政预算绩效管理时代。2015年1月1日起施行的新预算法,首次以法律形式明确了公共财政预算收支中的绩效管理要求,为我国预算体制由传统预算向绩效预算转型奠定了法理基础。2018年,中共中央、国务院正式印发《关于全面实施预算绩效管理的意见》,部署加快建立全方位、全过程、全覆盖的预算绩效管理体系,"花钱必问效、无效必问责"成为财政预算管理的理念。

2018年,国务院印发的《关于优化科研管理提升科研绩效若干措施的通知》(国发〔2018〕25号)提出:要强化科研项目绩效评价,推动项目管理从重数量、重过程向重质量、重结果转变;明确设定科研项目绩效目标,实行科研项目绩效分类评价。国民经济和社会发展"十四五"规划和2035年远景目标纲要提出:全方位为科研人员松绑,拓展科研管理"绿色通道";完善科技评价机制,优化科技奖励项目。国务院办公厅《关于改革完善中央财政科研经费管理的若干意见》(国办发〔2021〕32号)提出:项目管理部门要健全科研绩效管理机制,进一步强化绩效导向,从重过程向重结果转变,加强分类绩效评价,对自由探索型、任务导向型等不同类型科研项目,健全差异化的绩效评价指标体系;强化绩效评价结果运用,将绩效评价结果作为项目调整、后续支持的重要依据;项目承担单位要切实加强绩效管理,引导科研资源向优秀人才和团队倾斜,提高科研经费使用效益。财政部、国家自然科学基金委员会关于印发《国家自然科学基金资助项目资金管理办法》的通知(财教〔2021〕177号)明确提出:自然科学基金委应当建立项目资金绩效管理制度,对项目资金管理使用效益进行绩效评价。

本章所探讨的科研经费绩效管理的研究对象主要指的是经费来源为非企业组织的财政性科研经费。

5.1 高校科研经费绩效管理的内涵与意义

5.1.1 绩效、绩效管理、绩效评价的概念

绩效的概念来源于管理学,最初应用于企业管理,有业绩、效益的意思,是组织

为实现其目标而开展的活动在不同层面上的有效输出,表现为一定时期内的工作行为、方式、结果及其产生的客观影响。

绩效管理是一种管理活动(由计划、组织、协调、控制等构成的过程),是指各级管理者为了达到组织目标,共同参与绩效计划制定、绩效辅导沟通、绩效考核评价、绩效结果应用、绩效目标提升的持续循环往复的过程,绩效管理的目的是持续提升个人、部门和组织的绩效。

绩效评价是指运用一定的评价方法、量化指标及评价标准,对特定组织为实现其职能所确定的绩效目标的实现程度,以及为实现这些目标所安排预算的执行结果所进行的综合性评价。

20世纪80年代,绩效评价成为政府部门和其他公共部门评价的重要内容,后来高校也引入了绩效评价,很多国家对高校的绩效评价进行绩效拨款,促进学校进行绩效管理[36]。政府部门和高校的绩效管理本质上是基于政府预算基础的财政预算绩效管理,是以一级政府财政收支预算为对象,以政府财政预算在一定时期内所达到的总体产出和结果为内容,以促进政府透明、责任、高效履职为目的所开展的绩效管理活动[37]。

绩效管理是一个完整的管理过程,包括绩效计划、绩效实施、绩效评价、评价结果的运用等环节,绩效评价是绩效管理过程中最重要的一个环节。绩效管理和绩效评价的区别主要是:绩效管理是一个复杂的系统,强调对被评价者绩效事先的预见和过程中的引导,其根本目的在于组织与个人绩效的提升,关注的是过程;而绩效评价只是绩效管理中的一个环节,更关注的是最后的结果,其着眼点是对被评价者过去绩效的总结。绩效管理是一个系统,而绩效评价是整体系统中的一部分,虽然它在绩效管理中起着相当重要的作用,但也不能以偏概全[38]。

5.1.2 高校科研经费绩效管理的内涵

根据绩效管理的相关概念,高校科研经费绩效管理是指高校根据自身的发展目标、科研能力定位,设定科研经费绩效管理目标,在科研活动过程中进行沟通协调、过程控制,并运用科学、合理的绩效评价方法、评价指标和标准,对一段时间内的科研经费投入与产出的经济性和效益性进行客观、公正的评价,并根据绩效评价结果进行相关激励,从而不断提高科研经费使用效益,提升高校科研能力和水平的过程。

高校科研经费绩效管理本质上是预算绩效管理,既具有绩效管理的一般特点,又具有自身独特的内容。高校科研经费绩效管理的特点主要表现在以下三个方面。

(1)科研经费绩效目标多元化。高校的基本职能是培养人才,高校科研工作已成为培养人才的有力支撑,相对于企业等营利性组织,高校更注重科研工作的学术价值和社会效益,科研成果转化为经济效益有待进一步加强。从科研成果性质看,有的科研成果是可量化的,有的科研成果则要采取定性评价的方式,不能仅仅就一个维度进行考核。虽然科研经费投入与产出比较抽象,但在具体操作过程中必须根据科学研究自身规律予以评价,如对论文的级别和数量、获奖数量、专利数量、实用程度等方面进行考核时,需要区分科研成果等级。

(2) 科研经费绩效与经费投入相融合。提高科研经费绩效,应使科研活动和经费投入相匹配,科研业务和投入相对应,正确合理地衡量科研工作人员的劳动付出,并予以相应的补偿和激励。

(3) 激励措施是科研经费绩效管理的落脚点。高校科研经费绩效管理是一种管理活动,通过设定目标、过程控制、绩效评价以及根据绩效评价的结果采取相应的激励措施等,提高科研经费使用效益,提升高校科研能力和水平。因此适当的激励措施是科研经费绩效管理的落脚点。如果在一定的科研经费投入条件下,科学研究做出了成绩,取得了良好的绩效,那么可以给予科研人员相应的奖励,这也是绩效方案设计中不可或缺的一部分。在科研经费管理体制上,应当将绩效与间接费中课题人员业绩相关联,这样既符合科学研究的客观规律,也符合科学研究工作者积极性的要求,能够产生更大的科研发展效能[39]。

5.1.3　高校科研经费绩效管理的意义

近年来,国务院及科技、教育主管部门一系列关于科研经费绩效管理的政策措施体现了国家科技政策导向的转变:一是赋予科研人员更大的自主权,包括简化科研经费预算编制、扩大科研经费使用自主权、赋予科研人员职务科技成果所有权或长期使用权等;二是更加注重对科研人员、科研经费等的绩效评价,从重过程向重结果转变。

科学、合理、有效的高校科研经费绩效管理对加强高校科技管理、合理配置有限的高校科技资源、调动高校科研人员科技创新积极性、提高高校科技创新能力和水平具有重要意义。

首先,高校作为科研项目的承担单位(或依托单位),应当健全包括科研经费绩效评价的内部科研管理制度,高度重视本单位所承担的科研项目(课题)的绩效管理,积极支持和引导项目组和项目负责人努力完成科研经费绩效管理的相关目标,履行好项目承担单位相应的监督管理主体责任。

其次,高校科研经费绩效管理为高校安排校内科研资源提供重要依据。高校使用有限的科研业务费安排校内科研项目,用于支持优秀的有潜力的青年教师及科研人员在高校科研规划范围内进行探索性、前瞻性研究,从而科学、合理、高效地使用和管理这些有限的科研经费。

最后,科研经费绩效管理对科研人员考评和科研项目管理有积极的作用,科研经费绩效水平越高,科研人员获得的科研认可度就越高。在以后的科研项目申报和项目验收中,可以参考科研人员以往的绩效情况,据以判断科研经费管理的责任水平,从而为其项目申报提供绩效性参考指标,便于高校进行遴选和推荐。

5.2 高校科研经费绩效管理的研究综述

5.2.1 关于高校科研经费绩效管理存在问题的研究

戴兮在《基于绩效视角的高校科研经费管理策略》中分析高校科研管理现状时指出:高校为了得到经费上的支持,在申报过程中,预算编制往往不是从项目本身来考虑,而是基于项目经费的角度,导致预算编制随意性较大,存在预算拍脑袋、申报不实的现象;科研经费的绩效缺乏考核,无人对立项时宣称重要的科研成果进行核对;科研成果的反复使用,造成绩效评价徒有形式,不能真正起到考评的作用,同时资金使用无法与绩效考评相结合[40]。

5.2.2 关于高校科研经费绩效评价指标体系的研究

苏琴对科研经费执行情况的评价选取了科研经费预算管理、科研经费日常管理、科研经费使用的变更管理等3个一级指标,选取预算审核、规章制度建设、支出范围及标准管理等15个二级指标构成了科研经费绩效评价指标体系[41]。李佳从科研经费预算绩效管理、内部控制管理和产出绩效管理3方面建立指标评价体系[42]。曾洁以某高校为例,实证分析了该高校的科研投入绩效。选取科技投入预算管理、科技投入日常管理、科技投入产出绩效3个一级指标建立绩效评价指标体系[43]。刘文蓓研究了高校科研经费管理绩效评价指标体系,从科研经费投入管理、科研经费预算编制管理、科研经费预算执行管理、科研经费产出管理等4个维度构建了科研经费管理绩效评价指标体系[36]。

5.2.3 关于高校科研经费绩效评价方法的研究

苏琴、曾洁、刘文蓓均运用了模糊数学的理论,他们通过建立模糊综合评价模型,运用模糊综合评价法,利用专家调查法确定了绩效评价指标体系中各级指标的权重,从而对高校科研经费绩效进行评价[36,41,43]。李佳指出,对于绩效评价的方法主要有:模糊综合评价法、聚类分析法、主成分分析法、层次分析法等。科研经费管理绩效评价因考虑到定量分析指标选取的参差性,采用了模糊综合评价法[42]。李智芳、杨梅菊、刘玉彬指出,高校可根据自己学校的实际情况采用德尔菲加权法或层次分析法来确定指标所涉及的权重系数和总指标所涉及的权重系数[44]。孙支南、王超辉认为,科研经费绩效评价方法是对高校科研经费的使用进行分析评价中具体的工作方法,成本效益分析法适用于成本、效益能准确计量的科研项目的绩效评价,比较分析法适用于分析绩效目标和实施效果[45]。刘洁运用常见的绩效考核方法——平衡计分卡,从基本的财务、客户、内部流程、学习与发展等4个维度构建科研经费绩效审计评价指标体系[46]。

5.2.4　关于高校科技成果产出的研究

闫健、张莉等以北京地区地方高校为例,设计了科研经费投入、科技人力投入、成果授奖、科技课题、专利拥有量和授权量、专利许可与转让等指标,采用聚类分析法对15所高校2004—2013年的科技投入产出数据进行了实证分析,他们认为,北京地区科技投入与支出结构合理,科技产出与当年科研经费拨入合计、科学与教研人员中科学家数量等相关[47]。

沈凡凡认为,影响科研经费业绩的因素有:科研人员和科研经费投入;科研经费拨入和专著的产出;高校学术成果和成果授奖水平。他还提出完善高校科研经费内部审计制度、强化科研人员激励约束体系和探索大数据审计创新模式的审计建议[48]。

高校科研经费绩效管理研究人员主要有高校科研管理人员、高校财务管理人员、高校审计人员。科研管理人员侧重于科研项目管理;财务管理人员研究主要侧重于科研项目预算绩效评价体系;审计人员侧重于绩效审计评价。

科研经费绩效管理作为高校科研管理的重要组成部分,应包含计划、组织、协调、控制、反馈等循环往复的过程,科研经费绩效管理目的是提高高校整体科研能力和水平,需要高校多个部门协调推进。下面将在剖析高校科研经费绩效管理问题的基础上,给出提高科研经费绩效的建议。

5.3　高校科研经费绩效管理的问题

5.3.1　高校科研经费绩效管理意识不强

高校自身进行科研经费绩效管理的动力不足,部分高校还没有认识到科研经费绩效管理的重要性,"重申报、轻结果评价"的现象依然存在。随着科研经费投入量的增加,科研成果在数量上的积累达到一定程度后,必然要求对科研成果质量进行考核,科研经费投入确定的条件下,提高科研经费绩效是高校提质增效的内在动力之一,也是推动建设创新型国家、实施科技创新战略的必然要求。

5.3.2　高校科研经费投入和产出核算不全面

高校科研经费成本核算存在成本意识缺乏、核算体系不完整、核算方法单一等问题[49]。一是高校投入的资产、设施设备等间接科研条件经费核算不准确,科研活动中发生的水电气暖、科研场所占用费、图书资源、网络资源等间接费用未能形成合理的成本分摊办法,致使科研成本核算不全面、不完整,也就无从谈起间接成本补偿。二是科研人员的脑力劳动价值的确认不完善,科研人员付出的是脑力劳动,但是多少是本职工作,多少属于额外劳动,一直难以准确计量。三是科研成果的评价难以量化比较,高校科研活动成果具体表现为成果奖励、论文、专著以及科技专利等成果,但是这些科研成果的评价较为困难。

5.3.3 高校科研经费绩效评价体系不完善

高校科研管理工作普遍由科研管理部门和财务部门主导,科研管理部门对科研项目整个过程进行管理,财务部门对科研经费进行核算监督,而科研经费的使用支配权在各个具体的项目组。科研管理部门重视项目的申请、结题和科研成果申报,对科研经费的使用过程及使用效益并不在意;财务管理部门更关注预算执行合规性、支出进度,负责对到校的所有科研经费进行确认、分拨以及审核发票报销的具体操作,但由于无法掌握项目的执行实施情况,不能对项目经费使用是否科学、合理、有效进行审核;高校科研项目负责人往往觉得项目经费是自己写本子申请下来的,对拨款到学校的科研经费有自主支配权,可以按照自己的想法来使用;高校审计部门主要是事后监督,主要关注经费报销的合规性,对于科研经费的绩效审计工作开展不够。高校科研管理部门、财务部门、审计部门、各院系和科研项目负责人之间的认识有差异,就科研经费管理沟通也不及时,在校级层面缺乏系统协同、分类科学的绩效评价体系,往往造成高校无法对科研经费进行合理、有效的监督和管理。

5.3.4 高校基于绩效评价的科研激励机制不健全

高校科研经费绩效管理以提升科研经费使用效益、提高高校科研能力和水平为目标,而高校却未建立基于科研经费绩效评价的相关配套激励措施,对科研人员绩效奖励力度有待进一步加强。对科研人员进行激励是提高科研经费绩效的有效方式,在绩效评价基础上,高校应对绩效评价较好的科研人员进行相应奖励,认可并鼓励科研人员额外的劳动付出,激励其在有限科研经费投入下,创造更多、更有价值的科研成果,形成良好的科研氛围和良性循环。同时,高校应对不符合科研经费管理的行为进行相应的责任追究,对科研经费使用率低、科研项目成果转换率低、影响经济、社会效益甚至浪费、贪污科研资源的行为予以惩戒。

5.4 高校科研经费绩效管理的建议

在资源有限的条件下,要想在竞争中脱颖而出,高校必须充分运用绩效考核机制,通过绩效管理引导资源配置,提高科研经费的使用效益。在科研经费管理方面,绩效也是评价、考核、把握经费使用合理性的重要标准。从经费使用的角度看,科研经费绩效管理制度应当体现成本与效益两个方面的内容。

5.4.1 增强绩效管理意识,完善科研经费绩效管理制度

《深化新时代教育评价改革总体方案》规定:评价高校教师科研工作,应突出质量导向,重点评价学术贡献、社会贡献以及支撑人才培养情况,不将论文数、项目数、课题经费等科研量化指标与绩效工资分配、奖励挂钩。本书认为,从科研经费绩效角度进行全面长期的绩效评价是可行之法。

在"花钱必问效、无效必问责"预算绩效管理理念下,高校财政性科研经费绩效管理也在逐步推进,但大多是被动地按上级财政管理部门或科技管理部门要求进行项目绩效管理,包括项目预算申报时必须填报预算绩效目标、结项时填报绩效考核表等。高校的绩效管理还处于起步阶段,因此需要增强绩效管理意识,发挥项目依托单位的主体责任,逐步建立科学、可行的科研经费绩效管理制度。

为了不断提高科研能力和水平,高校应在符合国家相关规定的前提下,对本校的科研项目进行梳理,积极修订完善现有的科研管理制度,以达到建立健全科研项目绩效管理制度的目的。高校科研项目绩效管理制度需要明确各管理职能部门的职责、申报立项流程制度、科研经费管理制度、项目实施控制制度、结题验收审核制度、成果管理制度等。在建立健全科研经费绩效管理制度的基础上,高校要切实执行这些制度,使这些相关制度真正对高校的科研管理起到约束作用,确保科研项目按照规定的流程进行,并在执行的过程中不断修正和优化制度,形成一个良性的循环[50]。

5.4.2 科学编制科研经费预算,科学设定绩效目标

按照预算绩效管理要求,高校应树立"花钱必问效、无效必问责"的绩效管理理念,促进科研经费管理从严格的"过程管控"逐渐转变为严格的"成果验收和绩效考评"。

高校应在科研项目申报、编制科研经费预算时设定绩效目标,作为项目申报书的一部分同时申报。高校应清晰规定科研项目应达到的成果产出,明确分阶段的任务及考核目标,加强中期绩效评审,对科研经费从预算的制定、执行和使用的合规性、相关性、资金到位及配套情况、资金使用率,到各个不同时期应达到的科研目标,制定完整的绩效考核指标体系。科研项目中期检查时,高校应重点检查项目绩效目标实现的可能性,对预期不能完成绩效目标的项目要重新考核项目执行的必要性,重新考察项目实施的价值,对于没有价值的项目后期应停止进行,以减少科研经费的浪费,及时止损。

高校财务管理人员应参与到科研经费的预算管理中,科学地编制支出预算。

按照科研活动规律,项目申报时预算存在不确定性,所以高校应允许科研人员在预算执行过程中对预算进行调整。另外,预算中可以适当加大劳务费和课题人员业绩的预算比例,激发科研人员的积极性和创造性。同时,高校应建立经费预算评审专家库和预算管理数据库,确保评审过程的公开、公平、公正。通过预算控制和绩效的考核,可以使得高校真正改变投入多、检查少、效率低的现象[40]。

5.4.3　加强精细化管理,合理确定科研活动的全部成本

科技部发布的关于项目经费管理的文件中对科研经费的支出内容进行了明确的界定:科研课题及项目经费包括与其研究相关的所有直接费用和间接费用。在直接费用管理上,高校要完善对仪器设备购置、外协经费、图书出版费、测试化验加工费等大额资金支付的审批,结合单位实际和科研人员参与课题的全时工作时间,科学合理、实事求是地发放劳务费、专家咨询费。在间接费用管理上,高校要对科学研究过程中占用或消耗的高校资源(如场地费、水电气暖费、实验室使用摊销费、管理费)按实核算。同时要按项目申报时的计划留有一定比例的绩效支出预算,用于科研承担单位根据国家有关规定拟定绩效考核办法,在对科研工作进行绩效考核的基础上给予奖励。

科研经费的全成本核算,在经费申报预算时就要考虑间接费用的支出。这样科研负责人可按照预算计划自主使用项目经费,同时对项目执行过程中所发生的经济行为的真实性、合理性和有效性承担相应的责任。这样可以使高校与科研人员共享科研成果和效益,共担财务成本,从而减少不应有的财务支出[40]。

5.4.4　多部门协同配合,共同推进科研经费绩效管理

由于高校科研管理部门、财务管理部门、项目负责人对科研经费绩效管理认识不同,所站立场和角度不同,因此,高校多部门协同推进科研经费绩效管理有待进一步提高。为提高高校科研经费绩效管理的整体效果,高校相关职能部门需要统一认识,协同配合,共享信息,及时沟通,共同推进科研经费绩效管理。参与科研经费绩效协同管理的部门,除上述科研管理部门、财务管理部门等职能部门外,还应包括资产设备管理部门、图书馆、项目人员所在院系、审计部门及项目负责人。各职能部门在科研经费绩效管理中的职责如下。

科研管理部门是项目绩效评价的牵头部门,它综合了资产、设备等部门的评价结果,全面掌握科研项目的执行、管理和取得的成果。科研管理部门是拟定和设计科研经费绩效评价指标的主要部门,负责从项目申报与立项,到项目经费预算、会计核算与结题验收的工作,对项目有着事前、事中、事后的组织与管理监督职责。科研管理部门对项目进行绩效评价,有助于考察科研人员的经费管理能力,为以后的科研项目立项提供经费信用评价依据。

财务部门肩负着高校资金运行和筹集管理的责任。财务部门负责对科研经费全过程进行监管,包括科研经费的资金到账、经费预算、审核报销、结题验收与结账

等。财务部门要熟知科研项目情况,了解科研项目研究的范围和研究方式,只有将财务与项目业务相结合,才能做到科研经费管理的"业财融合",切实提高科研经费的绩效管理水平。

审计监督部门根据科研经费管理的相关制度以及审计法规,对科研经费的使用状况进行全面审计,包括校内审计、第三方审计和专项审计三个层次。

5.4.5 完善科研经费绩效评价体系,科学评价科研经费绩效

绩效评价是绩效管理工作的核心内容,高校科研经费绩效评价是结合科研经费投入成本,兼顾科研经费使用过程,对照设定的绩效目标,对科研项目所取得的科研成果、成效进行评价的方法。由于不同类型科研项目的投入和产出的差别较大,因此科研经费绩效应采取分类评价的方式。科研项目可分为基础研究类项目和应用研究类项目。基础研究类项目研究周期长,投入资金等资源多,产出的成果影响大。应用研究项目注重解决现实问题,科研成果转化率更高一些。高校也可以在分析多年科研项目情况的基础上进行更详细的分类,根据不同科研活动的特点,分别设计科学、合理的绩效评价指标及权重,设计科研经费绩效评价指标时注意突出科研人员代表性成果评价、长周期社会影响的成果评价,避免产生急功近利、华而不实的短期行为。

参考多类科研项目绩效评价指标体系和相关学者的研究,本小节从科研项目全生命周期的角度,把能够反映科研经费管理的代表性因素进行归纳整理,构建评价指标体系,通过绩效考评的评分来综合评价科研经费的绩效。选取科研经费绩效评价代表性指标为:科研项目立项、科研经费预算、科研经费执行、成果产出与效益,各相关指标权重的确定可以根据各高校实际情况使用模糊综合评价法、层次分析法等进行测算,科研经费绩效评价指标体系如表5-1所示。

表 5-1 科研经费绩效评价指标体系

一级指标	二级指标	三级指标	考察内容
科研项目立项	科研经费到位情况	首批经费占项目经费比例	经费是否及时到位
		后续经费到位情况	经费是否及时到位
科研经费预算	科研经费预算情况	预算与项目研究符合度	经费预算是否与项目研究相关
		直接经费中各支出项目占经费比例(差旅费、会议费、出国(境)经费、材料费、资料费、设备购置费、劳务费、专家咨询费)	经费分配比例
		间接经费(人员绩效)占项目经费比例	经费分配比例
	预算调整情况	预算调整占项目经费比例	预算合理性

续表

一级指标	二级指标	三级指标	考察内容
科研经费执行	经费报销合规情况	经费报销合规率	是否按财经政策执行
		经费报销与项目研究相关性	经费报销内容是否与项目相关
		经费使用账务明细比例	经费明细是否清晰
	科研经费结余情况	经费总结余占项目经费比例	经费总结余情况
		各预算项经费结余预算比例	各预算项经费预算结余情况
成果产出与效益	学术成果体现情况	成果发表经费占项目经费比例	论文发表经费占比
		成果出版经费占项目经费比例	成功出版费占比
		成果专利申请经费占项目经费比例	成果专利申报占比
	经济效益情况	成果转化情况	成果转化情况及前景
	满意度情况	相关方满意度	受表彰情况、项目组织单位、承担单位、成果应用单位、同行专家等满意度

5.4.6 完善科研经费绩效奖励机制,充分利用绩效评价成果

高校对科研项目进行绩效考评所形成的结果需与科研人员的年终考评相结合。同时高校还应将考核结果作为科研经费分阶段拨付的依据,从而使科研经费的投入真正与早期的计划一致。

科研经费的绩效水平对科研项目管理有积极的作用,绩效水平越高,科研人员获得的科研认可度越高。在以后的科研项目申报中,高校可以参考项目负责人的这些指标来决定其科研经费管理的责任水平,从而为其课题申报和验收提供绩效参考指标。

现阶段,科研经费绩效管理处于规范化管理的初期,在科研经费没有违法违规使用的前提下,主要以奖励科研经费绩效较高的团队和科研人员个人为主,在项目推荐、职称晋升、校内科研经费等资源分配上按制度予以奖励,形成良性竞争的氛围。绩效奖励的资金来源可以从科研项目间接费和结题项目结余资金中统筹使用。

科研项目间接经费中的一部分用于科研项目人员的课题业绩奖励,高校在对科研项目进行绩效评价的基础上,按照高校的科研绩效奖励制度,对于能较好完成项目绩效目标、按时结项的科研项目人员进行绩效奖励。

对于结题项目的结余资金,按照项目管理部门的要求该上缴的上缴以后,如果

有剩余部分结余资金留归项目承担单位的,可以按照高校科研管理相关制度,将该部分资金用于科研绩效奖励,但前提要对科研经费的绩效进行科学评价。对科研经费使用绩效较好的科研人员进行奖励,可以调动科研人员积极性,提高科研经费使用效益。

第6章　高校科研经费财务管理流程及信息化建设

本章以科研经费"放管服"的理念结合《政府会计制度》的实施为契机,全面梳理高校科研经费的管理流程,从科研经费下达、项目立项、预约报销、结题验收、绩效考评等环节出发,以业务制度化、制度流程化、流程标准化、标准信息化为建设模式,建立高效的高校科研经费全过程管理业务流程。同时,本章利用计算机和网络技术构建信息化系统,把内控手段和管理理念嵌入信息系统中,建立既相互衔接又有效制衡的工作机制和业务流程,实现科研经费事前、事中、事后的全过程管理,从而更好地服务于科研管理工作。

6.1 "放管服"背景下科研经费的财务管理和服务

6.1.1 坚持以人为本的服务宗旨

《关于进一步完善中央财政科研项目资金管理等政策的若干意见》(中办发〔2016〕50号)总体要求是坚持以人为本。以调动科研人员积极性和创造性为出发点和落脚点,强化激励机制,加大激励力度,激发创新创造活力。科研活动的主体是科研人员,科研经费管理人员服务的对象是科研工作者。在制定相应的科研经费管理制度时,高校要做好调研,充分听取科研人员的意见,以激励科研人员从事科研活动为目标,就项目经费预算编制、经费执行、验收审计等各环节,制定实效性好、操作性强的规范。高校要尊重科研规律,避免行政强制命令,杜绝瞎指挥。

日常经费管理工作也要符合科研活动要求,由于科研活动本身具有探索性和不确定的特点,因此实际发生的科研经费也具有一定的不确定性,作为科研经费的管理者,在开展基本的服务工作同时,高校要兼顾科研活动的特殊性和不确定性,不能一刀切。在日常科研经费管理中,要坚持以服务科研为宗旨,主要体现在以下两点。

首先,管理人员要端正心态,立足于服务科研活动,把服务科研的宗旨体现在具体的工作方式和工作细节上,增强科研人员的职业认同感。一方面,科研经费管理者应该平等、平和、友善地和科研人员交流,在不违反财会制度的前提下,尽可能站在科研人员的角度思考,帮其顺利申请、使用经费,不能以行政管理员人的优势自居,有意无意地制造经费使用障碍。尤其在财务报销过程中,对于违反规定的内容,科研经费管理者要告知科研人员原因,避免其产生抵触情绪。另一方面,经费管理人员应正视各自工作岗位的性质,既不因为自己工作的服务性而自觉低人一等,也不能因为自己从事管理工作而有高人一等的心理优势。财务管理人员和科研人员在行政上并无隶属,不存在所谓的上下级,大家都是平等的,科研人员也要对管理人员给予足够的尊重。

其次,管理人员对科研经费管理中出现的问题,应该积极应对,多倾听科研人员的意见,尤其对科研人员提出的具有共性的问题,应该在调研的基础上重点加以解决,而不能采取"一向都是这么做"的敷衍态度,对问题视而不见。

6.1.2 坚持合理、透明、高效的服务原则

在"放管服"政策背景下,科研经费管理服务应该坚持透明、合理、高效的原则。就服务的透明性而言,其主要体现在经费管理的各项法律法规和制度的公开性上。《国家自然科学基金资助项目资金管理办法》第四十三条规定:项目资金管理建立信息公开机制。依托单位应当在单位内部公开非涉密项目立项、主要研究人员、资金使用(重点是间接费用、外拨资金、结余资金使用等)、决算、大型仪器设备购置以及项目研究成果等情况,接受内部监督。透明的经费管理服务能增加科研人员对制度的了解,减少其对管理服务的误解,消除因此引发的不满。合理的科研经费管理服务能遵循科研活动的规律,减少因使用科研经费对科研人员精力的消耗。高效科研经费管理服务能及时回应科研人员对经费使用的需求,减少因科研经费不到位而延缓科研活动的现象[51]。

高校应积极响应国家政策要求,建立科研经费信息公开机制,优化科研经费公开流程。财务部门应充分利用现代网络技术,在财务部门网站、信息公告栏、公开邮箱、电子屏幕、微信群等平台公开预算编制、预算调整及决算信息。公开内容可设置为自由报表模板,由财务系统自动生成。若超过公开期限,可由系统自动设为失效,减少财务人员的工作量。高校可通过建立和优化科研经费信息公开流程,加强对科研经费使用的监督管理,提高资金使用效益,促进高校科研事业健康发展[5]。

6.2　推进高校科研经费财务管理信息化建设

1. 网上预约系统

经费报销经办人自主登录网上预约报销系统,选择预约报销模块,按照相关要

求认真填写票据信息。首先,报销经办人选择报销的项目账号,录入报销人联系方式、报销摘要以及附件张数;其次,选择业务类型、支付方式,生成财务投递报销二维码;最后,打印出经费报销单。

业务类型指的是日常报销、无发票借款、酬金申报、固定(无形)资产、差旅费、会议费、培训费(主办)、出国费以及市内交通费等业务。支付方式包括转公务卡、转个人卡、支票以及汇款等。项目负责人对填报的报销信息进行核实,通过审批后,打印并投递报销单。报销单上的二维码和预约报销单号是唯一的,财务人员在报销时,扫描二维码或者输入报销单号可以自动生成智能凭证,大大提高了工作效率。

以北京市某高校为例,登录该学校网站财务系统,进入网上预约报销模块,申请报销单操作步骤如下:进入网上报账业务→填制申请报销单→填写支付方式→提交并打印报销单。网上报账业务、填制申请报销单、填写支付方式、提交并打印报销单的界面分别如图6-1、图6-2、图6-3、图6-4所示。

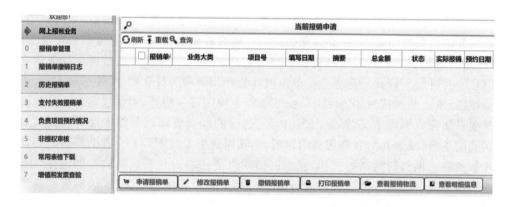

图 6-1　网上报账业务

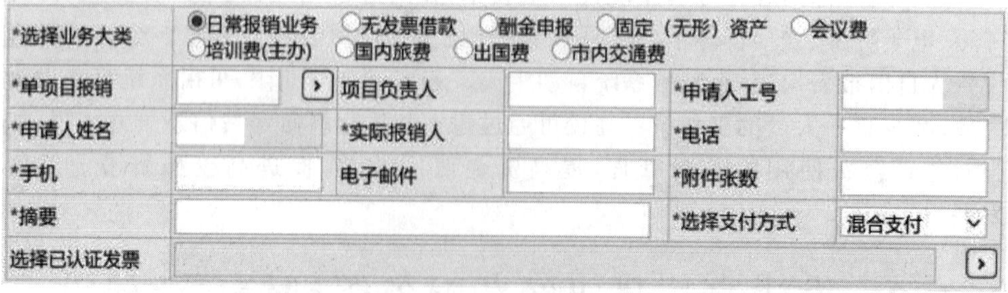

图 6-2　填制申请报销单

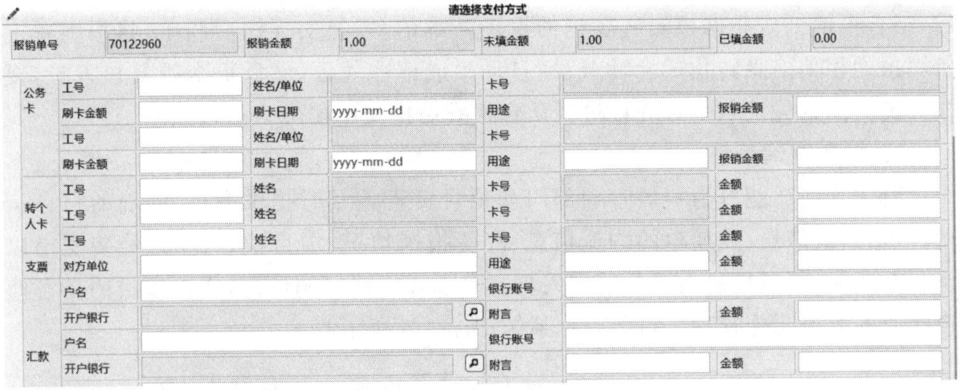

第6章 高校科研经费财务管理流程及信息化建设

图 6-3 填写支付方式

图 6-4 提交并打印报销单

2. 自助投递平台

自助投递平台就是高校根据实际情况在校内相关点位设置的投递柜或投递机。经费报销人通过自助投递机投入报销单,生成投递单号,报销人员可根据生成的投递单号追踪物流信息,财务人员按照固定时间收取投递单,大大减少了师生现场排队等候的时间。

3. 物流跟踪系统

财务人员将从自助投递柜或投递机取回的投递单号录入物流跟踪系统,对之前生成的投递单号进行二维码扫描登记,然后进入待分配状态。经费报销人可以通过物流跟踪系统查询报销进程,包括制单、复核、支付、退单等状态。

4. 微信/短信发送平台

微信/短信发送平台指通过微信或者短信的形式,将投递单的状态信息、财务账号信息、支付信息等发送给经办人或项目负责人,向其反馈报销进度完成情况。高校财务人员可将短信平台与物流系统、财务系统进行对接,进一步畅通信息的沟通渠道,这有利于对科研经费进行实时监督。

5. 财务核算系统

投递单进入分配状态后,核算科负责人根据各审核人员的工作情况,点击或扫描二维码,将投递单号分配给各审核制单人员。制单人员接到传递的各投递单号后,结合报销纸质凭据核实所登记的报销基本信息,核实无误后制单,将报销单上所填报的相关信息转化成会计分录,自动生成记账凭证,然后提交给复核人员,复核人员对原始凭证和记账凭证进行认真检查后提交给出纳人员付款。

6. 财务查询系统

财务查询功能可为科研管理部门和项目负责人及时提供完整、准确的财务信息,包括到款信息、投递单的物流信息、经费报销情况、项目预算、项目经费支出以及余额情况,便于科研人员及管理人员实时掌握经费报销情况,实现项目的动态监管和业务的透明化管理。财务查询系统如图6-5所示。

图 6-5 财务查询系统

7. 无现金支付系统

复核后的凭证在进入支付环节后,转入无现金支付系统。无现金支付系统支持对公、对私转账,出纳人员核实相关金额及支付方式后,通过银校直联系统将款项直接汇入对方银行账号,或者偿还公务卡消费。财务处资金结算科要设置限额审核付款机制,保证资金支付过程符合内控要求,确保资金安全。无现金支付系统可减少支票转账工作量,减少现金清点工作环节,简化报销流程,从而提高工作效率,确保资金安全。

8. 电子发票认证系统

财务部门可通过预约系统与国家税务总局增值税发票查验平台建立接口,由师生直接在财务部门网上预约报销模块进行查验,且通过程序设定只能查验一次,查验完成后显示发票已认证,并在预约报销单上显示。这种查验能真正规避电子发票重复报销的问题,确保业务真实性,同时减少师生工作量。电子发票认证系统如图6-6所示。

9. 会计档案电子化系统

会计档案电子化可通过将已入账审核的原始凭证进行扫描,以图片形式或者PDF形式保存,并将扫描的原始凭证、记账凭证与账务系统和财务查询系统进行关联,财务人员可随时通过账务系统查看已入账的原始凭证信息,项目负责人亦可随时随地通过财务查询系统查询、下载项目已报销发票信息等。有了会计档案电子化系统之后,科研人员无须再到财务部门或者档案室现场查询纸质档案,这样不

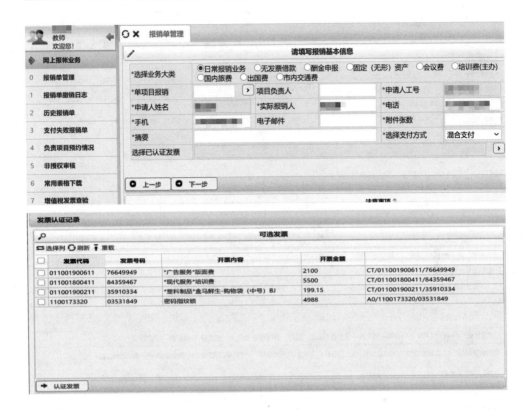

图 6-6　电子发票认证系统

仅节省了大量时间,还避免了由于凭证反复查询而丢失损毁的风险。

以北京市属某大学为例,其电子会计档案查询流程如图 6-7 所示,具体操作步骤如下:第一,从学校网站财务系统进入财务查询模块;第二,选择查询年份;第三,点击项目成组查询和需要查询的项目代码;第四,点击凭证附件预览,点击凭证单号或选择批量下载凭证附件;第五,进行批量或者单张附件的下载。

10. 增值税电子发票开具平台

高校师生可通过微信或者支付宝扫描二维码的方式提交增值税电子普通发票的开具申请,经财务管理人员审核通过后,即可开具电子发票。电子发票的单张限额要求较纸质版有很大的提高,财务人员在电子税务局办理电子发票开通申请时,可根据自己学校实际情况,选择电子发票可开具的最高限额。电子发票的开通,可大大减少纸质发票的申领、开具、打印时间,以及师生的等待时间,方便师生的同时提高了工作效率。

开具增值税电子发票流程如下:扫描二维码进入电子云服务平台界面,提交开票申请;按照要求填入相关信息,包括购方名称、税号、地址电话、开户行及银行账号等信息,所有开票信息核对准确后再提交申请;如果申请开票金额超过电子发票

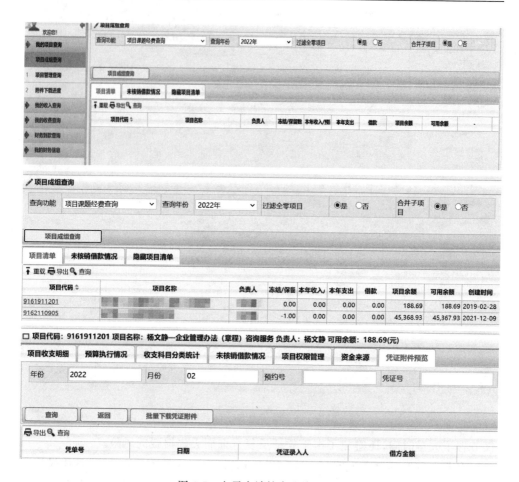

图 6-7 电子会计档案查询流程

单张限额,系统会自动识别拆分为多张发票;财务人员审核开票申请,审核通过后,电子发票开具成功。开具的电子发票将通过短信或者邮箱通知申请人。若开票信息有误,财务人员要及时作废发票或者红冲发票,开票人可重新提交开票申请。

11. 新媒体平台

高校要充分利用新媒体平台,创新服务模式,做深做透优质服务举措。例如:借助网站、微信公众号等,第一时间发布财务新政策、报销流程等;推广无等候预约单自助投递系统。伴随国家电子化的发票信息系统发展,高校要逐步实现业财融合,逐步实现科研人员只需关注科研主业、财务人员在服务端做"加法"的目标,进一步为科研人员减负。在实现高效服务的前提下,高校要更好地实现科研项目管理的留痕以及信息公开。

6.3 "业财融合"下的高校科研经费管理流程优化

6.3.1 "业财融合"概述

1. "业财融合"的内涵

"业财融合"是与内控建设相关的管理会计概念,指单位的业务活动和财务管理深度联动,聚焦关键业务运营环节,有效整合业务与财务数据,协同支持单位战略决策,强化风险管控,助力单位实现可持续发展。"业财融合"的内涵具体如下。

(1) 业务部门与财务部门双方协同、深度联动。校内各业务部门与财务部门在各自原有分工基础上充分发挥专业优势,找准协同点,协同推进融合工作,以业务与财务融合为内控抓手,启动业务与财务的内在联动力,逐步实现单位价值创造。

(2) 业务与财务融合聚焦关键价值领域。业务与财务融合工作的推进需要分析各项业务之间的关键联结点,将财务融合到既能协同又可创造价值的关键业务环节,优化教育资源配置,提升资源使用效益。

(3) 业务信息与财务数据需高效深度整合。将财务融合到业务中需要财务数据作为融入基础。在大数据、信息化时代下,财务部门可以对财务数据进行深入挖掘,从财务数据中找到能够为业务部门提供价值的信息,让业务部门对项目成本和效益有深刻的认识,站在经费管理的角度改进业务计划。

(4) 风险管控思想贯穿于"业财融合"之中。"业财融合"一方面提倡科研项目资源共享、提升项目价值,另一方面强调管控风险,使业务风险在财务制度约束下得到有效控制,有效防范风险损失的扩大[16]。

2. "业财融合"理念对科研经费管理的现实意义

"业财融合"理念对科研经费管理的现实意义主要有以下几点。

(1) "业财融合"符合科研经费管理需求。科研项目管理是科研管理部门的主要内容,而科研项目管理需要体现财务要求,即科研项目的经费预算要合理准确,经费支出要真实规范,项目结题要梳理经费。"业财融合"可以促使科研项目管理与经费管理相结合,让专业的财务服务于科研项目过程,为项目研究提供经费使用指导和经费保障支持,有利于科研项目负责人安心科研工作。科研业务与财务相互协同,深入联动,可以发挥各自的专业优势,提高科研经费管理成效。

(2) "业财融合"聚焦科研经费管理的关键点。"业财融合"工作的推进,在分析科研项目整个业务流程的基础上,对项目管理过程中有"业财融合"的关键环节予以标识,如项目经费预算、项目经费报销、项目结题经费上报、项目审计经费清理等。在规范项目经费管理时,要侧重监管上述关键点,实现优化管理、降低风险的目的。

（3）"业财融合"有利于科研经费风险管控。"业财融合"有利于实现科研项目的协同管理，减少信息不对称，提高项目管理效率。一方面，"业财融合"可将财务专业渗透科研项目管理的整个过程，让财务人员更了解科研项目，熟悉科研项目的运行特点；另一方面，财务部门也能够通过对科研项目的了解，把握科研经费管理的业务风险，并采取有效方式规避，有效降低风险发生的概率。

6.3.2 高校科研经费管理流程优化

"业财融合"下的科研经费管理流程优化，即以科研项目"全生命周期管理"为主线，对科研经费的到款入账、审核报销、预算调整、结题审计等业务流程及财务处理流程进行梳理，以业务制度化、制度流程化、流程标准化、标准信息化为建设模式，对业务流程进行重新规划，以智能化、信息化服务体系为建设目标，利用计算机技术和网络技术实现业务信息与财务信息的充分集成和共享。

高校通过优化科研经费全过程管理流程，不仅解决了科研人员经费报销复杂、报销困难等问题，同时也提高了财务信息化管理水平。在这样的全过程管理流程中，高校将内控手段和管理理念嵌入信息系统，对业务活动和财务流程进行控制，建立既相互衔接又有效制衡的工作机制和业务流程，实现科研经费管理的事前、事中、事后控制[52]。

本小节以X大学为例，对科研经费管理流程进行梳理，从科研到款查询、开发票、项目审批立项、网上预约报销、预算调整、项目结题考评等环节分析高校科研经费存在的问题，提出各职能部门包括科技处、财务处、人事处、审计处、资产处等要相互配合，并以流程图的形式展示了科研经费各环节、各职能部门优化后的科研经费全过程管理流程，以期规范科研经费管理，为科研人员提供更加便捷的服务。

1. 科研经费到款查询流程优化

科研款项到达学校基本账户后，财务人员在收到银行回单后进行账务处理。X大学科研经费到款查询已实现通过学校OA系统进行自主查询，科研人员登录学校信息门户后依次进入财务系统、财务查询系统、财务到款查询模块，通过输入"到款"两个字或汇款单位的名称或汇款金额等条件查询相关信息。此功能是通过建立财务系统与办公系统的接口，财务记账人员完成科研经费到款的账务处理后，审核人员进行复核，审核人员复核无误后，数据实时传输到办公系统，从而实现数据的共享，这大大减少了通过电话查询到款的环节。

虽然X大学实现了网上查询科研经费到款，但是依然可能存在一些问题。例如，银行回单丢失、重复、反馈滞后、财务人员记账审核不及时等，这些问题都会影响科研项目的立项时间及后续项目实施进度。项目管理与经费管理对接分离，经费入账效率低下。目前，项目负责人在财务部门查实课题经费到账后，依凭财务部门的到账依据去科研部门办理经费认领手续，然后科研部门提供入账单，再由项目负责人去财务处办理入账手续。如此繁多的线下流程不仅引发了项目负责人与财务部门的矛盾,还影响到了项目执行进度。

优化后的科研经费到款查询流程需要银行、财务部门、科研部门三方之间相互配合。第一,银行要保证单据及时传递到学校财务人员手中,学校负责收入入账和审核的财务人员及时进行账务处理。第二,财务查询系统与科技项目管理系统建立接口,保证经费到款数据信息及时推送到科研项目管理系统。第三,科研项目管理系统对项目进行项目负责人、项目名称和申报金额等关键信息的筛选与匹配,获取科研经费对接信息,再短信通知科研项目负责人。科研项目负责人对科研经费来款进行最终认定,反馈给科研项目管理部门。第四,科研项目管理系统将科研经费到款认领结果反馈给财务部门,财务部门及时进行账务处理。

由于科研项目前期的立项申请及审核均由科技处具体负责,包括签订合同信息、审核甲方单位名称、税号、合同金额等,因此当科研经费到款的信息传递到科研系统后,科研系统可根据项目负责人、项目名称以及到款额等信息自动实现查找、匹配。例如,已在科技处登记的某院系老师与某单位签订了一份技术服务合同,合同金额为10万元,首付款5万元。当财务人员将从该单位的汇款账务处理后,科研系统自动查找所有与该单位签订合同且已在科技处登记的科研人员,然后再根据合同金额进行匹配,匹配成功后,短信通知该老师及时到科技处和财务处办理立项相关手续。优化后的科研经费到款查询流程如图6-8所示。

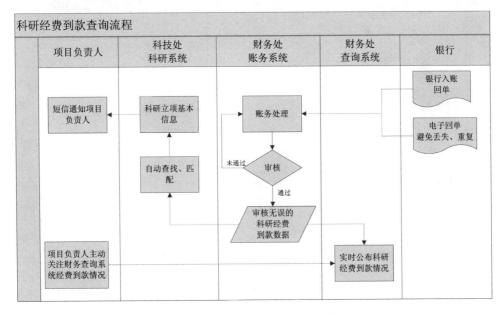

图 6-8　优化后的科研经费到款查询流程

2. 科研经费发票开具流程优化

高校目前主要有两种发票开具形式:第一,科研经费先到账后开发票;第二,预借发票,经费到账后冲销。开具发票的种类主要是增值税发票,含增值税专用发票和增值税普通发票。

在预借发票的管理上,X大学要求填写发票借据,并要求项目负责人签字并经学院(实验室)负责人进行审批,对于超出一定额度的还需业务主管部门及校领导审批。虽然经过层层审批,但是仍然存在款项未按发票借据上注明的时间内到达学校账户的情况,款项无法收回而导致成为坏账的风险很高。因纸质发票受限于开票限额以及发票张数,故容易导致年底专用发票数量不够的情况,从而影响经费到款。因此,对于预借发票的,要出台相应的管理办法,从制度上规范预借发票的流程。对于科研经费已到学校账户的,若项目负责人需要开具发票,则通过增值税电子发票系统提交申请,填写甲方单位名称、税号、金额等信息,财务人员审核通过后直接开具增值税电子发票。电子发票的开具可减少纸质发票线下开具时信息录入及打印的时间,避免发票丢失的风险。优化后的开发票流程如图6-9所示。

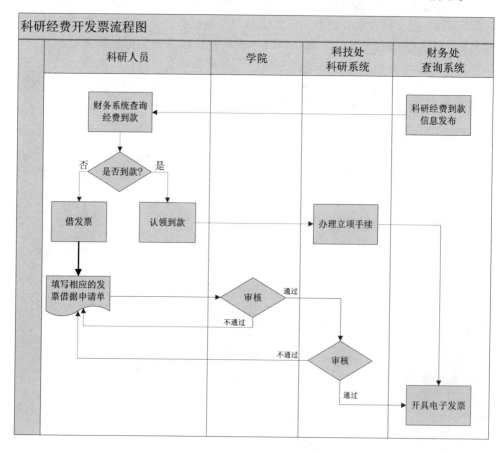

图6-9 优化后的开发票流程

3. 科研经费审批、立项流程优化

项目负责人在查询到科研经费到款后，可直接去科技处办理立项手续，将经科技处审核、盖章的立项单和项目预算表纸质版送交财务处。财务处根据项目的大类进行管理：首先，建立项目号；其次录入项目名称、负责人姓名、工号等基本信息；再次，选择相应的预算模板，输入预算；最后，进行账务处理。账务处理完毕后，项目负责人可登录学校信息门户，在财务系统新版财务查询模块查询到自己所负责的项目信息。

X大学在此环节可能出现如下问题：款项未到账，提前去科技处办理立项手续的；合同要求开具发票的内容与学校经营范围不符，导致合同无法完成的；立项过程中查找不到项目负责人的（新入职教工信息未同步）；项目名称登记错误的；预算明细项录入错误的。

由于科研资金来源多样，根据确立的合同，追踪科研资金的来源对于立项的推进尤为重要。账务系统、银行系统、财务网上预约报销系统以及科研系统应该相互连接，信息共享。

项目负责人在科研系统登记项目信息，包括合同信息、预算信息、发票信息等，财务查询系统将科研经费到款信息推送至科研系统，项目负责人在科研系统点击认领到款，科技处审批通过后产生立项通知书，科技处将立项通知书及预算明细表推送至财务处，财务处根据科技处的审核意见进行立项，财务人员直接将项目信息导入账务系统，避免出现项目名称和预算录入错误等情况。财务人员依据立项单、发票、合同等原始凭证进行账务处理，项目负责人可实时查询自己项目的预算、收入、支出、结余。

优化后的科研经费审批、立项流程如图6-10所示。

4. 科研经费网上预约、审核报销流程优化

科研经费报销是科研经费预算执行和经费管控的关键环节，科研经费报销涉及的流程较多，是体现科研经费管理是否有效的重要方面。科研经费报销流程是否优化与财务部门的财务信息化建设水平分不开。项目负责人查询到自己的项目信息后即可在财务系统的网上预约模块进行预约报销。项目负责人需要根据报销的内容进行区分，申请填报不同的预约报销单，包括日常报销业务、无发票借款、酬金申报、固定资产、会议费、培训费、国内旅费、出国费、市内交通费共9大类。预约报销单生成后，经相关责任人签字后送交财务处，财务人员审核后进行账务处理。通常退单率较高的情况有：未经相关责任人授权审批签字、缺少部分原始凭证、网上预约预算项混淆、应刷未刷公务卡报销等。

通过网上预约报销系统、酬金申报系统、无现金支付系统、物流系统、电子发票验证系统以及资产采购系统等的协同工作，可以规范各类业务财务报销全过

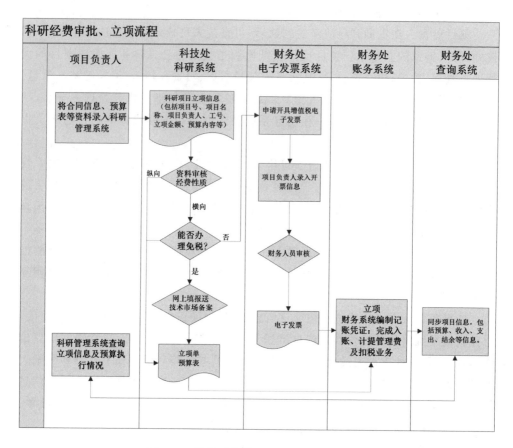

图 6-10 优化后的科研经费审批、立项流程

程的信息化。高校设置科研财务助理,并由其负责日常报销业务,主要步骤如下:科研财务助理在网上预约报销系统预约报销单后,将报销单投入自助投递柜中;财务处安排人员定时取送报销单,及时进行审核报销;财务处审核报销人员仅需通过扫描预约报销单上的二维码,或手动输入预约报销单号,即可实现智能凭证的自动转入,财务人员仅需对科目或摘要进行简单选择或修改即可。智能凭证的自动转入大大减轻了财务人员的工作负担。报销完成后的记账凭证和原始凭证通过扫描保存生成会计电子档案,项目负责人和财务人员可实时查看项目报销具体信息,极大减少了项目负责人进行结题、审计时查找凭证的工作量。

高校为贯彻落实科研经费"放管服"政策,可根据自身情况出台相应的实施细则,包括增加项目负责人的审批权限和预算调整权限、对科研经费执行政府采购等方面要具体情况具体分析等,以保证政策的落地实施。优化后的科研经费审核、报销流程如图 6-11 所示。

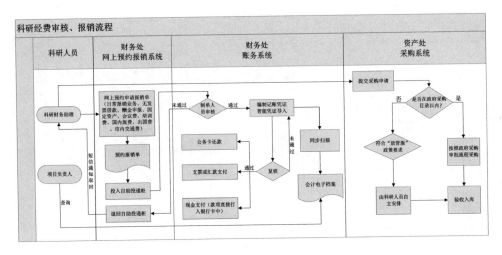

图 6-11　优化后的科研经费审核、报销流程

5. 科研经费预算调整流程优化

《国务院办公厅关于改革完善中央财政科研经费管理的若干意见》(国办发〔2021〕32号)规定:"下放预算调剂权。设备费预算调剂权全部下放给项目承担单位,不再由项目管理部门审批其预算调增。项目承担单位要统筹考虑现有设备配置情况、科研项目实际需求等,及时办理调剂手续。除设备费外的其他费用调剂权全部由项目承担单位下放给项目负责人,由项目负责人根据科研活动实际需要自主安排。"随后,国家自然科学基金委员会、国家社会科学基金委员会等相继出台了各自的经费管理办法,对预算制项目也都下放了预算调剂权限。

X大学除部分纵向课题的部分预算项需要归口管理部门即科技处审批外,横向课题的预算调剂权限完全下放给项目负责人,但是这样也会存在预算调整随意性过大、预算支出与项目研究内容或者实质相差太大、资金使用效果低下的问题。

科研项目在实施过程中可以进行预算调整,但项目负责人要明确本身应承担的责任,即落实科研项目的"项目负责人负责制",切不可盲目调整,为了支出而调整,避免在办理结题过程中不必要的账务调整。对于实行预算制的科研项目,在预算编制环节,高校要给予科研人员足够的支持,同时,要建立良好的研究风气,避免后续预算调整的随意性。项目负责人只需在科研系统提交预算调整表,科研系统将符合条件的预算调整表推送至财务系统,财务人员审核无误后直接调整。优化后的预算调整流程如图 6-12 所示。

6. 科研经费结题、考评流程优化

财务处根据科技处提供的结题项目清单,对已结题的项目进行管理,在账务系统将结题项目状态设置为无效状态,这样项目负责人无法再预约报销,财务人员也

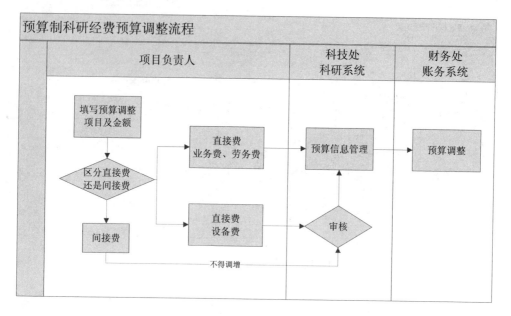

图 6-12　优化后的科研经费预算调整流程

不能对已设置为无效状态的项目进行账务处理。如项目负责人需要可到财务处打印项目预算执行情况表和项目明细账，并加盖财务处公章。财务人员需要根据项目已经执行的情况，对项目结题涉及预算、支出和结余等信息进行审核，审核无误的加盖财务处公章。根据学校规定，已结题项目结余经费全部留归项目组使用，项目负责人应当按照科研活动需要合理安排结余经费支出。纵向科研经费单独办理结转账户，横向科研经费可继续在原账号支出，或者结转入个人科研基金账户，支出范围按照"包干制"办法执行，不再单独设置项目预算。财务人员对所有已结题项目重新设置项目编号，分类统一管理。

　　X 大学在结题项目的管理中主要针对纵向科研项目。X 大学此环节经常出现因项目执行过程中预算频繁调整导致实际支出与研究内容不一致的情况，这就需要调整已报销的支出内容的项目号。X 大学对绩效考评结果的运用未达到相应的效果。科研项目结题、考评包含科研部门、财务部门、审计部门和人事部门的系统数据平台数据采集和交换，各部门按照各自的侧重点完成结题、考评工作。科研部门汇总结项所需材料，考核项目指标，落实并汇总项目预算。财务部门审查项目预算执行情况，项目负责人可通过财务查询系统将记账凭证及附件打印出来，财务查询系统可打印出带水印的资料，经财务人员审核后盖章，可实现随时随地调取查看相关业务的记账凭证及附件信息。审计部门运用大数据分析提示风控点，有计划有步骤地开展审计抽样和调查活动，最终完成项目结题。人事部门根据科研结题、验收的最终结果，作为奖惩、职称晋升、聘任的依据。高校要充分利用结题审计、绩效考评的结果,落实奖惩措施,切实发挥激励、约束的作用,建立科研人员诚信档案,加强职业道德约束。

基于"放管服"以及政府会计改革需求的高校科研经费管理模式流程优化是在新一轮简政放权大背景下的一种服务好科研项目、促进科研活动发展的新模式,它采用的是科研部门、审计部门、资产管理部门和财务部门,结合上级主管部门管理要求下的全员主动参与的流程管理链条,可以引领科研人员走出繁重的经费立项、成本核算工作,建立跨部门之间的信息共享机制,理顺科研经费下达、使用、核算之间的关系。这种新模式以科研人员为中心,简化科研经费立项的过程和成本核算过程,在结项中完成绩效考核,真正服务于科研活动。优化后的科研经费结题、考评流程如图 6-13 所示。

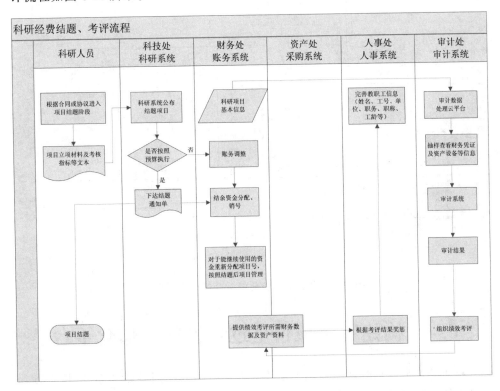

图 6-13　优化后的科研经费结题、考评流程

7. 优化后的科研经费全过程管理业务流程

以科研项目"全生命周期管理"为主线,利用计算机技术和网络技术实现业务信息与财务信息的充分集成和共享,提高科研管理的效率,科研经费全过程管理业务流程如图 6-14 所示。

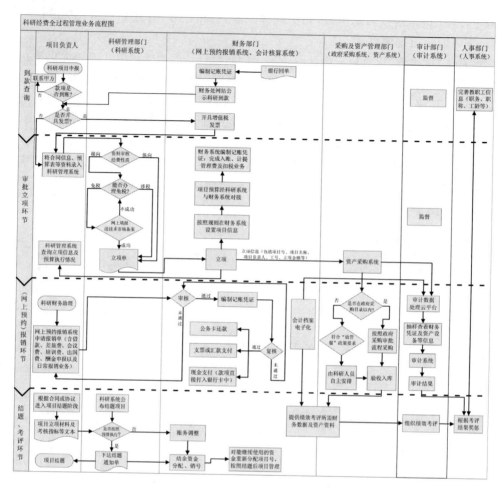

图 6-14 优化后的科研经费全过程管理流程

6.4 构建科研项目全过程管理一体化平台

科研经费全过程管理一体化平台建立在涵盖财务部门的账务系统、网上预约报销系统、财务查询系统、无现金支付系统、物流跟踪系统、电子发票认证系统、会计档案电子化系统,以及科研部门的科研系统、资产管理部门的资产管理系统及采购系统、审计部门的审计系统、人事部门的人事系统等多部门多系统协同工作的机制之上,可以打通跨部门之间的信息阻隔,目的是实现科研经费管理的信息化和各项数据信息的共享,提高工作效率,真正为科研人员减负。

科研经费管理一体化平台可以实现职能部门之间的数据共享,例如:通过科研系统与财务系统数据对接,可以解决科研项目立项和预算数据的共享;通过流程优化实现预算调整、合作单位经费外拨以及结题审核等多部门的在线办理和大数据共享。再如:采购系统通过从财务系统获取科研经费预算及结余资金的信息,对资产采购申请及审批等及时处理,大大提高工作效率。审计系统也可同步获取财务系统科研经费的收、支、余以及预算调整等信息,实现对科研经费监督、检查和审计所需的数据信息共享。人事系统通过科研系统及审计系统获取的项目结题结果、审计结论等,实现对科研人员的绩效考评、职务晋升、职称聘任的数据信息共享。项目负责人也可通过平台获取所有跟项目相关的数据信息,无需再去现场办理,将科研人员从繁重的事务性工作中解放出来,塌下心来搞科研,为科研人员潜心研究营造良好环境。科研经费管理一体化平台如图6-15所示。

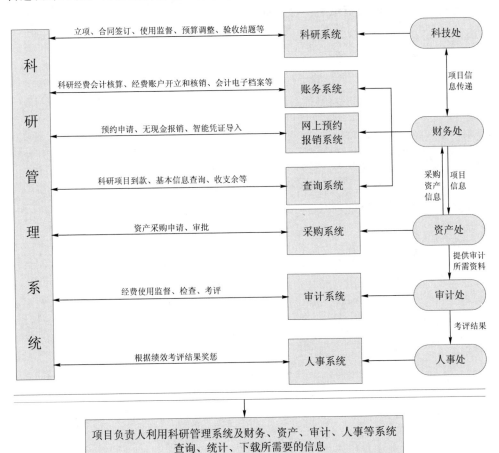

图 6-15 科研经费管理一体化平台示意图

科研经费全过程管理需要科技部门、财务部门、资产部门、人事部门、审计部门等多个职能部门相互配合,各自信息系统之间数据需要共享,避免信息孤岛现象的产生。科研经费管理一体化平台实现了从科研经费到款查询、项目立项、审核报销、结题审计、绩效考评等各环节数据的全部信息化和无缝衔接传递,建立了项目负责人与科研管理部门、财务部门、资产管理部门、人事部门以及审计部门等职能部门的联系,以及职能部门之间的联系。未来还可以尝试内外部系统的互联,例如,差旅费管理平台引入外部供应商采购接口,可简化差旅审批、报销以及记账流程。对科研人员来说,科研经费管理一体化平台可以提供"一站式"服务,避免在不同部门的管理系统上来回切换,同时还可以提供信息查询服务,使整个科研管理过程变得高效、透明。科研经费全过程管理真正做到了"让信息多跑路、让人员少跑路",为科研人员提供了高效、优质的服务,充分调动了科研人员的积极性和创造性,为建设创新型国家贡献了一份力量。

第7章 高校科研经费腐败案例及分析

近年来,有关部门加大了对违反科研经费管理规定的处理力度。2021年9月底,新修订的《国家自然科学基金资助项目资金管理办法》《国家重点研发计划资金管理办法》明确规定了项目资金管理使用不得存在的九种行为。通过对科技部通报的典型案例梳理发现,这些违规行为主要包括:以虚假票据列支费用、违规开支测试化验加工费、以虚假票据列支材料费和会议费、劳务费和专家咨询费发放不规范、违规分包科研任务、超标准超范围开支经费等。针对以上行为,科技部给予了取消相关负责人科技计划项目申报资格、课题结余经费收缴等处理。本章列举典型的、有代表性的高校科研经费腐败案例并进行相关分析。

7.1 以虚开发票套取科研经费

案例1:院士虚开发票、虚列劳务支出套取科研经费

案件回顾: 李某,中国某大学教授、中国工程院院士。张某,中国某大学副研究员。自2008年7月至2012年12月,被告人李某伙同张某利用其管理课题经费的职务便利,采取侵吞、骗取、虚开发票、虚列劳务支出等手段,将37 566 488.55元的结余经费非法占为己有。

(1)利用职务便利截留科研项目实验后淘汰的猪、牛及产出牛奶销售款

自2008年7月至2012年2月,相关课题在研究过程中利用科研经费购买了实验所需的猪、牛,对出售课题研究过程中淘汰的实验受体猪、牛和牛奶所得款项,被告人张某向被告人李某请示如何处理时,李某指使张某将该款项交给报账员欧某甲、谢某甲账外单独保管,不要上交。欧某甲、谢某甲遂将该款存入个人银行卡中。经司法会计鉴定,截留猪、牛、牛奶销售款累计金额为人民币10 179 201.86元。

(2)利用职务便利虚开发票套取结余科研经费

2008年8月,被告人张某因课题经费有结余向被告人李某提出是否可以将这些资金套取出来,李某表示同意并要求联系可靠的、熟悉的大公司进行运作。张某遂联系多家单位,李某亦联系公司商谈虚开发票事宜。在上述公司同意并将虚开的发票交给张某后,张某指使报账员欧某甲、谢某甲从结余的科研经费中予以报销。至2011年12月,套取课题结余科研经费共计人民币25 591 919.00元。

（3）利用职务便利虚报套取课题经费中结余劳务费

2009年7月，被告人张某及报账员欧某甲分别向被告人李某请示如何处理课题经费中的劳务费结余，李某表示将多余的劳务费报销出来，不要上交。截至2012年2月，被告人张某指使欧某甲、谢某甲采取提高个人劳务费额度和虚列劳务人员的方法，共计虚报劳务费人民币6 212 248.51元。

法院认为，被告人李某伙同张某利用李某国家工作人员职务上的便利，侵吞、骗取国有财产37 566 488.55元，且数额特别巨大，其行为均已构成贪污罪。公诉机关指控事实清楚，证据确实、充分，罪名成立。鉴于近年来国家对科研经费管理制度的不断调整，按照最新的科研经费管理办法的相关规定，结合刑法的谦抑性原则，依据李某、张某名下间接费用可支配的最高比例进行核减，对核减后的3 456 555.37元可不再作犯罪评价，但该数额仍应认定为违法所得，故被告人李某、张某贪污数额为人民币34 109 933.18元。

法院判决：被告人李某犯贪污罪，判处有期徒刑十二年，并处罚金人民币300万元。被告人张某犯贪污罪，判处有期徒刑五年八个月，并处罚金人民币20万元。扣押的赃款依法予以没收，上缴国库，不足部分继续追缴。

案例来源：https://wenshu.court.gov.cn/website/wenshu/181107ANFZ0BXSK4/index.html?docId=8d2ef016c4824e818e90ab370113a270。

案例2：教师虚开发票报销套现科研经费

案件回顾：李某，天津某大学教师。李某作为天津某大学教授，负有主持、科研项目的岗位职责。2012年至案发期间，李某在主持天津市科学技术委员会某课题、国家自然科学基金委员会某课题以及天津市教育委员会天津市高校某项目中，利用其作为项目负责人的职务便利，采取虚开发票报销套现的手段，骗取科研经费共计人民币47万余元用于购买个人理财及生活、消费支出。

法院认为，被告人李某身为国有事业单位中从事公务的人员，利用担任科研课题负责人的职务便利，多次通过虚开发票现的手段骗取公共财物，数额巨大，其行为已构成贪污罪。

法院判决：被告人李某犯贪污罪，判处有期徒刑三年，缓刑五年，并处罚金47万元。

案例来源：https://wenshu.court.gov.cn/website/wenshu/181107ANFZ0BXSK4/index.html?docId=a413eca3047f419c8e59a9c6013c2862。

案例3：虚开发票骗取数百万元公款

案件回顾：刘某，山东某大学中心主任，张某，山东某大学中心主管，尹某，山东某大学实验员。刘某在担任某中心副主任及科研项目负责人期间，利用职务上的便利，单独或指使张某、尹某，采取虚开发票的方式，多次套取大学公款共计921万余元，用于支付个人公司的设备款、工程款。其中，刘某参与全部作案，张某参与套取公款455万余元,尹某参与套取公款128万余元。

山东某大学科研经费管理规定,对于横向科研经费的结余部分,项目负责人填制科研经费结余分配单后,课题组成员在依法纳税的前提下,可从结余经费中提取40%作为科研酬金。刘某名下截至2011年底的横向科研经费结余部分的40%共计579.3万余元应当视为刘某的个人收入,并从其骗取公款总额中予以扣除。据此计算,刘某实际骗取公款341.8万余元。张某、尹某所参与骗取公款的数额按比例扣减后,张某参与骗取公款168.9万余元,尹某参与骗取公款47.5万余元。

法院判决:被告人刘某犯贪污罪,判处有期徒刑十三年,并处没收财产30万元;被告人张某犯贪污罪,被判处有期徒刑六年,并处没收财产5万元;被告人尹某犯贪污罪,被判处有期徒刑两年,并处没收财产1万元。

案例来源:http://newspaper.jcrb.com/html/2015-06/15/content_188650.htm。

7.2 以虚列劳务费等支出套取科研经费

案例4:以学生名义冒领劳务费的方式套取科研经费

案件回顾:肖某,北京市某高校教师。2007年5月,肖某拿到一家部级单位的翻译研究项目,并担任该项目负责人,项目经费15万元。2008年4月,肖某从所在学院办公室工作人员那里拿到28名学生的姓名和身份证号码后,在2008年5月至12月期间,以这28名学生的名义分7次领取劳务费共计8.24万元。根据该项目经费使用规定,该项目的劳务费只能支付给课题成员中没有工资性收入的相关人员(如在校研究生)和临时聘用人员,而作为学校教师,肖某无权领取劳务费。2011年7月,肖某以涉嫌贪污罪被立案侦查。

法院判决:被告人肖某积极退赃,犯罪情节轻微,学校管理存在问题,终审以贪污罪对肖某免予刑事处罚。

案例来源:https://www.sohu.com/a/74248724_119659。

案例5:以伪造劳务人员名单的方式套取科研经费

案件回顾:宋某,北京市某高校教师。2010年9月至2011年6月间,被告人宋某任课题负责人期间,利用审批和分配科研资金的职务便利,伙同他人,以虚列劳务人员名单的方式,将国家科技重大专项中央财政资金68万元(税后实际所得人民币57.1072万元)据为己有,并以签订虚假劳务合同的方式应对财务审计。

法院认为,宋某身为国家工作人员,利用职务上的便利骗取钱财,其行为已构成贪污罪。

法院判决:被告人宋某犯贪污罪一审判处有期徒刑十年六个月,剥夺政治权利一年。2020年3月北京市第一中级人民法院裁定对宋某减去有期徒刑七个月。

案例来源一:https://wenshu.court.gov.cn/website/wenshu/181107ANFZ0B

XSK4/index. html？docId＝fb850bcaf0894ef39600a74c96852052。

案例来源二：https：//wenshu. court. gov. cn/website/wenshu/181107ANFZ0BXSK4/index. html？docId＝6a993b6cdb5949f58f89ab97000ca509。

案例6：以虚列支出、虚假发票报销等方式套取科研经费

案件回顾：蔡某，北京市某大学副校长。2008年6月至2017年12月间，蔡某利用职务便利，以虚列支出、虚假发票报销等方式，套取公款共计人民币72.422 428万元，具体事实如下：2008年6月，蔡某利用职务便利，通过虚列会议费支出的方式套取公款3万元，在某公司办理会员卡一张并用于个人消费；2012年2月至2017年2月，蔡某利用职务便利，以虚列学生劳务支出、虚假发票报销等方式套取公款共计人民币49.422 428万元据为己有；2016年8月至2017年12月，蔡某利用职务便利，以虚列审读费、购买虚假差旅机票等方式套取公款20万元据为己有。

法院认为，蔡某作为国家工作人员，利用职务便利，以虚列学生劳务开支、虚假发票报销等方式套取公款，且数额巨大，其行为已构成贪污罪，依法应予惩处。

法院判决：被告人蔡某犯贪污罪，判处有期徒刑三年六个月，并处罚金人民币二十万元（刑期从判决执行之日起计算；判决执行以前先行羁押的，羁押一日折抵刑期一日，即自2019年6月19日起至2022年12月18日止；罚金已缴纳）。蔡某退缴的贪污违法所得共计人民币72.422 428万元，其中人民币69.422 428万元发还某大学，人民币3万元发还某大学出版社有限责任公司。

案例来源：https：//wenshu. court. gov. cn/website/wenshu/181107ANFZ0BXSK4/index. html？docId＝c1dac449e46c4f0d8e59ac680009d1c7。

7.3 以签订虚假合同、伪造签章等方式套取科研经费

案例7：以签订虚假文献信息检索合同套取科研经费

案件回顾：吴某，北京某大学下属二级学院院长。2011年至2014年间，吴某在担任学院院长期间，利用担任某科研项目负责人并主管项目经费审批、使用的职务便利，与两家公司签订虚假《文献信息检索合同》，将支付的文献检索费用共计人民币38.144 978万元转入上述两家公司后换取现金并据为己有。

法院认为，吴某作为国家工作人员，利用职务上的便利，以骗取的方式非法占有公共财物，数额巨大，其行为构成贪污罪，依法应予惩处。

法院判决：被告人吴某犯贪污罪，判处有期徒刑三年零六个月，罚金人民币20万元。责令被告人吴某退赔人民币38.149 978万元，发还北京某大学。

案例来源：https：//wenshu. court. gov. cn/website/wenshu/181107ANFZ0BXSK4/index. html？docId＝703e5e252ddc4d609db3692c744e02a4。

案例 8：以虚构业务、伪造合同等方式套取科研经费

案件回顾：殷某，中国科学院某研究所原高级工程师。2014 年至 2015 年间，被告人殷某利用担任中国科学院某研究所科研项目管理办公室成员的职务便利，在负责项目组织协调、合同审批与报销业务等行政管理工作的过程中，伙同范某（另案处理）虚构十二笔采购业务，采取伪造采购合同、假冒主管领导等审核人员在报销单上的签名以及偷盖单位公章等手段，先后骗取项目经费共计人民币 563.7 万元。上述项目经费转入范某控制的若干公司账户后，范某通过现金或银行转账的方式将人民币 250 余万元返还给殷某，殷某将其中人民币 110 余万元用于购买房产、余款用于投资理财和消费支出等。2012 年 8 月及 2014 年 2 月，被告人殷某利用担任中国科学院某研究所工程师的职务便利，先后两次将个人旅游费用共计 4.739 65 万元以差旅费、会议费名义用单位公款报销，据为己有。

法院认为，被告人殷某身为国家工作人员，利用职务上的便利，非法占有公共财物，其行为已构成贪污罪。北京市人民检察院第一分院指控被告人殷某某犯贪污罪的事实清楚，证据确实、充分，指控罪名成立。殷某所犯贪污罪，数额特别巨大，且大部分犯罪所得尚未追缴，依法应予惩处。鉴于殷某到案后能够如实供述所犯罪行，主动交代办案机关未掌握的部分贪污事实，认罪认罚，部分赃款赃物已被追缴，依法可予从轻处罚。

法院判决：被告人殷某犯贪污罪，判处有期徒刑十一年，并处罚金人民币 80 万元。冻结在案的殷某名下中国工商银行账户内的人民币 90 万元退回北京市人民检察院第一分院处理，剩余资金以及冻结在案的殷某名下中国光大银行账户内的资金发还中国科学院某研究所。查封在案的某房屋予以变价，将变价款中的人民币 116.6 736 万元发还中国科学院某研究所，余款予以没收；如有不足，将变价款发还中国科学院某研究所，责令被告人殷某继续退赔差额部分，发还中国科学院某研究所。本判决书所附清单中的物品变价后发还中国科学院某研究所。责令被告人殷某继续退赔犯罪所得，发还中国科学院某研究所。

案例来源：https://wenshu.court.gov.cn/website/wenshu/181107ANFZ0BXSK4/index.html?docId=4f63acf15e874e7db1c9ab2d000ba74a。

7.4 违规转拨套取科研经费

案例 9：通过公司转拨返还套取科研经费

案件回顾：马某，吉林省林科院某所副所长。张某，马某妻子。2013 年 4 月份开始，吉林省林业科学院与某公司合作申请科研项目，共计得到国家或者省财政拨款 225 万元。在项目实施前，吉林省林科院某所副所长马某私自找到某公司总经理曹某，提出项目经费转到某公司之后，返还一部分费用，曹某表示同意。马某累计套取科研经费3笔,合计人民币52万元。犯罪嫌疑人张某明知上述52万元为马某的犯罪所得,仍帮助马某掩饰隐瞒。

法院认为,被告人马某身为国家工作人员,利用职务上的便利,非法占有公共财物52万元,数额巨大,其行为已构成贪污罪。被告人张某明知是贪污犯罪所得,仍帮助马某掩饰隐瞒,其行为构成以掩饰、隐瞒犯罪所得罪。鉴于被告人马某、张某主动返还部分赃款,可酌情从轻处罚。

法院判决:被告人马某犯贪污罪,判处有期徒刑三年零六个月,并处罚金人民币20万元。被告人张某犯掩饰、隐瞒犯罪所得罪,判处有期徒刑三年,缓刑三年,并处罚金人民币10万元(罚金已缴纳)。

案例来源: https://wenshu.court.gov.cn/website/wenshu/181107ANFZ0BXSK4/index.html?docId=e9b5117f5d1e4d1ebabea72200e6ab11。

案例10:利用关联公司外协转拨套取科研经费

案件回顾:陈某,浙江某大学某学院院长。2008年8月至2011年12月期间,陈某利用自己利用本人担任建议课题技术责任人、课题总负责人并负责课题申报、预决算编制、课题技术支持单位确定以及任务合同书的签订,对中央财政投入的专项科研经费的总体把握、分配管理、拨付的职务便利,将自己实际控制的A、B两家公司列为课题外协单位,并将自己辅导的博士研究生、硕士研究生胡某、田某、王某甲、杨某甲等人作为A、B两家公司的职员列为课题的主要参与人员,以承接子课题部分项目任务的名义,将课题经费分配到A、B两家公司。除少量费用用于课题开支外,陈某通过授意关联公司开具虚假发票、编造虚假合同、编制虚假账目、错误列支等手段,将其中1 022.664 6万元专项科研经费套取或者变现非法占为己有。其中几十万元因发票缺位或不能显示内容,被视为证据不足,未予认定。最终认定陈某总计贪污科研经费945.497 4万元。

法院认为,陈某身为国有事业单位中从事公务的人员,利用国家科技重大专项课题总负责人的职务便利,采用编制虚假预算、虚假发票冲账、编制虚假账目等手段,将国拨科研经费900余万元冲账套取,为己所控,其行为已构成贪污罪。

法院判决:被告人陈某犯贪污罪,判处有期徒刑十年,并处没收财产计人民币20万元。

案例来源: https://wenshu.court.gov.cn/website/wenshu/181107ANFZ0BXSK4/index.html?docId=518ef73133d449a48b442016ad8ee6d0。

7.5 管理人员利用职务之便贪污

案例11:小会计撬动大资金

案件回顾:卞某,国家自然科学基金委员会财务局经费管理处会计。1999年8

月至 2002 年 12 月间,卞某在负责办理向申请国家自然科学基金经费的院校、科研单位拨款的工作中,多次将部分因故被退款项以重新拨出为名,分别采取伪造银行进账单、信汇凭证、电汇凭证在单位平账的手段,将公款共计人民币 1 262.37 万元侵吞。2002 年 3 月至 2003 年 1 月间,卞某多次采取伪造银行对账单、进账单,编造支票配售记录的手段,先后 8 次将公款共计人民币 19 993.3 万元挪出,转入 A 公司及其女友柴某家人开办的 B 公司账内,用于上述两家公司的营利活动。为此,卞某收取汇入公司支付的利息款人民币 8 万元。此外,1995 年 8 月,卞某伙同当时担任国家基金委综合计划局财务处会计的吴某,私自将公款人民币 1 000 万元存入中国农村发展信托投资公司,并以委托贷款方式借给广州某公司进行营利活动。为此,卞某、吴某收取广州某公司支付的利息人民币 294.5 万元,其中吴某分得赃款人民币 1 万元。1998 年 4 月间,广州某公司将该款返还国家基金委。案发后吴某将 1 万元退出。

法院判决:以贪污罪、挪用公款罪,判处被告人卞某死刑,缓期二年执行,剥夺政治权利终身,并处没收个人全部财产。被告人吴某被法院以挪用公款罪、玩忽职守罪一审判处有期徒刑 8 年。

案例来源:http://news.sohu.com/20041109/n222908144.shtml。

案例 12:会计伪造名章

赵某是北京一所著名高校财务部委派化学学院的会计,所在学院老教授较多,课题资源相当丰富。由于常年接触,大家对赵某比较信任,只要账户内还有钱,且不影响自己的科研进度,教师们往往不太关心账户的变动,一笔钱有时从一个课题账户转移到另一个账户报销,也常委托赵某办理,这给赵某带来了可乘之机。起初,赵某在教师们的发票中加进一点个人的费用,逐渐发展到报销 1 万元。赵某放进去自己找来的票据数千张,头两年赵某还有所顾虑,每年贪污大约在一两万元。第三年开始,骗取次数不断增多,每年贪污数均在 10 万元以上,最高一年近 20 万元。最不可思议的是,对于出国的教授,其名下还未用完的课题经费竟变成了赵某自己的小金库,为了方便报销,赵某甚至还伪造他人名章,假冒他人签发。

案发后,法院审理查明,在长达 9 年时间里,赵某贪污了 97 万余元,其中绝大部分是科研经费,涉案 106 笔之多。赵某最终被判处有期徒刑 4 年,其处心积虑所贪污款项也被悉数归还单位,最后竹篮打水一场空。

赵某所在学院的两名实验室工作人员利用管理仪器开发经费的职务之便,借学院组织到外地高校考察之机,个人前往周边省份旅游,回京以外出考察、对外交流名义公款报销个人旅游费用共计 5 万余元,最终被判定为贪污罪。

在这起案件中,学校规定经费报销需要部门负责人、学院主管财务的院领导逐一审核并在报销单据上签章才能报销,这两名实验室工作人员多次在报销单据上偷盖实验室一位负责人的印章,轻松绕过本部门审核,随后这个不符合程序的"公差"一步步绕过多重监管。

案例来源：http://www.jianshen.cas.cn/kyns/tssj/alfx/202106/t20210607_4791808.html。

案例 13：科研团队财务人员利用职务便利贪污科研经费

案件回顾：刘某，北京某大学科研团队财务人员。经审理查明，被告人刘某于 2002 年至 2015 年间，利用担任北京某大学信息网络中心项目团队财务人员的职务便利，在负责项目团队科研经费报销的过程中，采取冒用他人名义、虚列项目开支等手段，骗取科研经费人民币 1 340 万余元，并据为己有。

法院判决：被告人刘某犯贪污罪，判处有期徒刑十三年，并处罚金人民币 500 万元。在案冻结的款项，发还北京某大学人民币 1 275.332 134 万元及折抵罚金，剩余部分退回北京市人民检察院第一分院。

案例来源：https://susong.tianyancha.com/8b524a24359411e8bc346c92bf3bac55。

7.6 案 例 分 析

科研经费的腐败案例表明科研经费的管理仍有待改之处，根据《科技部关于四起违反科研经费管理规定典型问题的通报》(国科发财〔2014〕200 号)和《科技部关于 6 家单位违反科研经费管理规定的通报》(国科发资〔2016〕127 号)中违反科研经费管理相关规定的案例以及从新闻报道、公开资料、有关通报中收集的腐败案例，现从以下几个方面进行分析。

1. 科研腐败的人员

从腐败的人员看，大部分科研腐败犯罪的主体均为负有特定职务的特殊主体，包括掌握科研项目审批权力的国家工作人员、掌握项目资金使用分配权力的科研项目负责人、直接接触科研经费管理报销的财会人员。从学术光环上看，腐败人员中不乏行业内领军人物、学科带头人等，他们在一定程度上掌握着与科研项目申报、管理与结题相关的权力，这部分人虽然具有较高学历，但由于长期从事科研和教学工作，法律意识并不强，这导致很多项目研究人员根本意识不到自己的行为已经涉嫌违法犯罪。另外，领导身份为犯罪主体提供了保护伞，学院院长、学校副校长等身份为其利用职务犯罪提供了便利。无论是项目申报者还是项目管理者，相比于一般的科研人员和管理人员，他们对项目的申报、审批都具有更大的权限。但实际上，高等院校、科研院所的领导往往具有双重身份，一是作为行政管理的领导身份，二是作为项目研究人员的身份。以往对领导干部的监督大多侧重于对其行政管理责任的监督，对其科研经费的使用、开支的监督甚至比普通的科研人员更宽松，这就给其利用领导干部的身份掩护科研腐败行为提供了可乘之机[53]。从科研经费腐败案例的涉案金额上可以看出，动辄上百万的腐败案例让人瞠目结舌，而

"夫妻搭档、师生同伙"犯罪现象的频发,进一步说明了高校科研腐败案件并非单一的个人犯罪,大多属于共同犯罪。

2. 科研腐败的方式

从腐败的方式上看,科研经费腐败案例主要集中在科研经费的使用过程中。腐败方式包括:违规调整外拨资金,造成利益不当输送;开具虚假发票套取科研经费,利用虚假业务或者购买虚假发票或者将个人生活开支用于报销套取科研经费;编造虚假合同套取科研经费;通过虚构人员名单等方式虚报冒领劳务费和专家咨询费等。从科研经费财务管理的角度上来讲,容易出现问题的预算项主要集中在:测试化验加工费(外协费)、劳务费和专家咨询费、材料费以及设备费等。其中,外协费历来是问题的高发地带,例如,违法、违规转拨外协费、利用虚假发票或者不真实的业务报销测试化验加工费、利用关联公司开具虚假发票报销套取科研经费。根据《科技部关于6家单位违反科研经费管理规定的通报》,劳务费和专家咨询费发放不规范且金额较大成为报销过程中违规问题的多发点。

下面以北京市属某大学为例,分析某大学2016—2020年间的国家自然科学基金项目收支,以及各预算项支出情况。某大学2016—2020年国家自然科学基金项目收入及支出情况、各预算项支出情况分别如表7-1和表7-2所示。

表 7-1 某大学 2016—2020 年国家自然科学基金项目收入及支出情况   单位:万元

年份	收入	支出
2016	1 148.13	575.06
2017	1 116.77	842.11
2018	858.87	987.62
2019	1 230.22	937.00
2020	1 153.44	927.09

表7-1中的数据表明,随着国家对科研经费投入力度不断加大,北京市属某高校科研经费总收入增幅越来越大,同时,来源于国家拨款的纵向科研经费的比重也明显增加。因此,加强纵向科研经费的监管对避免科研腐败显得尤为重要。

由表7-2可得出以下几点结论。

(1)在直接费用中,材料费、测试化验加工费、差旅费以及劳务费所占比重较大,会议费、燃料动力费所占比重最少;专家咨询费呈明显增长趋势,设备费、其他费用支出呈明显下降趋势,差旅费除2020年数据外,还是呈现明显增长趋势,劳务费、出版信息知识产权呈震荡增长的趋势。

(2)在间接费用中,绩效支出呈明显增长趋势。

(3)从上述支出分类看,设备费已经不是大部分科研项目主要的经费支出内容,总体来说,设备费比例逐年下降,这主要是因为国家实施了大型设备共享机制。

材料费、测试化验加工费、差旅/会议/国际合作与交流费、劳务费等逐步成为各类科研项目的主要支出内容。

表 7-2　某大学 2016—2020 年国家自然科学基金各预算项支出情况　　单位：万元

年份	直接费用											间接费用	
	设备费	材料费	测试化验加工费	差旅费	会议费	国际合作与交流费	劳务费	专家咨询费	出版/文献/信息传播/知识产权事务费	燃料动力费	其他	管理费	绩效支出
2016	49.34	91.13	71.64	105.48	—	27.05	99.68	7.06	49.48	—	45.53	28.68	—
2017	124.99	142.41	50.47	126.00	14.61	34.78	145.00	29.72	90.42	—	23.48	48.70	11.53
2018	71.74	202.34	187.78	129.72	—	33.88	163.18	25.90	84.61	—	20.45	31.99	36.01
2019	90.66	193.99	131.39	145.80	—	45.36	91.77	34.26	84.22	2.49	5.02	45.43	66.59
2020	27.74	190.65	213.72	57.01	1.90	8.23	113.20	53.13	76.99	3.46	12.59	52.16	116.32

（4）劳务费和专家咨询费支出项所占比例较高，绩效支出增长趋势明显，总体上，人力资源成本所占比例逐年增加。

（5）测试化验加工费逐年增长，2016 年测试化验加工费所占总支出比例为 12.45%，到 2020 年测试化验加工费所占总支出比例已经达到 23.05%。

从财务管理的角度上看，科研经费腐败案例高发的预算项集中在测试化验加工费、劳务费和专家咨询费等增长趋势明显的内容上。

为了在一定程度上遏制劳务费和专家咨询费腐败的发生，国家出台了一系列政策和办法规定，具体如下：《关于进一步完善中央财政科研项目资金管理等政策的若干意见》（中办发〔2016〕50 号）明确劳务费开支范围，不设比例限制；《关于改革完善中央财政科研经费管理的若干意见》（国办发〔2021〕32 号）明确规定要扩大劳务费开支范围，项目聘用人员的劳务费开支标准，参照当地科学研究和技术服务业从业人员平均工资水平，根据其在项目研究中承担的工作任务确定，其由单位缴纳的社会保险补助、住房公积金等纳入劳务费科目列支；2021 年发布的《国家自然科学基金资助项目资金管理办法》《国家社会科学基金资助项目资金管理办法》《国家重点研发计划资金管理办法》等办法规定：专家咨询费不得支付给参与本项目及所属课题研究和管理的相关人员，其管理按照国家有关规定执行。

3. 科研腐败的成因

从腐败的成因上来分析，人力资源成本补偿不足可能是导致科研经费腐败的重要原因。科研经费可列支项目组外的外单位专家咨询费、聘用人员工资或学生的劳务费,不得发放项目组在职人员工资或劳务费,制度的设计基于高校在职教师已从学校获得了工资和各种福利,不能重复享受工资性收入。但在科研活动中,科研人员的脑力劳动付出需要引起足够的重视,特别是要提高从事纵向科研项目人员的激励费比例。科研人员具有双重身份,既是学校教师,也是从事研究的研究人员。作为教师,他们有权利获得符合规定的工资收入,作为研究人员,他们也需要从研究项目经费中获取一定的劳动报酬。只有充分考虑了科研人员的付出,才能调动科研人员的积极性,弥补科研人员超负荷脑力劳动与科研经费人力资源成本不足的差距,从源头上阻止科研人员套取科研经费等犯罪行为的产生。

若想更好地激励科研人员潜心研究,还需要健全薪酬机制。《关于进一步完善中央财政科研项目资金管理等政策的若干意见》(中办发〔2016〕50号)明确规定:加大对科研人员的激励力度,取消绩效支出比例限制。项目承担单位在统筹安排间接费用时,要处理好合理分摊间接成本和对科研人员激励的关系,绩效支出安排与科研人员在项目工作中的实际贡献挂钩。《关于改革完善中央财政科研经费管理的若干意见》(国办发〔2021〕32号)明确规定:加大科研人员激励力度,提高间接费用比例。项目承担单位可将间接费用全部用于绩效支出,并向创新绩效突出的团队和个人倾斜。扩大稳定支持科研经费提取奖励经费试点范围。将稳定支持科研经费提取奖励经费试点范围扩大到所有中央级科研院所。允许中央级科研院所从基本科研业务费、中科院战略性先导科技专项经费、有关科研院所创新工程等稳定支持科研经费中提取不超过20%作为奖励经费,由单位探索完善科研项目资金激励引导机制,激发科研人员创新活力。2021年发布的《国家自然科学基金资助项目资金管理办法》《国家社会科学基金资助项目资金管理办法》《国家重点研发计划资金管理办法》等办法规定:依托单位可将间接费用全部用于绩效支出,并向创新绩效突出的团队和个人倾斜。一系列新出台的政策和办法均坚持以人为本,强化激励机制,加大激励力度,充分考虑了科研人员的脑力劳动付出,真正调动了科研人员的积极性和创造性,激发了科研人员的创新活力。

虽然本书案例中未列举因科研成果评价机制导致的腐败行为,但是不合理的科研成果评价机制的确是诱发科研腐败的原因之一。有效的绩效评价和成果问责机制是保证科研经费合理配置、科研经费有效使用的一项重要保障机制。从国家自然科学基金网站获知,基金委网站连续多年公布学术不端行为的处理决定,学术不端行为主要集中在论文抄袭剽窃、代写代投、未经同意使用他人署名、编造实验过程、伪造研究结论、在项目申请书和进展/结题报告中提供虚假信息、代写项目申请书等。国内目前的科研成果评价体系不尽科学,对科研成果的评价主要以科研论文为主,而评价论文质量的好坏主要取决于论文的载体,即刊物的级别,如SCI、

EI、核心期刊等。另外,以科研成果获得专利数、获奖数、科研经费申请额度等容易量化的指标作为科研成果的关键评价指标,对于科研项目的验收,要根据科研项目的类型进行分类评价,如应用性的研究成果,应当侧重其社会效益指标和经济效益指标的完成情况。忽视科研成果的技术转化率及科研项目类别差异,是导致国内科研成果转化率偏低的一大重要诱因,再加上缺乏有效的成果问责机制以及经费使用奖罚机制,科研机构和人员并没有合理使用经费的动机,致使学术风气浮躁,科研精力分散,最终导致科研腐败[54]。

《关于完善科技成果评价机制的指导意见》(国办发〔2021〕26号)规定:要健全完善科技成果分类评价体系;坚决破解科技成果评价中的"唯论文、唯职称、唯学历、唯奖项"问题;全面纠正科技成果评价中单纯重数量指标、轻质量贡献等不良倾向,鼓励广大科技工作者把论文写在祖国大地上;以破除"唯论文"和"SCI至上"为突破口,不把论文数量、代表作数量、影响因子作为唯一的量化考核评价指标;对具有重大学术影响、取得显著应用效果、为经济社会发展和国家安全作出突出贡献等高质量成果,提高其考核评价权重,具体由相关科技评价组织管理单位(机构)根据实际情况确定。

4. 科研腐败的监管

从监管的角度分析,科研腐败的内部监管和外部监管均不到位。

高校内部的科研经费管理涉及科研管理部门、财务部门、审计部门、监察部门、分管校长、二级学院等多个职能主体,这就要求各职能主体的监管职责、权限既要清晰,又要衔接协调。然而在现实中,高校科研管理部门面临着项目和经费数量增减的压力,精力主要放在如何获取更多项目与经费上,平时只负责科研立项,对经费使用监管不太重视,动力不足,有时候甚至为调动科研人员申报项目积极性而放松对经费监管的要求。财务部门负责报销,一般只对票据面上的合规性进行审核,无法对业务的真实性进行审核,对预算执行缺乏跟踪。二级学院作为科研活动的基本单位,虽然有些高校把超出一定额度的科研经费开支审批权限赋予二级学院的负责人,但由于专业细分不同、科研内情不了解、学院教学任务重、没有精力等原因,二级学院难以发挥监管效用。监察、审计等部门的监管基本属于事后查处。高校内部没有形成对科研经费的整体化监管,参与者多,管理分散,信息不共享且传递反馈滞后,造成科研经费监管盲区,容易诱发乱象[20]。

外部监管往往以事后监督为主,监管滞后。外部监管的形式多为项目中期检查和结题审计两种形式,时间往往集中在项目研究中期或者项目结题时。科研经费报销的监管都是事后监督,这就造成项目承担单位事实上已经发生了不合规的业务报销,发现的问题也只能通过调账或者退款等方式解决。科研经费腐败案件的出现,既有内部因素,也有外部因素,既有科研人员个人因素,也有科研管理体制机制方面的因素,是多方面因素叠加的结果。高校应优化控制活动,做好事前、事中、事后监督工作,优化内外部监督机制(详见第4.3节)。高校应强化内外部监督,从机制上完善监管制度,建立科研经费全过程监管体系,预防科研经费腐败的发生。

第8章 科研经费政策梳理

党的十八大以来,为进一步提高科研产出效益,国家出台了一系列调动科研人员积极性、释放科研创新活力的新规定。2021年8月13日,国务院办公厅公布《国务院办公厅关于改革完善中央财政科研经费管理的若干意见》(简称《若干意见》),从7方面提出25条"硬核"举措,为科研经费"松绑",赋予科研人员更大的科研经费管理自主权。日前,财政部、科技部、自然科学基金委相继印发落实国办发〔2021〕32号文的相关文件,包括:《关于中央财政科技计划(专项、基金等)经费管理新旧政策衔接有关事项的通知》(财教〔2021〕173号);《国家自然科学基金资助项目资金管理办法》(财教〔2021〕177号);关于印发《国家重点研发计划资金管理办法》的通知(财教〔2021〕178号);《国家自然科学基金委员会关于结题项目结余资金的通知》(国科金财函〔2021〕20号);《国家自然科学基金委员会关于国家自然科学基金项目经费管理相关事宜的通知》(国科金财函〔2021〕23号)等。通知对正在组织开展项目申报或评审的科研项目、尚在执行期内的在研项目、执行期已结束的科研项目、结余资金等进行了明确要求。除修订的相关政策外,现行的多数科研经费管理政策都应在有效期。本章对科研经费相关政策进行了分类汇总,并就主要内容进行了总结和概括,如表8-1所示。

表 8-1 科研经费政策梳理情况

颁发部门	文 件	文号/时间	主要内容
国务院	《关于改进加强中央财政科研项目和资金管理的若干意见》	国发〔2014〕11号	改进加强科研项目和资金管理的总体要求;加强科研项目和资金配置的统筹协调;实行科研项目分类管理;改进科研项目管理流程和资金管理;加强科研项目和资金监管;加强相关制度建设;明确和落实各方管理责任
国务院	《关于深化中央财政科技计划(专项、基金等)管理改革方案的通知》	国发〔2014〕64号	建立公开统一的国家科技管理平台;优化科技计划(专项、基金等)布局;整合现有科技计划(专项、基金等);方案实施进度和工作要求

续表

颁发部门	文 件	文号/时间	主要内容
中共中央办公厅、国务院办公厅	《关于进一步完善中央财政科研项目资金管理等政策的若干意见》	中办发〔2016〕50号	改进中央财政科研项目资金管理；完善中央高校、科研院所差旅会议管理；完善中央高校、科研院所科研仪器设备采购管理；完善中央高校、科研院所基本建设项目管理；规范管理，改进服务；加强制度建设和工作督查，确保政策措施落地见效
国务院	《关于优化科研管理提升科研绩效若干措施的通知》	国发〔2018〕25号	优化科研项目和经费管理；完善有利于创新的评价激励制度；强化科研项目绩效评价；完善分级责任担当机制
国务院办公厅	《关于抓好赋予科研机构和人员更大自主权有关文件贯彻落实工作的通知》	国办发〔2018〕127号	充分认识赋予科研机构和人员自主权的重要意义；制定政策落实的配套制度及具体实施办法；深入推进下放科技管理权限工作；进一步做好已出台法规文件中相关规定的衔接；加强对政策贯彻落实工作的督查指导
国务院办公厅	《关于改革完善中央财政科研经费管理的若干意见》	国办发〔2021〕32号	扩大科研经费管理自主权；完善科研经费拨付机制；加大科研人员激励力度；减轻科研人员事务性负担；改进科研绩效管理和监督检查，加强事中事后监管
财政部、国家自然科学基金委员会	《国家自然科学基金资助项目资金管理办法》	财教〔2021〕177号	项目资金开支范围；包干制项目资金申请与审批；预算制项目资金申请与审批；预算执行与决算；绩效管理与监督检查
国家自然科学基金委员会	《国家自然科学基金委员会关于结题项目结余资金的通知》	国科金财函〔2021〕20号	对2021年度结题的自然科学基金项目，其资助期满时的资金结余比例不再作要求。对2018年及以后年度结题的自然科学基金项目，已按规定留给依托单位使用的结余资金，不再执行两年收回政策
国家自然科学基金委员会	《关于国家自然科学基金项目经费管理相关事宜的通知》	国科金财函〔2021〕23号	扩大经费包干制实行范围；进一步提高间接费用比例；简化预算编制，下放预算调剂权；扩大劳务费开支范围；其他事项

续 表

颁发部门	文 件	文号/时间	主要内容
国家自然科学基金委员会	《项目指南预算编报要求》	2021年	申请条件与材料;限项申请规定;预算编报要求;科研诚信要求;依托单位职责;责任追究等
国家自然科学基金委员会	《国家自然科学基金项目预算表和项目决算表编制说明》	2020年9月版	编制总体要求;编制内容;编制规范性等
国家自然科学基金委员会、财政部	《关于进一步完善科学基金项目和资金管理的通知》	国科金发财〔2019〕31号	精简信息填报和材料报送;简化项目预算编制要求;精简项目过程检查;赋予科研人员更大技术路线决策权;赋予科研单位项目经费管理使用自主权;规范结题财务审计;精简项目验收检查;推进分类评审改革;强化四方公正性承诺制度;突出代表性成果和项目实施效果评价;加强科研伦理、科技安全审查和监管;强化依托单位主体责任
国家自然科学基金委员会、科技部、财政部	《关于在国家杰出青年科学基金中试点项目经费使用"包干制"的通知》	国科金发计〔2019〕71号	实施原则;试点范围;实行项目负责人承诺制;项目经费管理;监督检查;相关要求
科技部、财政部	《国家重点研发计划管理暂行办法》	国科发资〔2017〕152号	组织管理与职责;重点专项与项目申报指南;项目立项;项目实施;项目验收与成果管理;监督与评估
财政部、科技部	《国家重点研发计划资金管理办法》	财教〔2021〕178号	重点专项概预算管理;项目资金开支范围;项目预算编制与审批;项目预算执行与调剂;项目综合绩效评价;监督检查
科技部	《国家重点研发计划项目综合绩效评价工作规范(试行)》	国科办资〔2018〕107号	总体要求;课题绩效评价;项目综合绩效评价;综合绩效评价结论下达及其他事宜;责任与监督

续表

颁发部门	文件	文号/时间	主要内容
科技部、财政部	《关于进一步优化国家重点研发计划项目和资金管理的通知》	国科发资〔2019〕45号	整合精简各类报表;减少信息填报和材料报送;精简过程检查;赋予科研人员更大技术路线决策权;简化预算编制要求;扩大承担单位预算调剂权限;规范结题财务审计;实施一次性项目综合绩效评价;突出代表性成果和项目实施效果评价;加强科学伦理审查和监管;强化承担单位和项目管理专业机构责任;做好项目政策衔接
科技部	《关于加强和改进国家重点研发计划项目(课题)结题审计相关工作的通知》	国科资函〔2021〕13号	会计师事务所承接结题审计服务备案基本流程和工作要求;压实项目(课题)承担单位结题审计管理职责;加强结题审计业务服务和监督
科技部、发改委、财政部	《国家科技重大专项(民口)管理规定》	国科发专〔2017〕145号	组织管理与职责;实施方案与阶段实施计划;年度计划;组织实施与过程管理;评估与监督;总结与验收;资金管理;成果、知识产权和资产管理;信息、档案和保密管理;国际合作
财政部、科技部、发改委	《国家科技重大专项(民口)资金管理办法》	财科教〔2017〕74号	管理机构与职责;重大专项概算管理;资金核定方式及开支范围;预算编制与审批;预算执行;监督检查
财政部等	《关于国家科技重大专项(民口)资金管理有关事项的通知》	财教〔2021〕262号	关于尚在执行期内的在研项目(课题);关于执行期已结束的科研项目(课题);关于结余资金;关于组织实施
科技部等	《国家科技重大专项(民口)验收管理办法》	国科发专〔2018〕37号	验收组织;重大专项总结验收;项目(课题)任务验收程序;项目(课题)任务验收方式和内容;项目(课题)验收结论;项目(课题)验收相关责任;验收后续管理
财政部	《国家科技重大专项(民口)项目(课题)财务验收办法》	财科教〔2017〕75号	财务验收的组织管理;财务验收的方式和内容;财务验收程序;财务验收结论及相关责任
财政部、全国哲学社会科学工作领导小组	《国家社会科学基金管理办法》	财教〔2016〕304号	项目资金开支范围;预算的编制与审核;预算执行与决算;管理与监督

续表

颁发部门	文件	文号/时间	主要内容
财政部、全国哲学社会科学工作领导小组	《国家社会科学基金项目资金管理办法》	财教〔2021〕237号	项目资金开支范围;预算制项目资金管理;包干制项目资金管理;预算执行与决算;绩效管理与监督检查
全国哲学社会科学工作领导小组、财政部	《关于进一步完善国家社会科学基金项目管理的有关规定》	社科工作领字〔2019〕1号	简化项目申请管理要求;精简项目过程管理要求;优化项目资助经费管理;营造优良学术环境
北京市财政局、北京市科委、中关村管委会	《北京市科技计划项目(课题)经费管理办法》	京财科文〔2021〕1822号	经费监督管理与处理原则;经费管理;经费的支持方式及支出范围;职责与权限
北京市科委、中关村管委会、北京市财政局	《北京市自然科学基金项目经费使用"包干制"管理办法(试行)》	京科发〔2021〕76号	主要职责;经费管理与使用;经费监督检查
北京市财政局、北京市科委	《北京市自然科学基金资助项目经费管理办法》	京财科文〔2017〕1842号	职责与权限;经费支出范围;经费管理;经费监督检查
北京市财政局、北京市哲学社会科学规划办公室	《北京市社会科学基金项目资金管理办法》	京财科文〔2016〕2879号	项目资金开支范围;预算管理;资金管理与监督
科技部	《科学技术活动违规行为处理暂行规定》	科学技术部令第19号	违规行为;处理措施;处理程序
科技部、财政部	《中央财政科技计划(专项、基金等)监督工作暂行规定》	国科发政〔2015〕471号	职责;内部管理和自律;公开公示;外部监督;结果运用和信用管理;条件保障
科技部、财政部、发改委	《中央财政科技计划(专项、基金等)绩效评估规范(试行)》	国科发监〔2020〕165号	保障和监督;评估内容和方法;评估工作程序
财政部	《项目支出绩效评价管理办法》	财预〔2020〕10号	绩效评价的对象和内容;绩效评价指标、评价标准和方法;绩效评价的组织管理与实施;绩效评价结果应用及公开;法律责任
中国注册会计师协会	《中央财政科技计划项目(课题)结题审计指引》	2022年6月29日修订	规范和优化注册会计师执行中央财政科技计划项目(课题)结题审计业务

续表

颁发部门	文　件	文号/时间	主要内容
财政部、科技部	《关于中央财政科技计划(专项、基金等)经费管理新旧政策衔接有关事项的通知》	财教〔2021〕173号	新旧政策按照项目组织实施阶段，实行分类衔接
财政部	《中央财政科研项目专家咨询费管理办法》	财科教〔2017〕128号	高级专业技术职称人员的专家咨询费标准为1 500~2 400元/人天(税后)；其他专业人员的专家咨询费标准为900~1 500元/人天(税后)。院士、全国知名专家，可按照高级专业技术职称人员的专家咨询费标准上浮50%执行
财政部、国管局、中直局	《中央和国家机关会议费管理办法》	财行〔2016〕214号	会议分类和审批；会议费开支范围、标准和报销支付；会议费公示和年度报告制度；管理职责；监督检查和责任追究
财政部	《中央和国家机关差旅费管理办法》(附住宿标准)	财行〔2013〕531号	城市间交通费；住宿费；伙食补助费；市内交通费；报销管理；监督问责
财政部、中组部公务员局	《中央和国家机关培训费管理办法》(含专家讲课费标准)	财行〔2016〕540号	计划和备案管理；开支范围和标准；培训组织；报销结算；监督检查
财政部、教育部	《中央高校基本科研业务费管理办法》	财教〔2021〕283号	管理权限与职责；预算管理；支出和决算管理；绩效管理与监督检查
财政部、教育部	《高等学校哲学社会科学繁荣计划专项资金管理办法》	财教〔2021〕285号	研究项目资金；非研究项目资金；管理资金；预算执行与决算；绩效管理与监督检查
财政部、科技部	《国家科技成果转化引导基金管理暂行办法》	财教〔2021〕176号	子基金；组织管理与监督
中国科学院	《中国科学院院级科研项目经费管理办法》	科发条财字〔2016〕169号	项目经费开支范围；预算的编制与审批；预算执行与调剂；项目财务验收和结余资金管理；资金管理与监督检查

续表

颁发部门	文件	文号/时间	主要内容
财政部等	《关于进一步做好中央财政科研项目资金管理等政策贯彻落实工作的通知》	财科教〔2017〕6号	提高思想认识;强化责任担当;细化政策措施;狠抓政策执行;发挥部门作用;加强统筹指导
科技部等	《关于扩大高校和科研院所科研相关自主权的若干意见》	国科发政〔2019〕260号	完善机构运行管理机制;优化科研管理机制;改革相关人事管理方式;完善绩效工资分配方式;确保政策落实见效
科技部等	《关于持续开展减轻科研人员负担激发创新活力专项行动的通知》	国科发政〔2020〕280号	持续深化已部署的专项行动;巩固和扩大行动成果;组织开展新的专项行动;回应科研人员新期盼
财政部、科技部	《国家重点实验室专项经费管理办法》	财教〔2008〕531号	经费开支范围;预算管理;预算执行;监督检查与绩效评价
博士后基金会	《中国博士后科学基金资助规定》	中博基字〔2020〕7号	项目资金开支范围;申请与评审;经费使用与管理
档案局、科技部	《科学技术研究档案管理规定》	国家档案局、中华人民共和国科学技术部令第15号	科研档案是指科研项目在立项论证、研究实施及过程管理、结题验收及绩效评价、成果管理等过程中形成的,具有保存价值的文字、图表、数据、图像、音频、视频等各种形式和载体的文件材料以及标本、样本等实物
人社部、财政部、科技部	《关于事业单位科研人员职务科技成果转化现金奖励纳入绩效工资管理有关问题的通知》	人社部发〔2021〕14号	职务科技成果转化后,科技成果完成单位按规定对完成、转化该项科技成果作出重要贡献人员给予的现金奖励,计入所在单位绩效工资总量,但不受核定的绩效工资总量限制,不作为人力资源社会保障、财政部门核定单位下一年度绩效工资总量的基数,不作为社会保险缴费基数
财政部、税务总局、科技部	《关于科技人员取得职务科技成果转化现金奖励有关个人所得税政策的通知》	财税〔2018〕58号	非营利性科研机构和高校,从职务科技成果转化收入中给予科技人员的现金奖励,可减按50%计入科技人员当月"工资、薪金所得",依法缴纳个人所得税

续 表

颁发部门	文 件	文号/时间	主要内容
财政部、税务总局	《关于进一步完善研发费用税前加计扣除政策的公告》	财政部税务总局公告2021年第13号	制造业企业开展研发活动中实际发生的研发费用,未形成无形资产计入当期损益的,在按规定据实扣除的基础上,自2021年1月1日起,再按照实际发生额的100%在税前加计扣除;形成无形资产的,自2021年1月1日起,按照无形资产成本的200%在税前摊销

参考文献

[1] 中华人民共和国教育部科学技术司.2018年、2019年、2020年高等学校科技统计资料汇编[EB/OL].(2020-9-18)[2022-2-1].http://www.moe.gov.cn/s78/A16/A16_tjdc/

[2] 马娅丽,孙淑岭,胡兰.科研经费预算管理优化问题探讨[J].财会通讯,2015(05):87-89.

[3] 周勇.护航科技创新——高等学校科研经费使用与管理实务[M].北京:中国科学技术出版社,2013.

[4] 骞雨."放管服"背景下科研经费预算管理研究[J].预算管理与会计,2021(10):25.

[5] 梁勇.高校科研经费政策解读与协作监管机制研究[M].成都:西南财经大学出版社,2020.

[6] 习近平.在中国科学院第二十次院士大会、中国工程院第十五次院士大会、中国科协第十次全国代表大会上的讲话[EB/OL].(2021-5-28)[2022-2-1].http://www.xinhuanet.com/2021-05/28/c_1127505377.htm

[7] 李艳."包干制"是对科研规律的尊重[N].科技日报,2019-03-07(2).

[8] 王仕涛.科研"包干制"应包资包管包产[N].科技日报,2019-03-15(2).

[9] 严纯华.包干制为科研人员松绑解困[N].中国教育报,2019-03-07.

[10] 汪春娟,赵春晓.高校科研经费包干制实施探讨[J].会计师,2019(20):61-62.

[11] 张世敏,杨琰.科研经费"包干制"问题探讨[J].产业与科技论坛,2021,20(20):287-288.

[12] 章维.高校科研经费管理"包干制"初探[J].会计之友,2019(24):135-137.

[13] 张天柱.高校科研经费"包干制"改革:存在问题、适用范围及主要举措[J].商业会计,2020(21):108-110.

[14] 樊缤绮.高校科研经费管理"包干制"探析[J].投资与创业,2021,32(20):104-106.

[15] 韩凤芹,史卫.推进科研经费"包干制"试点的几点建议[N].中国财政科学研究院研究简报,2019-7-30.

[16] 梁勇,干胜道.高校科研经费"包干制":路还有多远[J].财会月刊,2020(18):102-105.

[17] 许敏,濮郁卉."放管服"背景下高校科研监管行为演化博弈分析[J].会计之友,2019(04):142-145.

[18] 张迪.信任理念下科研经费使用监管的制度优化[J].中国管理信息化,2021,24(13):216-217.

[19] 戴智华,李昕荣,刘芳芳,等.高校科研经费协同监管机制构建路径研究——以国家重点实验室为例[J].实验室研究与探索,2016,35(3):250-254.

[20] 邹毅.高校科研经费监管机制优化路径[J].教育评论,2017(12):56-61.

[21] 陈全.教育部加强高校科研经费监管[N].中国纪检监察报,2015-03-18(1).

[22] 贺德方.美国、英国、日本三国政府科研机构经费管理比较研究[J].中国软科学,2007(7):92-101.

[23] 印卫华.中美大学科研经费监管的比较研究[J].现代营销,2017(12):244.

[24] 周涛.浅析国际部分国家科研经费管理模式[J].科技创新导报,2017,14(15):197-198.

[25] 李田霞.日美科研经费管理经验对我国创新科研管理的启示[J].财务与会计,2019(05):72-73.

[26] 杨雯雯,丁海忠,谢圣华.基于"放管服"视角高校科研经费管理优化研究——对日本三所高校调研的启示[J].科技经济导刊,2020,28(35):141-143.

[27] 孙逊.美日科研经费管理和监督机制探析及启示建议[J].江苏科技信息,2020,37(32):4-7.

[28] 李劲,潘昕昕,涂平.日本科研经费监管经验及对我国的启示[J].科技智囊,2021(08):55-62.

[29] 申笑颜,张岩,朱启文.高校科研经费监管的演化博弈分析[J].科技管理研究,2013(2):77-80.

[30] 金文哲,李汇一,宋雨婷.浅议高校科研监管的危机及防范[J].中国高校科技,2015(5):16-17.

[31] 张瑞元."放管服"下高校科研经费财会监管研究[J].商业会计,2020(24):112-115.

[32] 李耀龙,张天萌.基于经费管理视角的高校科研监管机制探索[J].商业会计,2021(18):97-99.

[33] 夏秀桂.从高校控制活动看我国高校科研经费管理[J].会计之友,2018(17):90-93.

[34] 熊艳,张进平,吴思思,等.政府会计制度下高校科研经费管理变化及对策探

讨[J].行政事业资产与财务,2021(09):86-87

[35] 王天忻.高校科研经费审计问题及对策研究[D].沈阳:沈阳师范大学,2018.

[36] 刘文蓓.高校科研经费管理绩效评价问题研究[D].北京:首都经济贸易大学,2017.

[37] 韩强,邹鹏,金婕.科研经费管理法治化[M].上海:上海人民出版社,2020.

[38] 陈岳堂.高涵.绩效管理[M].吉林:东北师范大学出版社,2018.

[39] 恒珍琪.高校科研经费绩效评价研究[J].绿色财会,2017(07):49-51.

[40] 戴兮.基于绩效视角的高校科研经费管理策略[J].新会计,2015(02):52-54.

[41] 苏琴.模糊综合评价在高校科研经费绩效评价中的应用[J].会计之友(中旬刊),2010(10):34-36.

[42] 李佳.高校科研经费绩效管理评价体系构建初探[J].教育财会研究,2011(05):31-35.

[43] 曾洁.高校科技投入绩效评价的实证研究——以江西省某高校为例[J].赣南师范学院学报,2014,35(06):121-124.

[44] 李智芳,杨梅菊,刘玉彬.高校科研经费绩效评价探讨[J].中国农业会计,2014(01):16-17.

[45] 孙支南,王超辉.广州市属高校科研经费管理改革与绩效评价指标设计[J].行政事业资产与财务,2016(19):23-25.

[46] 刘洁.高校科研经费绩效审计评价体系研究——基于平衡计分卡视角[J].中国管理信息化,2021,24(17):53-55.

[47] 闫健,张莉,王占武.创新驱动背景下高校科技绩效实证研究:以北京地区地方高校为例[J].中国高校科技,2016(12):38-41.

[48] 沈凡凡.大数据时代高校科研经费绩效影响与审计思考[J].会计之友,2022(03):92-97.

[49] 任英,杨在忠.基于KPI的高校科研经费财务绩效管理探析[J].商业会计,2021(24):102-104.

[50] 车忠强,刘千.高校科研经费绩效管理研究[J].中国市场,2020(17):117-118.

[51] 张怡,葛静,廖呈钱,等.科研经费管理法源法理及法则创新研究[M].北京:法律出版社,2021.

[52] 郭娟."互联网+"时代科研经费管理流程优化[J].会计之友,2018(3):90-94.

[53] 戴素芳,黎昔柒.高校科研团队诚信缺失的主要形式及成因[J].长沙理工大

学学报(社会科学版),2014,29(04):16-19.

[54] 王菁华,马玎.审计稽查视角下的科研腐败诱发因素分析[J].商业会计,2016(16):103-105.

附　　录

附录1　《国务院办公厅关于改革完善中央财政科研经费管理的若干意见》

（国办发〔2021〕32号）

国务院办公厅关于改革完善中央财政科研经费管理的若干意见

各省、自治区、直辖市人民政府，国务院各部委、各直属机构：

　　党的十八大以来，党中央、国务院出台了《关于进一步完善中央财政科研项目资金管理等政策的若干意见》《关于优化科研管理提升科研绩效若干措施的通知》等一系列优化科研经费管理的政策文件和改革措施，有力地激发了科研人员的创造性和创新活力，促进了科技事业发展。但在科研经费管理方面仍然存在政策落实不到位、项目经费管理刚性偏大、经费拨付机制不完善、间接费用比例偏低、经费报销难等问题。为有效解决这些问题，更好贯彻落实党中央、国务院决策部署，进一步激励科研人员多出高质量科技成果、为实现高水平科技自立自强做出更大贡献，经国务院同意，现就改革完善中央财政科研经费管理提出如下意见。

　　一、扩大科研项目经费管理自主权

　　（一）简化预算编制。进一步精简合并预算编制科目，按设备费、业务费、劳务费三大类编制直接费用预算。直接费用中除50万元以上的设备费外，其他费用只提供基本测算说明，不需要提供明细。计算类仪器设备和软件工具可在设备费科目列支。合并项目评审和预算评审，项目管理部门在项目评审时同步开展预算评审。预算评审工作重点是项目预算的目标相关性、政策相符性、经济合理性，不得将预算编制细致程度作为评审预算的因素。（项目管理部门负责落实）

　　（二）下放预算调剂权。设备费预算调剂权全部下放给项目承担单位，不再由项目管理部门审批其预算调增。项目承担单位要统筹考虑现有设备配置情况、科研项目实际需求等，及时办理调剂手续。除设备费外的其他费用调剂权全部由项目承担单位下放给项目负责人，由项目负责人根据科研活动实际需要自主安排。（项目管理部门、项目承担单位负责落实）

（三）扩大经费包干制实施范围。在人才类和基础研究类科研项目中推行经费包干制，不再编制项目预算。项目负责人在承诺遵守科研伦理道德和作风学风诚信要求、经费全部用于与本项目研究工作相关支出的基础上，自主决定项目经费使用。鼓励有关部门和地方在从事基础性、前沿性、公益性研究的独立法人科研机构开展经费包干制试点。（项目管理部门、项目承担单位、财政部、单位主管部门负责落实）

二、完善科研项目经费拨付机制

（四）合理确定经费拨付计划。项目管理部门要根据不同类型科研项目特点、研究进度、资金需求等，合理制定经费拨付计划并及时拨付资金。首笔资金拨付比例要充分尊重项目负责人意见，切实保障科研活动需要。（项目管理部门负责落实）

（五）加快经费拨付进度。财政部、项目管理部门可在部门预算批复前预拨科研经费。项目管理部门要加强经费拨付与项目立项的衔接，在项目任务书签订后30日内，将经费拨付至项目承担单位。项目牵头单位要根据项目负责人意见，及时将经费拨付至项目参与单位。（财政部、项目管理部门、项目承担单位负责落实）

（六）改进结余资金管理。项目完成任务目标并通过综合绩效评价后，结余资金留归项目承担单位使用。项目承担单位要将结余资金统筹安排用于科研活动直接支出，优先考虑原项目团队科研需求，并加强结余资金管理，健全结余资金盘活机制，加快资金使用进度。（项目管理部门、项目承担单位负责落实）

三、加大科研人员激励力度

（七）提高间接费用比例。间接费用按照直接费用扣除设备购置费后的一定比例核定，由项目承担单位统筹安排使用。其中，500万元以下的部分，间接费用比例为不超过30%，500万元至1000万元的部分为不超过25%，1000万元以上的部分为不超过20%；对数学等纯理论基础研究项目，间接费用比例进一步提高到不超过60%。项目承担单位可将间接费用全部用于绩效支出，并向创新绩效突出的团队和个人倾斜。（项目管理部门、项目承担单位负责落实）

（八）扩大稳定支持科研经费提取奖励经费试点范围。将稳定支持科研经费提取奖励经费试点范围扩大到所有中央级科研院所。允许中央级科研院所从基本科研业务费、中科院战略性先导科技专项经费、有关科研院所创新工程等稳定支持科研经费中提取不超过20%作为奖励经费，由单位探索完善科研项目资金激励引导机制，激发科研人员创新活力。奖励经费的使用范围和标准由试点单位自主决定，在单位内部公示。（中央级科研院所负责落实）

（九）扩大劳务费开支范围。项目聘用人员的劳务费开支标准，参照当地科学研究和技术服务业从业人员平均工资水平，根据其在项目研究中承担的工作任务确定，其由单位缴纳的社会保险补助、住房公积金等纳入劳务费科目列支。（项目承担单位、项目管理部门负责落实）

（十）合理核定绩效工资总量。中央高校、科研院所、企业结合本单位发展阶段、类型定位、承担任务、人才结构、所在地区、现有绩效工资实际发放水平（主要依据上年度事业单位工资统计年报数据确定）、财务状况特别是财政科研项目可用于支出人员绩效的间接费用等实际情况，向主管部门申报动态调整绩效工资水平，主管部门综合考虑激发科技创新活力、保障基础研究人员稳定工资收入、调控不同单位（岗位、学科）收入差距等因素审批后报人力资源社会保障、财政部门备案。分配绩效工资时，要向承担国家科研任务较多、成效突出的科研人员倾斜。借鉴承担国家关键领域核心技术攻关任务科研人员年薪制的经验，探索对急需紧缺、业内认可、业绩突出的极少数高层次人才实行年薪制。（人力资源社会保障部、科技部、财政部、国务院国资委、单位主管部门负责落实）

（十一）加大科技成果转化激励力度。各单位要落实《中华人民共和国促进科技成果转化法》等相关规定，对持有的科技成果，通过协议定价、在技术交易市场挂牌交易、拍卖等市场化方式进行转化。科技成果转化所获收益可按照法律规定，对职务科技成果完成人和为科技成果转化做出重要贡献的人员给予奖励和报酬，剩余部分留归项目承担单位用于科技研发与成果转化等相关工作，科技成果转化收益具体分配方式和比例在充分听取本单位科研人员意见基础上进行约定。科技成果转化现金奖励计入所在单位绩效工资总量，但不受核定的绩效工资总量限制，不作为核定下一年度绩效工资总量的基数。（科技部、人力资源社会保障部、财政部等有关部门负责落实）

四、减轻科研人员事务性负担

（十二）全面落实科研财务助理制度。项目承担单位要确保每个项目配有相对固定的科研财务助理，为科研人员在预算编制、经费报销等方面提供专业化服务。科研财务助理所需人力成本费用（含社会保险补助、住房公积金），可由项目承担单位根据情况通过科研项目经费等渠道统筹解决。（项目承担单位负责落实）

（十三）改进财务报销管理方式。项目承担单位因科研活动实际需要，邀请国内外专家、学者和有关人员参加由其主办的会议等，对确需负担的城市间交通费、国际旅费，可在会议费等费用中报销。允许项目承担单位对国内差旅费中的伙食补助费、市内交通费和难以取得发票的住宿费实行包干制。（项目承担单位负责落实）

（十四）推进科研经费无纸化报销试点。选择部分电子票据接收、入账、归档处理工作量比较大的中央高校、科研院所、企业，纳入电子入账凭证会计数据标准推广范围，推动科研经费报销数字化、无纸化。（财政部、税务总局、单位主管部门等负责落实）

（十五）简化科研项目验收结题财务管理。合并财务验收和技术验收，在项目实施期末实行一次性综合绩效评价。完善项目验收结题评价操作指南，细化明确预算调剂、设备管理、人员费用等财务、会计、审计方面具体要求，避免有关机构和人员在项目验收和检查中理解执行政策出现偏差。选择部分创新能力和潜力突出、创新绩效显著、科研诚信状况良好的中央高校、科研院所、企业作为试点单位，由其出具科研项目经费决算报表作为结题依据，取消科研项目结题财务审计。试点单位对经费决算报表内容的真实性、完整性、准确性负责，项目管理部门适时组织抽查。（科技部、财政部、项目管理部门负责落实）

（十六）优化科研仪器设备采购。中央高校、科研院所、企业要优化和完善内部管理规定，简化科研仪器设备采购流程，对科研急需的设备和耗材采用特事特办、随到随办的采购机制，可不进行招标投标程序。项目承担单位依法向财政部申请变更政府采购方式的，财政部实行限时办结制度，对符合要求的申请项目，原则上自收到变更申请之日起5个工作日内办结。有关部门要研究推动政府采购、招标投标等有关法律法规修订工作，进一步明确除外条款。（单位主管部门、项目承担单位、司法部、财政部负责落实）

（十七）改进科研人员因公出国（境）管理方式。对科研人员因公出国（境）开展国际合作与交流的管理应与行政人员有所区别，对为完成科研项目任务目标、从科研经费中列支费用的国际合作与交流按业务类别单独管理，根据需要开展工作。从科研经费中列支的国际合作与交流费用不纳入"三公"经费统计范围，不受零增长要求限制。（单位主管部门、财政部负责落实）

五、创新财政科研经费投入与支持方式

（十八）拓展财政科研经费投入渠道。发挥财政经费的杠杆效应和导向作用，引导企业参与，发挥金融资金作用，吸引民间资本支持科技创新创业。优化科技创新类引导基金使用，推动更多具有重大价值的科技成果转化应用。拓宽基础研究经费投入渠道，促进基础研究与需求导向良性互动。（财政部、科技部、人民银行、银保监会、证监会等负责落实）

（十九）开展顶尖领衔科学家支持方式试点。围绕国家重大战略需求和前沿科技领域，遴选全球顶尖的领衔科学家，给予持续稳定的科研经费支持，在确定的重点方向、重点领域、重点任务范围内，由领衔科学家自主确定研究课题，自主选聘科研团队，自主安排科研经费使用；3至5年后采取第三方评估、国际同行评议等方式，对领衔科学家及其团队的研究质量、原创价值、实际贡献，以及聘用领衔科学家及其团队的单位服务保障措施落实情况等进行绩效评价，形成可复制可推广的改革经验。（项目管理部门、项目承担单位负责落实）

（二十）支持新型研发机构实行"预算＋负面清单"管理模式。鼓励地方对新型研发机构采用与国际接轨的治理结构和市场化运行机制，实行理事会领导下的院（所）长负责制。创新财政科研经费支持方式，给予稳定资金支持，探索实行负面清单管理，赋予更大经费使用自主权。组织开展绩效评价，围绕科研投入、创新产出质量、成果转化、原创价值、实际贡献、人才集聚和培养等方面进行评估。除特殊

规定外,财政资金支持产生的科技成果及知识产权由新型研发机构依法取得、自主决定转化及推广应用。(科技部、财政部负责指导)

六、改进科研绩效管理和监督检查

(二十一)健全科研绩效管理机制。项目管理部门要进一步强化绩效导向,从重过程向重结果转变,加强分类绩效评价,对自由探索型、任务导向型等不同类型科研项目,健全差异化的绩效评价指标体系;强化绩效评价结果运用,将绩效评价结果作为项目调整、后续支持的重要依据。项目承担单位要切实加强绩效管理,引导科研资源向优秀人才和团队倾斜,提高科研经费使用效益。(项目管理部门、项目承担单位负责落实)

(二十二)强化科研项目经费监督检查。加强审计监督、财会监督与日常监督的贯通协调,增强监督合力,严肃查处违纪违规问题。加强事中事后监管,创新监督检查方式,实行随机抽查、检查,推进监督检查数据汇交共享和结果互认。减少过程检查,充分利用大数据等信息技术手段,提高监督检查效率。强化项目承担单位法人责任,项目承担单位要动态监管经费使用并实时预警提醒,确保经费合理规范使用;对项目承担单位和科研人员在科研经费管理使用过程中出现的失信情况,纳入信用记录管理,对严重失信行为实行追责和惩戒。探索制定相关负面清单,明确科研项目经费使用禁止性行为,有关部门要根据法律法规和负面清单进行检查、评审、验收、审计,对尽职无过错科研人员免予问责。(审计署、财政部、项目管理部门、单位主管部门负责落实)

七、组织实施

(二十三)及时清理修改相关规定。有关部门要聚焦科研经费管理相关政策和改革举措落地"最后一公里",加快清理修改与党中央、国务院有关文件精神不符的部门规定和办法,科技主管部门要牵头做好督促落实工作。项目承担单位要落实好科研项目实施和科研经费管理使用的主体责任,严格按照国家有关政策规定和权责一致的要求,强化自我约束和自我规范,及时完善内部管理制度,确保科研自主权接得住、管得好。(有关部门、项目承担单位负责落实)

(二十四)加大政策宣传培训力度。有关部门和单位要通过门户网站、新媒体等多种渠道以及开设专栏等多种方式,加强中央财政科研经费管理相关政策宣传解读,提高社会知晓度。同时,加大对科研人员、财务人员、科研财务助理、审计人员等的专题培训力度,不断提高经办服务能力水平。(科技部、财政部会同有关部门负责落实)

(二十五)强化政策落实督促指导。有关部门要加快职能转变,提高服务意识,加强跟踪指导,适时组织开展对项目承担单位科研经费管理政策落实情况的检查,及时发现并协调解决有关问题,推动改革落地见效,国务院办公厅要加强督查。要适时对有关试点政策举措进行总结评估,及时总结推广行之有效的经验和做法。

（财政部、科技部会同有关部门负责落实）

　　财政部、中央级社科类科研项目主管部门要结合社会科学研究的规律和特点，参照本意见尽快修订中央级社科类科研项目资金管理办法。

　　各地区要参照本意见精神，结合实际，改革完善本地区财政科研经费管理。

国务院办公厅
2021年8月5日

附录2 《关于进一步完善中央财政科研项目资金管理等政策的若干意见》

(中办发〔2016〕50号)

关于进一步完善中央财政科研项目资金管理等政策的若干意见

《中共中央、国务院关于深化体制机制改革加快实施创新驱动发展战略的若干意见》和《国务院关于改进加强中央财政科研项目和资金管理的若干意见》印发以来,有力激发了创新创造活力,促进了科技事业发展,但也存在一些改革措施落实不到位、科研项目资金管理不够完善等问题。为贯彻落实中央关于深化改革创新、形成充满活力的科技管理和运行机制的要求,进一步完善中央财政科研项目资金管理等政策,现提出以下意见。

一、总体要求

全面贯彻落实党的十八大和十八届三中、四中、五中全会及全国科技创新大会精神,以邓小平理论、"三个代表"重要思想、科学发展观为指导,深入学习贯彻习近平总书记系列重要讲话精神,按照党中央、国务院决策部署,牢固树立和贯彻落实创新、协调、绿色、开放、共享的发展理念,深入实施创新驱动发展战略,促进大众创业、万众创新,进一步推进简政放权、放管结合、优化服务,改革和创新科研经费使用和管理方式,促进形成充满活力的科技管理和运行机制,以深化改革更好激发广大科研人员积极性。

——坚持以人为本。以调动科研人员积极性和创造性为出发点和落脚点,强化激励机制,加大激励力度,激发创新创造活力。

——坚持遵循规律。按照科研活动规律和财政预算管理要求,完善管理政策,优化管理流程,改进管理方式,适应科研活动实际需要。

——坚持"放管服"结合。进一步简政放权、放管结合、优化服务,扩大高校、科研院所在科研项目资金、差旅会议、基本建设、科研仪器设备采购等方面的管理权限,为科研人员潜心研究营造良好环境。同时,加强事中事后监管,严肃查处违法违纪问题。

——坚持政策落实落地。细化实化政策规定,加强督查,狠抓落实,打通政策执行中的"堵点",增强科研人员改革的成就感和获得感。

二、改进中央财政科研项目资金管理

(一)简化预算编制,下放预算调剂权限。根据科研活动规律和特点,改进预算编制方法,实行部门预算批复前项目资金预拨制度,保证科研人员及时使用项目资金。下放预算调剂权限,在项目总预算不变的情况下,将直接费用中的材料费、测试化验加工费、燃料动力费、出版/文献/信息传播/知识产权事务费及其他支出预算调剂权下放给项目承担单位。简化预算编制科目,合并会议费、差旅费、国际合作与交流费科目,由科研人员结合科研活动实际需要编制预算并按规定统筹安排使用,其中不超过直接费用10%的,不需要提供预算测算依据。(财政部、项目主管部门、项目承担单位负责)

(二)提高间接费用比重,加大绩效激励力度。中央财政科技计划(专项、基金等)中实行公开竞争方式的研发类项目,均要设立间接费用,核定比例可以提高到不超过直接费用扣除设备购置费的一定比例:500万元以下的部分为20%,500万元至1000万元的部分为15%,1000万元以上的部分为13%。加大对科研人员的激励力度,取消绩效支出比例限制。项目承担单位在统筹安排间接费用时,要处理好合理分摊间接成本和对科研人员激励的关系,绩效支出安排与科研人员在项目工作中的实际贡献挂钩。(项目主管部门、项目承担单位负责)

(三)明确劳务费开支范围,不设比例限制。参与项目研究的研究生、博士后、访问学者以及项目聘用的研究人员、科研辅助人员等,均可开支劳务费。项目聘用人员的劳务费开支标准,参照当地科学研究和技术服务业从业人员平均工资水平,根据其在项目研究中承担的工作任务确定,其社会保险补助纳入劳务费科目列支。劳务费预算不设比例限制,由项目承担单位和科研人员据实编制。(项目承担单位、项目主管部门负责)

(四)改进结转结余资金留用处理方式。项目实施期间,年度剩余资金可结转下一年度继续使用。项目完成任务目标并通过验收后,结余资金按规定留归项目承担单位使用,在2年内由项目承担单位统筹安排用于科研活动的直接支出;2年后未使用完的,按规定收回。(项目承担单位、项目主管部门负责)

(五)自主规范管理横向经费。项目承担单位以市场委托方式取得的横向经费,纳入单位财务统一管理,由项目承担单位按照委托方要求或合同约定管理使用。(项目承担单位负责)

三、完善中央高校、科研院所差旅会议管理

(一)改进中央高校、科研院所教学科研人员差旅费管理。中央高校、科研院所可根据教学、科研、管理工作实际需要,按照精简高效、厉行节约的原则,研究制定差旅费管理办法,合理确定教学科研人员乘坐交通工具等级和住宿费标准。对于难以取得住宿费发票的,中央高校、科研院所在确保真实性的前提下,据实报销城市间交通费,并按规定标准发放伙食补助费和市内交通费。(中央高校、科研院所负责)

(二)完善中央高校、科研院所会议管理。中央高校、科研院所因教学、科研需要举办的业务性会议(如学术会议、研讨会、评审会、座谈会、答辩会等),会议次数、天数、人数以及会议费开支范围、标准等,由中央高校、科研院所按照实事求是、精简高效、厉行节约的原则确定。会议代表参加会议所发生的城市间交通费,原则上按差旅费管理规定由所在单位报销;因工作需要,邀请国内外专家、学者和有关人员参加会议,对确需负担的城市间交通费、国际旅费,可由主办单位在会议费等费用中报销。(中央高校、科研院所负责)

四、完善中央高校、科研院所科研仪器设备采购管理

(一)改进中央高校、科研院所政府采购管理。中央高校、科研院所可自行采购科研仪器设备,自行选择科研仪器设备评审专家。财政部要简化政府采购项目预算调剂和变更政府采购方式审批流程。中央高校、科研院所要切实做好设备采购的监督管理,做到全程公开、透明、可追溯。(财政部、中央高校、科研院所负责)

(二)优化进口仪器设备采购服务。对中央高校、科研院所采购进口仪器设备实行备案制管理。继续落实进口科研教学用品免税政策。(财政部、海关总署、税务总局负责)

五、完善中央高校、科研院所基本建设项目管理

(一)扩大中央高校、科研院所基本建设项目管理权限。对中央高校、科研院所利用自有资金、不申请政府投资建设的项目,由中央高校、科研院所自主决策,报主管部门备案,不再进行审批。国家发展改革委和中央高校、科研院所主管部门要加强对中央高校、科研院所基本建设项目的指导和监督检查。(国家发展改革委、中央高校和科研院所主管部门负责)

(二)简化中央高校、科研院所基本建设项目审批程序。中央高校、科研院所主管部门要指导中央高校、科研院所编制五年建设规划,对列入规划的基本建设项目不再审批项目建议书。简化中央高校、科研院所基本建设项目城乡规划、用地以及环评、能评等审批手续,缩短审批周期。(中央高校和科研院所主管部门负责)

六、规范管理,改进服务

(一)强化法人责任,规范资金管理。项目承担单位要认真落实国家有关政策规定,按照权责一致的要求,强化自我约束和自我规范,确保接得住、管得好。制定内部管理办法,落实项目预算调剂、间接费用统筹使用、劳务费分配管理、结余资金使用等管理权限;加强预算审核把关,规范财务支出行为,完善内部风险防控机制,强化资金使用绩效评价,保障资金使用安全规范有效;实行内部公开制度,主动公开项目预算、预算调剂、资金使用(重点是间接费用、外拨资金、结余资金使用)、研究成果等情况。(项目承担单位负责)

(二)加强统筹协调,精简检查评审。科技部、项目主管部门、财政部要加强对科研项目资金监督的制度规范、年度计划、结果运用等的统筹协调,建立职责明确、分工负责的协同工作机制。科技部、项目主管部门要加快清理规范委托中介机构对科研项目开展的各种检查评审,加强对前期已经开展相关检查结果的使用,推进检查结果共享,减少检查数量,改进检查方式,避免重复检查、多头检查、过度检查。

（科技部、项目主管部门、财政部负责）

（三）创新服务方式，让科研人员潜心从事科学研究。项目承担单位要建立健全科研财务助理制度，为科研人员在项目预算编制和调剂、经费支出、财务决算和验收等方面提供专业化服务，科研财务助理所需费用可由项目承担单位根据情况通过科研项目资金等渠道解决。充分利用信息化手段，建立健全单位内部科研、财务部门和项目负责人共享的信息平台，提高科研管理效率和便利化程度。制定符合科研实际需要的内部报销规定，切实解决野外考察、心理测试等科研活动中无法取得发票或财政性票据，以及邀请外国专家来华参加学术交流发生费用等的报销问题。（项目承担单位负责）

七、加强制度建设和工作督查，确保政策措施落地见效

（一）尽快出台操作性强的实施细则。项目主管部门要完善预算编制指南，指导项目承担单位和科研人员科学合理编制项目预算；制定预算评估评审工作细则，优化评估程序和方法，规范评估行为，建立健全与项目申请者及时沟通反馈机制；制定财务验收工作细则，规范委托中介机构开展的财务检查。2016年9月1日前，中央高校、科研院所要制定出台差旅费、会议费内部管理办法，其主管部门要加强工作指导和统筹；2016年年底前，项目主管部门要制定出台相关实施细则，项目承担单位要制定或修订科研项目资金内部管理办法和报销规定。以后年度承担科研项目的单位要于当年制定出台相关管理办法和规定。（项目主管部门、中央高校和科研院所主管部门、中央高校、科研院所、项目承担单位负责）

（二）加强对政策措施落实情况的督查指导。财政部、科技部要适时组织开展对项目承担单位科研项目资金等管理权限落实、内部管理办法制定、创新服务方式、内控机制建设、相关事项内部公开等情况的督查，对督查情况以适当方式进行通报，并将督查结果纳入信用管理，与间接费用核定、结余资金留用等挂钩。审计机关要依法开展对政策措施落实情况和财政资金的审计监督。项目主管部门要督促指导所属单位完善内部管理，确保国家政策规定落到实处。（财政部、科技部、审计署、项目主管部门负责）

财政部、中央级社科类科研项目主管部门要结合社会科学研究的规律和特点，参照本意见尽快修订中央级社科类科研项目资金管理办法。（财政部、中央级社科类科研项目主管部门负责）

各地区要参照本意见精神，结合实际，加快推进科研项目资金管理改革等各项工作。

附录3 《国家自然科学基金资助项目资金管理办法》

（财教〔2021〕177号）

关于印发《国家自然科学基金资助项目资金管理办法》的通知

（财教〔2021〕177号）

有关单位：

根据中共中央、国务院关于科研经费管理改革有关要求和《国务院办公厅关于改革完善中央财政科研经费管理的若干意见》（国办发〔2021〕32号），我们对《财政部 国家自然科学基金委员会关于印发〈国家自然科学基金资助项目资金管理办法〉的通知》（财教〔2015〕15号）进行了修订。现将修订后的《国家自然科学基金资助项目资金管理办法》印发你们，请遵照执行。

附件：国家自然科学基金资助项目资金管理办法

财政部

国家自然科学基金委员会

2021年9月28日

国家自然科学基金资助项目资金管理办法

第一章 总 则

第一条 为规范国家自然科学基金资助项目（以下简称项目）资金管理和使用，提高资金使用效益，根据《国家自然科学基金条例》、《中共中央办公厅 国务院办公厅印发〈关于进一步完善中央财政科研项目资金管理等政策的若干意见〉的通知》、《国务院关于优化科研管理提升科研绩效若干措施的通知》（国发〔2018〕25号）、《国务院办公厅关于改革完善中央财政科研经费管理的若干意见》（国办发〔2021〕32号）等要求，以及国家有关财经法规和财务管理制度，结合国家自然科学基金（以下简称自然科学基金）管理特点，制定本办法。

第二条 本办法所称项目资金，是指自然科学基金用于资助科学技术人员开展基础研究和科学前沿探索，支持人才和团队建设的专项资金。

第三条 财政部根据国家科技发展规划，结合自然科学基金资金需求和国家财力可能,将项目资金列入中央财政预算,并负责宏观管理和监督。

第四条 国家自然科学基金委员会(以下简称自然科学基金委)依法负责项目的立项和审批,并对项目资金进行具体管理和监督。

第五条 依托单位是项目资金管理的责任主体,应当建立健全"统一领导、分级管理、责任到人"的项目资金管理体制和制度,完善内部控制、绩效管理和监督约束机制,合理确定科研、财务、人事、资产、审计、监察等部门的责任和权限,加强对项目资金的管理和监督。

依托单位应当落实项目承诺的自筹资金及其他配套条件,对项目组织实施提供条件保障。

第六条 项目负责人是项目资金使用的直接责任人,对资金使用的合规性、合理性、真实性和相关性负责。

第七条 根据预算管理方式不同,自然科学基金项目资金管理分为包干制和预算制。

第二章 项目资金开支范围

第八条 项目资金支出是指与项目研究工作相关的、由项目资金支付的各项费用支出。项目资金由直接费用和间接费用组成。

第九条 直接费用是指在项目实施过程中发生的与之直接相关的费用,主要包括:

(一)设备费:是指在项目实施过程中购置或试制专用仪器设备,对现有仪器设备进行升级改造,以及租赁外单位仪器设备而发生的费用。计算类仪器设备和软件工具可在设备费科目列支。应当严格控制设备购置,鼓励开放共享、自主研制、租赁专用仪器设备以及对现有仪器设备进行升级改造,避免重复购置。

(二)业务费:是指项目实施过程中消耗的各种材料、辅助材料等低值易耗品的采购、运输、装卸、整理等费用,发生的测试化验加工、燃料动力、出版/文献/信息传播/知识产权事务、会议/差旅/国际合作交流等费用,以及其他相关支出。

(三)劳务费:是指在项目实施过程中支付给参与项目研究的研究生、博士后、访问学者以及项目聘用的研究人员、科研辅助人员等的劳务性费用,以及支付给临时聘请的咨询专家的费用等。

项目聘用人员的劳务费开支标准,参照当地科学研究和技术服务业从业人员平均工资水平,根据其在项目研究中承担的工作任务确定,其由单位缴纳的社会保险补助、住房公积金等纳入劳务费科目列支。

支付给临时聘请的咨询专家的费用,不得支付给参与本项目及所属课题研究和管理的相关人员,其管理按照国家有关规定执行。

第十条 间接费用是指依托单位在组织实施项目过程中发生的无法在直接费

用中列支的相关费用。主要包括：依托单位为项目研究提供的房屋占用，日常水、电、气、暖等消耗，有关管理费用的补助支出，以及激励科研人员的绩效支出等。

第三章 包干制项目资金申请与审批

第十一条 包干制项目申请人应当本着科学、合理、规范、有效的原则申请资助额度，无需编制项目预算。

多个单位共同承担一个项目的，由项目申请人汇总申请资助额度。

第十二条 自然科学基金委组织专家对包干制项目和申请资助额度进行评审，根据专家评审意见并参考同类项目平均资助强度确定项目资助额度。

第十三条 包干制项目资金由项目负责人自主决定使用，按照本办法第九条规定的开支范围列支，无需履行调剂程序。

对于依托单位为项目研究提供的房屋占用，日常水、电、气、暖等消耗，有关管理费用的补助支出，由依托单位根据实际管理需要，在充分征求项目负责人意见基础上合理确定。

对于激励科研人员的绩效支出，由项目负责人根据实际科研需要和相关薪酬标准自主确定，依托单位按照工资制度进行管理。

第十四条 项目资金应当纳入依托单位财务统一管理，单独核算，专款专用。

第十五条 依托单位应当制定项目经费包干制管理规定，管理规定应当包括经费使用范围和标准、各方责任、违规惩戒措施等内容，报自然科学基金委备案。

第四章 预算制项目资金申请与审批

第十六条 预算制项目负责人（或申请人）应当根据政策相符性、目标相关性和经济合理性原则，编制项目收入预算和支出预算。

收入预算应当按照从各种不同渠道获得的资金总额填列，包括自然科学基金资助的资金以及从依托单位和其他渠道获得的资金。

支出预算应当根据项目需求，按照资金开支范围编列。直接费用中除50万元以上的设备费外，其他费用只提供基本测算说明，不需要提供明细。

第十七条 对于预算制项目，依托单位应当组织其科研和财务管理部门对项目预算进行审核。

有多个单位共同承担一个项目的，依托单位的项目负责人（或申请人）和合作研究单位参与者应当根据各自承担的研究任务分别编报项目预算，经所在单位科研、财务部门审核并签署意见后，由项目负责人（或申请人）汇总编制。

第十八条 预算制项目申请人申请自然科学基金项目，应当按照本办法中对于直接费用的规定编制项目预算，经依托单位审核后提交自然科学基金委。

第十九条 自然科学基金委组织专家或者择优遴选第三方对预算制项目进行

项目评审并同步开展预算评审,根据项目实际需求确定预算。评审专家应满足相关回避要求。

预算评审应当按照规范的程序和要求,坚持独立、客观、公正、科学的原则,对项目申报预算的政策相符性、目标相关性和经济合理性进行评审。不得将预算编制细致程度作为评审预算的因素,不得简单按比例核减预算。

第二十条 依托单位应当组织预算制项目负责人根据批准的项目资助额度,按规定调整项目预算,并在收到资助通知之日起20日内完成审核,报自然科学基金委核准。

第二十一条 预算制项目的直接费用应当纳入依托单位财务统一管理,单独核算,专款专用。

预算制项目的间接费用由依托单位统筹安排使用。依托单位应当建立健全间接费用的内部管理办法,公开透明、合规合理使用间接费用,处理好分摊间接成本和对科研人员激励的关系。绩效支出安排应当与科研人员在项目工作中的实际贡献挂钩。依托单位可将间接费用全部用于绩效支出,并向创新绩效突出的团队和个人倾斜。依托单位不得在间接费用以外,再以任何名义在项目资金中重复提取、列支相关费用。

第二十二条 预算制项目的间接费用一般按照不超过项目直接费用扣除设备购置费后的一定比例核定,并实行总额控制,具体比例如下:

(一) 500万元及以下部分为30%;

(二) 超过500万元至1000万元的部分为25%;

(三) 超过1000万元的部分为20%。

其中,对于数学等纯理论基础研究的预算制项目,间接费用一般按照不超过项目直接费用扣除设备购置费后的一定比例核定,并实行总额控制,具体比例如下:

(一) 500万元及以下部分为60%;

(二) 超过500万元至1000万元的部分为50%;

(三) 超过1000万元的部分为40%。

第二十三条 预算制项目实施过程中,项目预算有以下情况确需调剂的,应当按相关程序报自然科学基金委审批。

(一) 由于研究内容或者研究计划作出重大调整等原因需要对预算总额进行调剂的;

(二) 同一项目课题之间资金需要调剂的。

第二十四条 预算制项目实施过程中,在项目预算额度不变的情况下,预算确需调剂的,按以下规定予以调剂:

(一) 设备费预算如需调剂,由项目负责人根据科研活动的实际需要提出申请,报依托单位审批。依托单位应当统筹考虑现有设备配置情况、科研项目实际需求等,及时办理调剂手续。

（二）劳务费、业务费预算如需调剂,由项目负责人根据科研活动实际需要自主安排。

（三）项目间接费用预算总额不得调增,依托单位与项目负责人协商一致后可调减用于直接费用。

第二十五条　对于需开展中期项目检查的预算制项目,可由自然科学基金委组织专家同步对资金的使用进行检查或评估。

第五章　预算执行与决算

第二十六条　自然科学基金委应当按照国库集中支付制度规定,根据不同类型科研项目特点、研究进度、资金需求等,合理制定经费拨付计划并在资助项目计划书签订后 30 日内,将经费按计划拨付至依托单位,切实保障科研活动需要。

有多个单位共同承担一个项目的,依托单位应当及时按资助项目计划书和合同转拨合作研究单位资金,并加强对转拨资金的监督管理。

项目负责人应当结合科研活动需要,科学合理安排项目资金支出进度。依托单位应当关注项目资金执行进度,有效提高资金使用效益。

第二十七条　项目资金管理使用不得存在以下行为:

（一）编报虚假预算；

（二）未对项目资金进行单独核算；

（三）列支与本项目任务无关的支出；

（四）未按规定执行和调剂预算、违反规定转拨项目资金；

（五）虚假承诺其他来源资金；

（六）通过虚假合同、虚假票据、虚构事项、虚报人员等弄虚作假,转移、套取、报销项目资金；

（七）截留、挤占、挪用项目资金；

（八）设置账外账、随意调账变动支出、随意修改记账凭证、提供虚假财务会计资料等；

（九）使用项目资金列支应当由个人负担的有关费用和支付各种罚款、捐款、赞助、投资、偿还债务等；

（十）其他违反国家财经纪律的行为。

第二十八条　项目资助期满后,项目负责人应当会同科研、财务、资产等管理部门及时清理账目与资产,如实编制项目决算。

有多个单位共同承担一个项目的,依托单位的项目负责人和合作研究单位的参与者应当分别编报项目决算,经所在单位科研、财务管理部门审核并签署意见后,由依托单位项目负责人汇总编制。

依托单位应当组织其科研、财务管理部门审核项目决算,并签署意见后报自然科学基金委。

第二十九条 自然科学基金委准予结题的项目,结余资金留归依托单位使用。依托单位应当将结余资金统筹安排用于基础研究直接支出,优先考虑原项目团队科研需求,并加强结余资金管理,健全结余资金盘活机制,加快资金使用进度。

自然科学基金委不予结题的项目,依托单位应当负责将结余资金在通知书下达后 30 日内按原渠道退回自然科学基金委。

第三十条 项目实施过程中,因故终止执行的项目,依托单位应当负责将结余资金按原渠道退回自然科学基金委。

因故被依法撤销的项目,依托单位应当负责将已拨付的资金全部按原渠道退回自然科学基金委。

依托单位发生变更的项目,原依托单位应当及时向新依托单位转拨需转拨的项目资金。

第三十一条 依托单位应当严格执行国家有关支出管理制度。对应当实行"公务卡"结算的支出,按照中央财政科研项目使用公务卡结算的有关规定执行。对于设备、大宗材料、测试化验加工、劳务、专家咨询等费用,原则上应当通过银行转账方式结算。

第三十二条 在项目实施过程中,依托单位因科研活动实际需要,邀请国内外专家、学者和有关人员参加由其主办的会议等,对确需负担的城市间交通费、国际旅费,可在会议费等费用中报销。对国内差旅费中的伙食补助费、市内交通费和难以取得发票的住宿费可实行包干制。对野外考察、心理测试等科研活动中无法取得发票或者财政性票据的,在确保真实性的前提下,可按实际发生额予以报销。

第三十三条 依托单位应当优化和完善内部管理规定,简化科研仪器设备采购流程。对科研急需的设备和耗材采用特事特办、随到随办的采购机制,可以不进行招标投标程序。

项目实施过程中,行政事业单位使用项目资金形成的固定资产属于国有资产,应当按照国家有关国有资产管理的规定执行。企业使用项目资金形成的固定资产,按照《企业财务通则》等相关规章制度执行。项目资金形成的知识产权等无形资产的管理,按照国家有关规定执行。使用项目资金形成的大型科学仪器设备、科学数据、自然科技资源等,按照规定开放共享。

第三十四条 依托单位要切实强化法人责任,制定内部管理办法,落实项目预算调剂、间接费用统筹使用、劳务费管理、结余资金使用等管理权限。

第三十五条 依托单位应当创新服务方式,让科研人员潜心从事科学研究。应当全面落实科研财务助理制度,确保每个项目配有相对固定的科研财务助理,为科研人员在预算编制、经费报销等方面提供专业化服务。科研财务助理所需人力成本费用(含社会保险补助、住房公积金),可由依托单位根据情况通过科研项目经费等渠道统筹解决。应当改进财务报销管理方式,充分利用信息化手段,建立符合科研实际需要的内部报销机制。

第六章 绩效管理与监督检查

第三十六条 自然科学基金委应当建立项目资金绩效管理制度,对项目资金管理使用效益进行绩效评价。进一步强化绩效导向,加强分类绩效评价,对自由探索型、任务导向型等不同类型科研项目,健全差异化的绩效评价指标体系,强化绩效评价结果运用,将绩效评价结果作为项目调整、后续支持的重要依据。

依托单位应当切实加强绩效管理,引导科研资源向优秀人才和团队倾斜,提高科研经费使用效益。

第三十七条 财政部、自然科学基金委、审计署、相关主管部门、依托单位应当根据职责和分工,建立覆盖资金管理使用全过程的资金监督机制。加强审计监督、财会监督与日常监督的贯通协调,增强监督合力,加强信息共享,避免交叉重复。

第三十八条 财政部按规定对自然科学基金项目资金管理和使用情况进行监督管理。

第三十九条 审计署、自然科学基金委按规定对依托单位项目资金管理和使用情况进行监督检查。依托单位和项目负责人应当积极配合并提供有关资料。

第四十条 相关主管部门应当督促所属依托单位加强内控制度和监督制约机制建设、落实项目资金管理责任,配合财政部、自然科学基金委开展监督检查和整改工作。

第四十一条 依托单位应当按照本办法和国家相关财经法规及财务管理规定,完善内部控制和监督制约机制,动态监管资金使用并实时预警提醒,确保资金合理规范使用;加强支撑服务条件建设,提高对科研人员的服务水平,建立常态化的自查自纠机制,保证项目资金安全。

第四十二条 项目资金管理建立承诺机制。依托单位应当承诺依法履行项目资金管理的职责。项目负责人应当承诺提供真实的项目信息,并认真遵守项目资金管理的有关规定。依托单位和项目负责人对违反承诺导致的后果承担相应责任。

对依托单位和科研人员在项目资金管理使用过程中出现的失信情况,应当纳入信用记录管理,对严重失信行为实行追责和惩戒。

第四十三条 项目资金管理建立信息公开机制。自然科学基金委应当及时公开非涉密项目预算安排情况,接受社会监督。

依托单位应当在单位内部公开非涉密项目立项、主要研究人员、资金使用(重点是间接费用、外拨资金、结余资金使用等)、决算、大型仪器设备购置以及项目研究成果等情况,接受内部监督。

第四十四条 任何单位和个人发现项目资金在使用和管理过程中有违规行为的,有权检举或者控告。

第四十五条 财政部、自然科学基金委及其相关工作人员、评审专家在自然科学基金预算审核环节,自然科学基金委及其相关工作人员在项目立项及其资金分配等环节,存在违反规定安排资金或其他滥用职权、玩忽职守、徇私舞弊等违法违规行为的,依法责令改正,对负有责任的领导人员和直接责任人员依法给予处分;涉嫌犯罪的,依法移送有关机关处理。

第四十六条 依托单位及其相关工作人员、项目负责人及其团队成员对于资金管理使用过程中,不按规定管理和使用项目资金、不按时编报项目决算、不按规定进行会计核算,存在截留、挪用、侵占项目资金等违法违规行为的,按照《中华人民共和国预算法》及其实施条例、《中华人民共和国会计法》、《国家自然科学基金条例》、《财政违法行为处罚处分条例》等国家有关规定追究相应责任。涉嫌犯罪的,依法移送有关机关处理。

第四十七条 自然科学基金委对项目资金管理、监督和检查等过程中发现的问题以及收到的投诉举报依法开展调查,并依法严肃查处违规违纪行为。

第七章 附 则

第四十八条 本办法由财政部、自然科学基金委负责解释。

第四十九条 本办法自发布之日起施行。

附录4 《国家自然科学基金委员会关于结题项目结余资金的通知》

（国科金财函〔2021〕20号）

国家自然科学基金委员会关于结题项目结余资金的通知

国科金财函〔2021〕20号

有关单位：

　　根据《国务院办公厅关于改革完善中央财政科研经费管理的若干意见》（国办发〔2021〕32号）精神，国家自然科学基金委员会（以下简称自然科学基金委）对结题项目结余资金有关事项通知如下：

　　一、为鼓励依托单位和科研人员合理合规使用项目资金，对2021年度结题的自然科学基金项目，其资助期满时的资金结余比例不再作要求。科研人员应当按照科研活动需要，合理安排经费支出。依托单位应当动态监管资金使用并实时预警提醒，通过提醒督促科研人员按规定用好科研经费，既要避免突击花钱，也要避免结余过多。

　　二、对2018年及以后年度结题的自然科学基金项目，已按规定留给依托单位使用的结余资金，不再执行两年收回政策。依托单位应当将结余资金统筹安排用于基础研究直接支出，优先考虑原项目团队科研需求，并加强结余资金管理，健全结余资金盘活机制，加快资金使用进度。

国家自然科学基金委员会财务局
国家自然科学基金委员会计划局
2021年9月30日

附录5 《国家社会科学基金项目资金管理办法》

（财教〔2021〕237号）

关于印发《国家社会科学基金项目资金管理办法》的通知

财教〔2021〕237号

有关单位：

根据中共中央、国务院关于科研经费管理改革有关要求和《国务院办公厅关于改革完善中央财政科研经费管理的若干意见》（国办发〔2021〕32号），我们对《财政部 全国哲学社会科学规划领导小组关于印发〈国家社会科学基金项目资金管理办法〉的通知》（财教〔2016〕304号）进行了修订。现将修订后的《国家社会科学基金项目资金管理办法》印发你们，请遵照执行。

附件：国家社会科学基金项目资金管理办法

财 政 部
全国哲学社会科学工作领导小组
2021年10月31日

国家社会科学基金项目资金管理办法

第一章 总 则

第一条 为规范国家社会科学基金（以下简称国家社科基金）项目资金使用和管理，提高资金使用效益，更好推动哲学社会科学繁荣发展，根据国家财政财务管理有关法律法规和《中共中央办公厅国务院办公厅印发〈关于进一步完善中央财政科研项目资金管理等政策的若干意见〉的通知》、《国务院关于优化科研管理提升科研绩效若干措施的通知》（国发〔2018〕25号）、《国务院办公厅关于改革完善中央财政科研经费管理的若干意见》（国办发〔2021〕32号）等要求，结合国家社科基金管理特点，制定本办法。

第二条 国家社科基金项目资金来源于中央财政拨款，是用于资助哲学社会科学研究，促进哲学社会科学学科发展、人才培养和队伍建设的专项资金。

第三条 国家社科基金项目资金管理，应当以多出优秀成果、培养优秀人才为目标,坚持以人为本、遵循规律、强化绩效、依法规范、公正合理和安全高效的原则。

第四条 财政部根据国家哲学社会科学发展规划,结合国家社科基金资金需求、国家财力可能和绩效结果等,将项目资金列入中央财政预算,并负责宏观管理和监督。

第五条 全国哲学社会科学工作办公室(以下简称全国社科工作办)依法负责项目的立项和审批,并对项目资金进行具体管理和监督检查。

第六条 所在省区市社科工作办和在京委托管理机构配合全国社科工作办对项目资金进行具体管理和监督检查。

第七条 项目责任单位是项目资金管理的责任主体,应当建立健全"统一领导、分级管理、责任到人"的项目资金管理体制和制度,完善内部控制、绩效管理和监督约束机制,合理确定科研、财务、人事、资产、审计、监察等部门的责任和权限,加强对项目资金的管理和监督。

第八条 项目负责人是项目资金使用的直接责任人,对资金使用的合规性、合理性、真实性和相关性负责。

第九条 根据预算管理方式不同,国家社科基金项目资金管理分为预算制和包干制。

第二章　项目资金开支范围

第十条 项目资金支出是指与项目研究工作相关的、由项目资金支付的各项费用支出。项目资金由直接费用和间接费用组成。

第十一条 直接费用是指在项目实施过程中发生的与之直接相关的费用,主要包括:

(一)业务费:指在项目实施过程中购置图书、收集资料、复印翻拍、检索文献、采集数据、翻译资料、印刷出版、会议/差旅/国际合作与交流等费用,以及其他相关支出。

(二)劳务费:指在项目实施过程中支付给参与项目研究的研究生、博士后、访问学者和项目聘用的研究人员、科研辅助人员等的劳务性费用,以及支付给临时聘请的咨询专家的费用等。

项目聘用人员的劳务费开支标准,参照当地社科研究从业人员平均工资水平,根据其在项目研究中承担的工作任务确定,其由单位缴纳的社会保险补助、住房公积金等纳入劳务费科目列支。

支付给临时聘请的咨询专家的费用,不得支付给参与本项目及所属课题研究和管理的相关人员,其管理按照国家有关规定执行。

(三)设备费:指在项目实施过程中购置设备和设备耗材、升级维护现有设备以及租用外单位设备而发生的费用。应当严格控制设备购置,鼓励共享、租赁设备以及对现有设备进行升级。

第十二条 间接费用是指项目责任单位在组织实施项目过程中发生的无法在直接费用中列支的相关费用。主要包括：项目责任单位为项目研究提供的房屋占用，日常水、电、气、暖等消耗，有关管理费用的补助支出，以及激励科研人员的绩效支出等。

第三章 预算制项目资金管理

第十三条 项目负责人应当按照目标相关性、政策相符性和经济合理性原则，根据项目研究需要和资金开支范围，科学合理、实事求是地编制项目预算。直接费用只提供基本测算说明，不需要提供明细。

项目负责人应当在收到立项通知之日起30日内完成预算编制。无特殊情况，逾期不提交的，视为自动放弃资助。

第十四条 项目预算经项目责任单位、所在省区市社科工作办或在京委托管理机构审核并签署意见后，提交全国社科工作办审核。未通过审核的，应当按要求调整后重新上报。

第十五条 跨单位合作的项目，确需外拨资金的，应当在项目预算中单独列示，并附外拨资金直接费用支出预算。间接费用外拨金额，由项目责任单位和合作研究单位协商确定。

第十六条 间接费用由项目责任单位统筹安排使用。项目责任单位应当建立健全间接费用的内部管理办法，公开透明、合理合规使用间接费用，处理好分摊间接成本和对科研人员激励的关系。绩效支出安排应当与科研人员在项目工作中的实际贡献挂钩。项目责任单位可将间接费用全部用于绩效支出，并向创新绩效突出的团队和个人倾斜。项目责任单位不得在间接费用以外，再以任何名义在项目资金中重复提取、列支相关费用。

第十七条 间接费用基础比例一般按照不超过项目资助总额的一定比例核定，具体如下：50万元及以下部分为40%；超过50万元至500万元的部分为30%；超过500万元的部分为20%。

项目成果通过审核验收后，依据结项等级调整间接费用比例，具体如下：

（一）结项等级为"优秀"的，50万元及以下部分可提高到不超过60%；超过50万元至500万元的部分可提高到不超过50%；超过500万元的部分可提高到不超过40%。

（二）结项等级为"良好"的，50万元及以下部分可提高到不超过50%；超过50万元至500万元的部分可提高到不超过40%；超过500万元的部分可提高到不超过30%。

（三）结项等级为"合格"，或以"免于鉴定"方式结项未分等级的，间接费用比例不再提高。

项目在研期间,可按照核定的基础比例支出间接费用。项目成果通过审核验收后,依据结项等级确定间接费用比例。

第十八条　项目预算有以下情况确需调剂的,由项目负责人提出申请,经项目责任单位、所在省区市社科工作办或在京委托管理机构审核同意后,报全国社科工作办审批。

(一)由于研究内容或者研究计划作出重大调整等原因,需要增加或减少项目预算总额的;

(二)原项目预算未列示外拨资金,需要增列的。

第十九条　项目预算有以下情况确需调剂的,由项目责任单位审批或备案。

(一)设备费预算、外拨资金如需调剂的,由项目负责人根据科研活动的实际需要提出申请,报项目责任单位审批。

(二)业务费、劳务费预算如需调剂的,由项目负责人根据科研活动实际需要自主安排,并报项目责任单位备案。

(三)项目在研期间,间接费用预算总额不得调增,项目责任单位与项目负责人协商一致后可调减用于直接费用。依据项目结项等级确定间接费用比例后,间接费用由项目责任单位商项目负责人,从项目经费中调剂安排。

项目责任单位应当根据科研项目的实际需求及时办理调剂手续。

第四章　包干制项目资金管理

第二十条　包干制项目无需编制项目预算。

第二十一条　包干制项目负责人在承诺遵守科研伦理道德和作风学风诚信要求、经费全部用于与项目研究工作相关支出的基础上,本着科学、合理、规范、有效的原则自主决定资金使用,按照本办法第十条规定的开支范围列支,无需履行调剂程序。

对于项目责任单位为项目研究提供的房屋占用,日常水、电、气、暖等消耗,有关管理费用的补助支出,由项目责任单位根据实际管理需要,在充分征求项目负责人意见基础上合理确定。

对于激励科研人员的绩效支出,由项目负责人根据实际科研需要和相关薪酬标准自主确定,项目责任单位按照工资制度进行管理。

第二十二条　项目责任单位应当制定项目资金包干制管理规定。管理规定应当包括资金使用范围和标准、各方责任、违规惩戒措施等内容,报全国社科工作办备案。

第五章　预算执行与决算

第二十三条　全国社科工作办应当根据不同类别项目特点、研究内容、资金需求等确定资助额度,在立项或预算回执获批后 30 日内,将经费拨付至项目责任单位,切实保障科研活动需要。项目资金的支付按照国库集中支付制度有关规定执行。

有外拨资金的,项目责任单位应当及时将资金按资助项目预算拨至合作研究单位,并加强对外拨资金的监督管理。

项目负责人应当结合科研活动需要,科学合理安排项目资金支出进度。项目责任单位应当关注项目资金执行进度,有效提高资金使用效益。

第二十四条 国家社科基金项目资金实行预留资金制度。预留资金在项目成果通过审核验收后支付。未通过审核验收的项目,预留资金不予支付。

第二十五条 项目资金应当纳入项目责任单位财务统一管理,单独核算,专款专用。

第二十六条 项目责任单位应当严格执行国家有关支出管理制度。对应当实行"公务卡"结算的支出,按照中央财政科研项目使用"公务卡"结算的有关规定执行。劳务费支出原则上应当通过银行转账方式结算。

项目资金属于政府采购范围的,应当按照政府采购有关规定执行。

第二十七条 项目实施过程中,项目责任单位因科研活动实际需要,邀请国内外专家学者和有关人员参加由其主办的会议等,对确需负担的城市间交通费、国际旅费,可在会议费等费用中报销。对国内差旅费中的伙食补助费、市内交通费和难以取得发票的住宿费可实行包干制。对野外考察、数据采集等科研活动中无法取得发票或财政票据的支出,在确保真实性的前提下,可按实际发生额予以报销。

第二十八条 项目实施过程中,使用项目资金形成的固定资产、无形资产等属于国有资产,应当按照国家有关国有资产管理的规定执行。

第二十九条 项目责任单位要切实强化法人责任,制定内部管理办法,落实项目预算调剂、间接费用统筹使用、劳务费管理、结余资金使用等管理权限。

第三十条 项目责任单位应当创新服务方式,让科研人员潜心从事科学研究。应当全面落实科研财务助理制度,确保每个项目配有相对固定的科研财务助理,为科研人员在预算编制、经费报销等方面提供专业化服务。科研财务助理所需人力成本费用(含社会保险补助、住房公积金),可由项目责任单位根据情况通过科研项目经费等渠道统筹解决。应当改进财务报销管理方式,充分利用信息化手段,建立符合科研实际需要的内部报销机制。

第三十一条 项目研究完成后,项目责任单位和项目负责人应当如实编制《国家社会科学基金项目结项审批书》中的项目决算表。

有外拨资金的项目,外拨资金决算经合作研究单位财务、审计部门审核并签署意见后,由项目负责人汇总编制项目资金决算。

第三十二条 项目研究成果首次鉴定的费用由全国社科工作办另行支付。首次鉴定未通过需组织第二次鉴定的,鉴定费用从项目预留资金中扣除。

第三十三条 项目在研期间,年度剩余资金可以结转下一年度继续使用。项目通过审核验收后,结余资金由项目责任单位统筹安排用于项目最终成果出版及后续研究的直接支出,优先考虑原项目团队科研需求。项目责任单位应当加强结余资金管理,健全结余资金盘活机制,加快资金使用进度。

第三十四条 对于因故被终止执行或被撤销的项目,全国社科工作办视情节轻重分别作出退回结余资金、退回结余资金和绩效支出、退回已拨资金处理。项目责任单位应当在接到通知后30日内按原渠道退回全国社科工作办。所退资金由全国社科工作办按照财政预算管理的有关规定,统筹用于资助项目研究。

项目责任单位发生变更的项目,原项目责任单位应当及时向新项目责任单位转拨需转拨的项目资金。

第六章 绩效管理与监督检查

第三十五条 全国社科工作办应当建立项目资金绩效管理制度,对项目资金管理使用效益进行绩效评价。进一步强化绩效导向,加强分类绩效评价,健全绩效评价指标体系,强化绩效评价结果运用,将绩效评价结果作为项目调整、后续支持的重要参考。

项目责任单位应当切实加强绩效管理,引导科研资源向优秀人才和团队倾斜,提高科研经费使用效益。

第三十六条 项目责任单位和项目负责人应当依法依规管理使用项目资金,不得存在以下行为:

(一)虚假编报项目预算;

(二)未对项目资金进行单独核算;

(三)列支与项目任务无关的支出;

(四)未按规定执行和调剂预算、违反规定转拨项目资金;

(五)通过虚假合同、虚假票据、虚构事项、虚报人员等弄虚作假,转移、套取、报销项目资金;

(六)截留、挤占、挪用项目资金;

(七)设置账外账、随意调账变动支出、随意修改记账凭证、提供虚假财务会计资料等;

(八)在使用项目资金中以任何方式列支应由个人负担的有关费用和支付各种罚款、捐款、赞助、投资、偿还债务等;

(九)其他违反国家财经纪律的行为。

项目负责人使用项目资金情况应当自觉接受有关部门的监督检查。

第三十七条 财政部、全国社科工作办、审计署、各省区市社科工作办和在京委托管理机构、项目责任单位应当根据职责和分工,建立覆盖资金管理使用全过程的资金监督机制。加强审计监督、财会监督与日常监督的贯通协调,增强监督合力,加强信息共享,避免交叉重复。

第三十八条 财政部按规定对国家社科基金项目资金管理和使用情况进行监督管理,并根据工作需要开展绩效评价。

第三十九条 审计署、全国社科工作办按规定对项目责任单位项目资金管理和使用情况进行监督检查。项目责任单位和项目负责人应当积极配合并提供有关资料。

第四十条 各省区市社科工作办和在京委托管理机构应当督促项目责任单位加强内控制度和监督制约机制建设、落实项目资金管理责任,配合财政部、全国社科工作办开展监督检查和督促整改工作。

第四十一条 项目责任单位应当按照本办法和国家相关财经法规及财务管理规定,完善内部控制和监督制约机制,动态监管资金使用并实时预警提醒,确保资金合理规范使用;加强支撑服务条件建设,提高对科研人员的服务水平,建立常态化的自查自纠机制,保证项目资金安全。

第四十二条 项目资金管理建立承诺机制。项目责任单位应当承诺依法履行项目资金管理的职责。项目负责人应当承诺提供真实的项目信息,并认真遵守项目资金管理的有关规定。项目责任单位和项目负责人对违反承诺导致的后果承担相应责任。

对项目责任单位和科研人员在项目资金管理使用过程中出现的失信情况,应当纳入信用记录管理,对严重失信行为实行追责和惩戒。

第四十三条 项目资金管理建立信息公开机制。项目责任单位应当在单位内部公开项目预算、预算调剂、决算、项目组人员构成、设备购置、外拨资金、劳务费发放以及间接费用和结余资金使用等情况,自觉接受监督。

第四十四条 财政部、全国社科工作办及其相关工作人员在项目资金分配使用、审核管理等相关工作中,存在违反规定安排资金或其他滥用职权、玩忽职守、徇私舞弊等违法违规行为的,依法责令改正,对负有责任的领导人员和直接责任人员依法给予处分;涉嫌犯罪的,依法移送有关机关处理。

项目责任单位及其相关工作人员、项目负责人及其团队成员在资金管理使用过程中,不按规定管理使用项目资金、不按时编报项目决算、不按规定进行会计核算,存在截留、挪用、侵占项目资金等违法违规行为的,按照《中华人民共和国预算法》及其实施条例、《中华人民共和国会计法》、《财政违法行为处罚处分条例》等国家有关规定追究相应责任。涉嫌犯罪的,依法移送有关机关处理。

第七章 附 则

第四十五条 本办法适用于国家社科基金各项目类型,以及教育学、艺术学、军事学三个单列学科。

第四十六条 本办法由财政部、全国哲学社会科学工作领导小组负责解释。

第四十七条 本办法自发布之日起施行,《财政部 全国哲学社会科学规划领导小组关于印发〈国家社会科学基金项目资金管理办法〉的通知》(财教〔2016〕304号)同时废止。

附录6 《国家重点研发计划资金管理办法》

(财教〔2021〕178号)

财政部 科技部关于印发《国家重点研发计划资金管理办法》的通知

财教〔2021〕178号

国务院各部委、各直属机构,各省、自治区、直辖市、计划单列市财政厅(局)、科技厅(委、局),新疆生产建设兵团财政局、科技局,有关单位:

根据中共中央、国务院关于科研经费管理改革有关要求和《国务院办公厅关于改革完善中央财政科研经费管理的若干意见》(国办发〔2021〕32号),我们对《财政部 科技部关于印发〈国家重点研发计划资金管理办法〉的通知》(财科教〔2016〕113号)进行了修订。现将修订后的《国家重点研发计划资金管理办法》印发你们,请遵照执行。

附件:国家重点研发计划资金管理办法

财政部　科技部
2021年9月29日

国家重点研发计划资金管理办法

第一章 总 则

第一条 为规范国家重点研发计划资金管理和使用,提高资金使用效益,根据《中共中央办公厅 国务院办公厅印发〈关于进一步完善中央财政科研项目资金管理等政策的若干意见〉的通知》《国务院关于优化科研管理提升科研绩效若干措施的通知》(国发〔2018〕25号)、《国务院办公厅关于改革完善中央财政科研经费管理的若干意见》(国办发〔2021〕32号)等文件,以及国家有关财经法规和财务管理制度,结合国家重点研发计划管理特点,制定本办法。

第二条 国家重点研发计划(以下简称重点研发计划)由若干目标明确、边界清晰的重点专项组成,重点专项采取从基础前沿、重大共性关键技术到应用示范全链条一体化的组织实施方式。重点专项下设项目,项目可根据自身特点和需要下设课题。重点专项实行概预算管理,重点专项项目实行预算管理。

第三条 重点研发计划资金实行多元化投入,资金来源分为中央财政资金和其他来源资金,其他来源资金包括地方财政资金、单位自筹资金以及从其他渠道获得的资金。中央财政资金支持方式包括前补助和后补助,具体支持方式在编制重点专项实施方案和年度项目申报指南时予以明确。

第四条 本办法主要规范中央财政安排的采用前补助方式支持的重点研发计划资金,后补助方式支持的资金按照中央财政科技计划后补助的有关规定执行。地方财政资金、单位自筹资金和从其他渠道获得的资金应当按照国家有关财务会计制度和相关资金提供方的具体使用管理要求,统筹安排和使用。

在采用前补助方式支持的重点研发计划项目中,实施"揭榜挂帅""赛马"等新型组织机制的项目,可根据项目特点,采取包干制等资金管理方式。

第五条 重点研发计划资金管理和使用遵循以下原则:

(一)集中财力,突出重点。重点研发计划资金聚焦重点专项研发任务,重点支持市场机制不能有效配置资源的公共科技活动。注重加强统筹规划,避免资金安排分散重复。

(二)明晰权责,放管结合。政府部门不再直接管理具体项目,委托项目管理专业机构(以下称专业机构)开展重点专项资金管理;充分赋予项目牵头单位、课题承担单位和课题参与单位(以下称承担单位)科研项目资金管理使用自主权,承担单位应当落实法人责任,提高管理服务水平。

(三)遵循规律,注重绩效。重点研发计划资金的管理和使用,应当遵循科研活动规律,体现重点专项和项目组织实施特点。按照国家财经法规制度要求,强化事中和事后监管,完善信息公开公示制度。坚持绩效导向,加强分类绩效评价和结果应用,提高资金使用效益。

第六条 重点研发计划资金实行分级管理、分级负责。财政部、科技部负责研究制定重点研发计划资金管理制度,组织重点专项概算编制和评估。财政部按照资金管理制度,核定批复重点专项概预算。财政部、科技部、审计署、相关主管部门根据职责和分工,组织开展对重点研发计划资金的监督和绩效评价。专业机构是重点专项资金管理和监督的责任主体,负责组织重点专项项目预算申报、评审、下达和项目综合绩效评价,组织开展对项目资金的监督。承担单位是项目资金管理使用的责任主体,负责项目资金的日常管理和监督工作。项目负责人是项目资金使用的直接责任人,对资金使用的合规性、合理性、真实性和相关性负责。

第二章 重点专项概预算管理

第七条 重点专项概算是指对专项实施周期内,专项任务实施所需总费用的事前估算,是重点专项预算安排的重要依据。重点专项概算包括总概算和年度概算。

第八条 专业机构根据重点专项的目标和任务,依据专项实施方案和相关要求编报重点专项概算,报财政部、科技部。

第九条 重点专项概算应当同时编制收入概算和支出概算,确保收支平衡。

重点专项收入概算包括中央财政资金概算和其他来源资金概算。

重点专项支出概算包括支出总概算和年度支出概算。专业机构应当在充分论证、科学合理分解重点专项任务基础上,根据任务相关性、配置适当性和经济合理性的原则,按照任务级次和不同研发阶段编列支出概算。

第十条 财政部、科技部委托相关机构对重点专项概算进行评估。根据评估结果,结合财力可能,财政部核定并批复重点专项中央财政资金总概算和年度概算。

第十一条 中央财政资金总概算一般不予调整。重点专项任务目标发生重大变化等导致中央财政资金总概算确需调整的,专业机构在履行相关任务调整审批程序后,提出调整申请,经科技部审核后,按程序报财政部审批。总概算不变,重点专项年度间重大任务调整等导致年度概算需要调整的,由专业机构提出申请,经科技部审核后,按程序报财政部审批。

第十二条 专业机构根据核定的概算,结合项目任务部署、组织实施进度和预算执行等情况,提出年度重点专项预算安排建议,按部门预算申报程序报财政部。无部门预算申报渠道的专业机构,通过科技部报送。重点专项各年安排的预算总和不得超过总概算。加强预算安排与任务实施进度衔接,在总概算和概算周期不变的前提下,重点专项任务部署完成后,年度预算安排可延后不超过2年。

第十三条 财政部结合科技部意见,按照预算管理要求向专业机构下达重点专项中央财政资金预算(不含具体项目预算),并抄送科技部。

第十四条 重点专项中央财政资金预算一般不予调剂,因概算变化等确需调剂的,由专业机构提出申请,按程序报财政部批准。

第十五条 在重点专项实施周期内,由于年度任务调整等导致专业机构当年未下达给项目牵头单位的资金,可以结转下一年度继续使用。由于重点专项因故终止等原因,专业机构尚未下达的资金,按规定上缴中央财政。

第三章 项目资金开支范围

第十六条 重点专项项目资金由直接费用和间接费用组成。

第十七条 直接费用是指在项目实施过程中发生的与之直接相关的费用。主要包括:

(一)设备费:是指在项目实施过程中购置或试制专用仪器设备,对现有仪器设备进行升级改造,以及租赁外单位仪器设备而发生的费用。计算类仪器设备和软件工具可在设备费科目列支。应当严格控制设备购置,鼓励开放共享、自主研制、租赁专用仪器设备以及对现有仪器设备进行升级改造,避免重复购置。

（二）业务费:是指在项目实施过程中消耗的各种材料、辅助材料等低值易耗品的采购、运输、装卸、整理等费用,发生的测试化验加工、燃料动力、出版/文献/信息传播/知识产权事务、会议/差旅/国际合作交流等费用,以及其他相关支出。

（三）劳务费:是指在项目实施过程中支付给参与项目的研究生、博士后、访问学者和项目聘用的研究人员、科研辅助人员等的劳务性费用,以及支付给临时聘请的咨询专家的费用等。

项目聘用人员劳务费开支标准,参照当地科学研究和技术服务业从业人员平均工资水平,根据其在项目研究中承担的工作任务确定,其由单位缴纳的社会保险补助、住房公积金等纳入劳务费科目开支。

支付给临时聘请的咨询专家的费用,不得支付给参与本项目及所属课题研究和管理的相关人员,其管理按照国家有关规定执行。

第十八条 间接费用是指承担单位在组织实施项目过程中发生的无法在直接费用中列支的相关费用。主要包括:承担单位为项目研究提供的房屋占用,日常水、电、气、暖等消耗,有关管理费用的补助支出,以及激励科研人员的绩效支出等。

第四章 项目预算编制与审批

第十九条 重点专项项目预算由收入预算与支出预算构成。项目预算由课题预算汇总形成。

（一）收入预算包括中央财政资金和其他来源资金。对于其他来源资金,应当充分考虑各渠道的情况,并提供资金提供方的出资承诺,不得使用货币资金之外的资产或其他中央财政资金作为资金来源。

（二）支出预算应当按照资金开支范围编列,并对各项支出的主要用途和测算理由等进行说明。

第二十条 重点专项年度申报指南中可公布本批任务的概算。

项目实行两轮申报的,预申报环节时,项目申报单位提出所需资金预算总额;正式申报环节时,专业机构综合考虑重点专项概算、项目任务设置、预申报情况以及专家建议等,组织指导项目申报单位编报预算。

项目实行一轮申报的,按照正式申报环节要求组织编报预算。

第二十一条 项目申报单位应当按照政策相符性、目标相关性和经济合理性原则,科学、合理、真实地编制预算,对设备费、业务费、劳务费预算应据实编制,不得简单按比例编制。对仪器设备购置、参与单位资质及拟外拨资金进行重点说明,并申明现有的实施条件和从单位外部可能获得的共享服务。直接费用中除50万元以上的设备费外,其他费用只提供基本测算说明,不需要提供明细。

第二十二条 结合承担单位信用情况,间接费用实行总额控制,按照不超过课题直接费用扣除设备购置费后的一定比例核定。具体比例如下：

（一）500万元及以下部分为30%；

（二）超过500万元至1000万元的部分为25%；

（三）超过1000万元以上的部分为20%。

第二十三条 间接费用由承担单位统筹安排使用。承担单位应当建立健全间接费用的内部管理办法，公开透明、合规合理使用间接费用，处理好分摊间接成本和对科研人员激励的关系。绩效支出安排应当与科研人员在项目工作中的实际贡献挂钩。承担单位可将间接费用全部用于绩效支出，并向创新绩效突出的团队和个人倾斜。

课题中有多个单位的，间接费用在总额范围内由课题承担单位与参与单位协商分配。承担单位不得在核定的间接费用以外，再以任何名义在项目资金中重复提取、列支相关费用。

第二十四条 专业机构合并项目评审和预算评审，在项目评审时同步开展预算评审，不得将预算编制细致程度作为评审预算的因素，不得简单按比例核减预算。

第二十五条 预算评审应当按照规范的程序和要求，坚持独立、客观、公正、科学的原则，对项目以及课题申报预算的政策相符性、目标相关性和经济合理性进行评审。评审专家应当满足相关回避要求。

第二十六条 专业机构根据评审结果，提出重点专项项目和预算安排建议。

第二十七条 专业机构根据财政部下达的重点专项预算和科技部对项目安排建议的审核意见，向项目牵头单位下达重点专项项目预算，并与项目牵头单位签订项目任务书（含预算）。

项目任务书（含预算）是项目和课题预算执行、综合绩效评价和监督检查的依据，应以项目申报书为基础，突出绩效管理，明确项目考核目标、考核指标及考核方法，明晰各方责权，明确课题承担单位和参与单位的资金额度，包括其他来源资金和其他配套条件等。

第二十八条 实行经费包干制的项目，无需编制项目预算。

第五章 项目预算执行与调剂

第二十九条 重点研发计划资金实行财政授权支付。专业机构应当按照国库集中支付制度规定，根据不同类型科研项目特点、研究进度、资金需求等，合理制定经费拨付计划，在项目任务书签订后30日内，向项目牵头单位拨付首笔项目资金。首笔资金拨付比例充分尊重项目负责人意见，结合重点专项年度预算情况确定。

第三十条 项目牵头单位应当根据项目负责人意见，及时向课题承担单位拨付资金。课题承担单位应当按照研究进度，及时向课题参与单位拨付资金。课题参与单位不得再向外转拨资金。

逐级拨付资金时,项目牵头单位或课题承担单位不得无故拖延资金拨付,对于出现上述情况的单位,专业机构可采取约谈、暂停项目后续拨款等措施。

第三十一条 承担单位应当严格执行国家有关财经法规和财务制度,切实履行科研项目资金管理法人主体责任,正确行使项目资金管理使用自主权,建立健全项目资金内部管理制度和报销规定,明确内部管理权限和审批程序,完善内控机制建设,强化资金使用绩效评价,提高财务信息化水平,确保资金使用安全规范有效。

第三十二条 承担单位应当全面落实科研财务助理制度。每个课题应当配有相对固定的科研财务助理。科研财务助理所需人力成本费用(含社会保险补助、住房公积金),可由承担单位根据情况通过科研项目经费等渠道统筹解决。

科研财务助理应当熟悉重点研发计划项目和资金管理政策,以及承担单位科研管理制度及流程,为科研人员在项目预算编制和调剂、经费报销、项目综合绩效评价等方面提供专业化服务。

第三十三条 承担单位应当将重点研发计划项目资金纳入单位财务统一管理,对中央财政资金和其他来源资金分别单独核算,确保专款专用。按照承诺保证其他来源资金及时足额到位,并用于本项目支出。

第三十四条 承担单位应当建立信息公开制度,在单位内部公开项目立项、主要研究人员、资金使用(重点是间接费用、外拨资金、结余资金使用等)、大型仪器设备购置以及项目研究成果等情况,接受内部监督。

第三十五条 承担单位应当严格执行国家有关支出管理制度。对应当实行"公务卡"结算的支出,按照中央财政科研项目使用公务卡结算的有关规定执行。对于设备、大宗材料、测试化验加工、劳务、专家咨询等费用,原则上应当通过银行转账方式结算。

第三十六条 在项目实施过程中,承担单位因科研活动实际需要,邀请国内外专家、学者和有关人员参加由其主办的会议等,对确需负担的城市间交通费、国际旅费,可在会议费等费用中报销。对国内差旅费中的伙食补助费、市内交通费和难以取得发票的住宿费可实行包干制。对野外考察、心理测试等科研活动中无法取得发票或者财政性票据的,在确保真实性的前提下,可按实际发生额予以报销。

第三十七条 重点研发计划项目资金管理使用不得存在以下行为:

(一)编报虚假预算;

(二)未对重点研发计划资金进行单独核算;

(三)列支与本项目任务无关的支出;

(四)未按规定执行和调剂预算、违反规定转拨重点研发计划资金;

(五)虚假承诺其他来源资金;

(六)通过虚假合同、虚假票据、虚构事项、虚报人员等弄虚作假,转移、套取、报销重点研发计划资金；

（七）截留、挤占、挪用重点研发计划资金；

（八）设置账外账、随意调账变动支出、随意修改记账凭证、提供虚假财务会计资料等；

（九）使用项目资金列支应当由个人负担的有关费用和支付各种罚款、捐款、赞助、投资，偿还债务等；

（十）其他违反国家财经纪律的行为。

第三十八条 承担单位应当按照下达的预算执行。项目在研期间，年度剩余资金结转下一年度继续使用。

中央财政资金预算确有必要调剂时，应当按照以下调剂范围和权限，履行相关程序：

（一）项目预算总额调剂，项目预算总额不变、课题间预算调剂，变更课题承担单位、课题参与单位，由项目牵头单位或课题承担单位逐级向专业机构提出申请，专业机构审核评估后，按有关规定批准。

（二）课题预算总额不变、课题参与单位之间预算调剂的，由项目牵头单位审批，报专业机构备案；课题预算总额不变，设备费预算调剂的，由课题负责人或参与单位的研究任务负责人提出申请，所在单位统筹考虑现有设备配置情况和科研项目实际需求，及时办理审批手续。

（三）除设备费外的其他直接费用调剂，由课题负责人或参与单位的研究任务负责人根据科研活动实际需要自主安排。承担单位应当按照国家有关规定完善内部管理制度。

（四）课题间接费用预算总额不得调增，经课题承担单位与课题负责人协商一致后，可调减用于直接费用；课题间接费用总额不变、课题参与单位之间调剂的，由课题承担单位与参与单位协商确定。

对于项目其他来源资金总额不变、不同单位之间调剂的，由项目牵头单位自行审批实施，报专业机构备案。

第三十九条 项目牵头单位应当按规定于每年11月底前将汇总审核后的项目年度执行情况报告（含财务执行情况）报送专业机构。报告内容应当真实、完整，账表一致。项目执行不足3个月的，可在下年度一并上报。

第四十条 实行包干制的项目，承担单位应当制定内部管理规定，加强对资金使用的管理、指导和监督，确保资金安全和规范有效使用。项目负责人在承诺遵守科研伦理道德和作风学风诚信要求、资金全部用于与本项目研究工作相关支出的基础上，自主决定经费使用。项目执行期满后，项目负责人应当编制项目资金决算，经承担单位审核后报专业机构。

第四十一条 项目实施过程中，行政事业单位使用中央财政资金形成的固定资产属于国有资产，应当按照国家有关国有资产管理的规定执行。企业使用中央财政资金形成的固定资产，按照《企业财务通则》等相关规章制度执行。

承担单位使用中央财政资金形成的知识产权等无形资产的管理，按照国家有关规定执行。

使用中央财政资金形成的大型科学仪器设备、科学数据、自然科技资源等，按照规定开放共享。

第四十二条 项目或课题因故撤销或终止，项目牵头单位或课题承担单位应当及时清理账目与资产，编制财务报告及资产清单，报送专业机构。专业机构组织清查处理，确认并回收结余资金，统筹用于重点研发计划后续支出。已购物资、材料及仪器设备处置收入，按照国家有关规定执行。

第六章 项目综合绩效评价

第四十三条 项目执行期满后，项目牵头单位应当及时组织课题承担单位清理账目与资产，如实编制课题资金决算。

第四十四条 专业机构应当严格依据项目任务书（含预算），在项目实施期末进行一次性综合绩效评价。

第四十五条 课题实施期满后，课题承担单位应当聘请会计师事务所，开展课题结题财务审计。结题财务审计报告是项目综合绩效评价的重要依据。

创新能力和潜力突出、创新绩效显著、科研诚信状况良好的承担单位按程序认定后，可不再开展结题财务审计，其出具的项目资金决算报表，作为项目综合绩效评价的依据。承担单位对决算报表内容的真实性、完整性、准确性负责，专业机构适时组织抽查。

第四十六条 项目牵头单位组织课题承担单位完成项目综合绩效评价材料的准备工作后，向专业机构提出申请。

第四十七条 专业机构按照有关规定组织项目综合绩效评价，核定各课题的中央财政资金结余，形成项目综合绩效评价结论。其中，资金使用出现严重违法违规问题的，给予取消项目评优资格、收回项目或课题资金、项目综合绩效评价不通过等处理。

第四十八条 课题承担单位应当在项目综合绩效评价完成后一个月内及时办理财务结账手续。

课题完成任务目标并通过项目综合绩效评价的，结余资金留归承担单位使用，统筹用于科研活动直接支出。承担单位应优先考虑原项目团队科研需求，加强结余资金管理，健全结余资金盘活机制，加快资金使用进度。

课题未完成任务目标，或项目未通过综合绩效评价的，结余资金由专业机构收回，统筹用于重点研发计划后续支出。

第七章 监督检查

第四十九条 财政部、科技部、审计署、相关主管部门、专业机构和承担单位应当根据职责和分工,建立覆盖资金管理使用全过程的资金监督机制。加强审计监督、财会监督与日常监督的贯通协调,增强监督合力,加强信息共享,避免交叉重复。

第五十条 科技部、财政部应当根据重点研发计划资金监督年度计划和实施方案,通过随机抽查、举报核查等方式,充分利用大数据等信息技术手段,开展监督工作;对专业机构内部管理、重点专项资金管理的规范性和有效性,承担单位法人责任和内部控制,项目资金拨付的及时性,项目资金管理使用规范性、安全性和有效性等进行抽查。

第五十一条 相关主管部门应当督促所属承担单位加强内控制度和监督制约机制建设、落实重点专项项目资金管理责任,配合财政部、科技部开展监督检查和整改工作。

第五十二条 专业机构应当组织开展对项目资金管理使用的监督;实施周期三年以下的项目,以承担单位自我管理为主,一般不开展过程监督。对监督中发现问题较多的承担单位,采取警示、指导和培训等方式,加强对承担单位的事前风险预警和防控。专业机构应当在每年年末总结当年的重点专项资金管理和监督情况,纳入年度执行情况报告报科技部。

第五十三条 承担单位应当按照本办法和国家相关财经法规及财务管理规定,完善监督制约机制,动态监管资金使用并实时预警提醒,加强支撑服务条件建设,提高对科研人员的服务水平,建立常态化的自查自纠机制,确保项目资金安全。

项目牵头单位应当加强对课题承担单位的指导和监督,积极配合有关部门和机构的监督检查工作。

第五十四条 承担单位、项目负责人、课题负责人等出现第三十七条有关情形的,科技部、财政部、专业机构依照有关规定视情况轻重采取责令整改、约谈、通报批评、暂停项目拨款、终止项目执行、收回项目结余资金、追回已拨资金、阶段性或永久限制项目承担者项目申报资格等措施,并将有关结果向社会公开。涉嫌犯罪的,移送有关机关处理。

监督检查和验收过程中发现重要疑点和线索需要深入核查的,科技部、财政部可以移交相关单位的主管部门。主管部门应当按照有关规定和要求及时进行核查,并将核查结果及处理意见反馈科技部、财政部。

第五十五条 经本办法第五十四条规定作出正式处理,存在违规违纪或违法且造成严重后果或恶劣影响的责任主体,纳入信用记录管理,对严重失信行为实行追责和惩戒,加强与其他社会信用体系衔接,实施联合惩戒。

第五十六条 重点研发计划资金管理实行责任倒查和追究制度。财政部、科技部及其相关工作人员在重点专项概预算审核下达,专业机构及其相关工作人员在重点专项项目资金分配等环节,会计师事务所、咨询评审专家等在结题审计和评审中,存在违反规定安排资金或其他滥用职权、玩忽职守、徇私舞弊等违法违规行为的,依法责令改正,对负有责任的领导人员和直接责任人员依法给予处分;涉嫌犯罪的,依法移送有关机关处理。

第五十七条 科技部、财政部按照信用管理相关规定,对专业机构、承担单位、项目(课题)负责人、会计师事务所、咨询评审专家等参与资金管理使用的行为进行记录和信用评价,并加强对信用结果的应用。

第八章 附 则

第五十八条 管理要求另有规定的重点专项按有关规定执行。本办法由财政部、科技部负责解释。

第五十九条 本办法自发布之日起施行。

附录7 《关于加强和改进国家重点研发计划项目(课题)结题审计相关工作的通知》

(国科资函〔2021〕13号)

关于加强和改进国家重点研发计划项目(课题)结题审计相关工作的通知

国科资函〔2021〕13号

各相关单位：

为进一步深化科技领域放管服改革，切实落实国务院关于建立公平竞争审查制度的意见，结合《国家重点研发计划项目综合绩效评价工作规范(试行)》(国科办资〔2018〕107号)和《科技部 财政部关于进一步优化国家重点研发计划项目和资金管理的通知》(国科发资〔2019〕45号)等要求，提高国家重点研发计划项目(课题)结题审计(以下简称结题审计)服务质量，现就加强和改进新形势下结题审计相关工作通知如下。

一、会计师事务所承接结题审计服务备案基本流程和工作要求

自本通知发布之日起，有意愿承接结题审计服务业务且近3年无行业惩戒记录和严重失信行为、有固定营业场所、有较为固定的拟从事结题审计的人员队伍的会计师事务所(含具有独立法人资格的分所，以下简称事务所)，可自愿履行备案程序后开展相关工作。

1. 备案基本流程。事务所自行登录"结题审计服务系统"(http://xxpt.jgzx.org/sjfw/Login)注册账号并上传相关文档(见附件1)进行备案，事务所应对备案信息的真实性负责，相关信息发生变化后，应及时自行维护、更新。对于备案材料不完备或者明显存在问题的，监管中心自事务所提交备案材料之日起15个工作日内反馈事务所，未反馈的，视同无意见。

2. 承接审计业务的基本程序。事务所受托开展结题审计业务时，应与委托方签订书面服务合同(协议)，并于合同(协议)签订3个工作日内登录结题审计服务系统上传委托合同(协议)，绑定相关项目(课题)审计业务，此后双方不能无故终止审计合作。审计业务执行完毕，事务所应将审计报告及相关附件上传到结题审计服务系统存档，并经由系统打印带条形码审计报告提供委托方。

3. 承接审计业务的基本要求。承接结题审计服务的事务所应满足承接国家重点研发计划结题审计业务备案管理要求(见附件2)中所列示的正面要求、负面清单和监管要求等基本要求,熟练掌握"应知应会"政策(见附件3)和中央财政科技计划结题审计指引。在具体工作中,要尊重科研活动规律,认真落实对科研单位和科研人员减轻负担的要求,恪守职业道德,勤勉尽责,守护好财政科研资金安全。

二、压实项目(课题)承担单位结题审计管理职责

承担单位是项目(课题)资金管理使用的第一责任主体,应切实落实法人主体责任,完善内部控制和监督制约机制,创新服务方式,加强国家重点研发计划项目(课题)的资金管理和结题审计管理。

1. 在课题结题后,课题承担单位应及时清理账目与资产,汇总参研单位支出,做好结题审计相关准备。

2. 在事务所选取上,应在国科管系统结题审计事务所选取模块择优委托事务所进行结题审计,并签订书面服务合同(协议),明确双方的权、责、利。项目牵头单位还应委托事务所完成项目结题审计汇总报告。

3. 相关单位应及时提交审计资料,配合事务所的审计工作,并做好与事务所的审计沟通。

三、加强结题审计业务服务和监督

科学技术部资源配置与管理司委托科学技术部科技经费监管服务中心做好结题审计业务培训、服务与监督等工作。

1. 加强政策培训。在结题审计服务系统发布、更新业务培训课件,做好结题审计相关依据的动态调整和审计人员培训服务工作。采用线上线下等方式,加强对事务所审计人员的资金管理政策和结题审计指引等培训,促进审计人员之间的交流。

2. 加强事务所相关信息公开。对事务所的基本信息、审计人员及参加培训情况、科研项目结题审计服务业务工作量、重点研发计划结题审计工作量、重点研发计划结题审计报告日常评价情况以及监督检查等情况,向重点研发计划承担单位和相关科研人员公开,供其择优选聘作参考。

3. 加强审计业务质量监督。主动开展结题审计服务质量随机抽查和专项检查,并加强与注册会计师行业协会的对接与合作,推动将国家重点研发计划项目经费审计纳入其执业质量检查范围。经查实事务所及其审计人员存在违背负面清单等行为的,取消备案管理,并按照科技部19号令等相关规定处理,存在重大违法违

规行为的,及时移送相关部门。

附件:1. 承接国家重点研发计划结题审计业务备案材料清单
  2. 承接国家重点研发计划结题审计业务备案管理要求
  3. 承接国家重点研发计划结题审计业务"应知应会"政策目录

科技部资源配置与管理司
2021年5月14日

附录8 《国家科技重大专项(民口)资金管理办法》

(财科教〔2017〕74号)

财政部 科技部 发展改革委关于印发《国家科技重大专项(民口)资金管理办法》的通知

财科教〔2017〕74号

各国家科技重大专项附录(民口)牵头组织单位,国务院有关部委、有关直属机构,各省、自治区、直辖市、计划单列市财政厅(局)、科技厅(委、局)、发展改革委(局),新疆生产建设兵团财政局、科技局、发展改革委,各有关单位:

  为保障国家科技重大专项(民口)(以下简称重大专项)的组织实施,规范和加强重大专项资金管理,根据《国务院关于改进加强中央财政科研项目和资金管理的若干意见》(国发〔2014〕11号)、《国务院印发关于深化中央财政科技计划(专项、基金等)管理改革方案的通知》(国发〔2014〕64号)、《中共中央办公厅 国务院办公厅印发〈关于进一步完善中央财政科研项目资金管理等政策的若干意见〉的通知》、《国务院办公厅关于印发国家科技重大专项组织实施工作规则的通知》(国办发〔2016〕105号)、《国家科技重大专项(民口)管理规定》(国科发专〔2017〕145号)及国家有关财经法规和财务管理制度,结合重大专项管理特点,我们修订了《国家科技重大专项(民口)资金管理办法》。现印发给你们,请遵照执行。

附件:国家科技重大专项(民口)资金管理办法

财政部 科技部 发展改革委
2017年6月27日

国家科技重大专项(民口)资金管理办法

第一章 总 则

  第一条 为保障国家科技重大专项(民口)(以下简称重大专项)的组织实施,规范和加强重大专项资金管理,根据《国务院关于改进加强中央财政科研项目和资金管理的若干意见》(国发〔2014〕11号)、《国务院印发关于深化中央财政科技计划

(专项、基金等)管理改革方案的通知》(国发〔2014〕64号)、《中共中央办公厅 国务院办公厅印发〈关于进一步完善中央财政科研项目资金管理等政策的若干意见〉的通知》《国务院办公厅关于印发国家科技重大专项组织实施工作规则的通知》(国办发〔2016〕105号)、《国家科技重大专项(民口)管理规定》(国科发专〔2017〕145号)及国家有关财经法规和财务管理制度,制定本办法。

第二条 重大专项的资金来源坚持多元化原则,资金来源包括中央财政资金、地方财政资金、单位自筹资金以及从其他渠道获得的资金。

本办法适用于中央财政安排的重大专项资金(以下简称重大专项资金)。其他来源的资金应当按照国家有关财务会计制度和相关资金提供方的具体要求执行。

第三条 重大专项资金主要用于支持在中国大陆境内注册,具有独立法人资格,承担重大专项任务的科研院所、高等院校、企业等,开展重大专项实施过程中市场机制不能有效配置资源的基础性和公益性研究,以及企业竞争前的共性技术和重大关键技术研究开发等公共科技活动,并对重大技术装备或产品进入市场的产业化前期工作予以适当支持。重大专项实行概预算管理,项目(课题)实行预算管理。

第四条 重大专项的财政支持方式分为前补助、后补助。具体支持方式根据重大专项组织实施的要求和项目(课题)的特点,在年度指南和年度计划(含年度预算,下同)中予以明确。

(一)前补助是指项目(课题)立项后核定预算,并按照项目(课题)执行进度拨付资金的财政支持方式。

(二)后补助是指单位先行投入资金组织开展研究开发、成果转化和产业化活动,在项目(课题)完成并取得相应成果后,按规定程序通过审核验收、评估评审后,给予相应补助的财政支持方式。后补助包括事前立项事后补助、事后立项事后补助两种方式。

(三)对于基础性和公益性研究,以及重大共性关键技术研究、开发、集成等公共科技活动,一般采取前补助方式支持。对于具有明确的、可考核的产品目标和产业化目标的项目(课题),以及具有相同研发目标和任务、并由多个单位分别开展研发的项目(课题),一般采取后补助方式支持。

第五条 重大专项资金的使用和管理遵循以下原则:

(一)集中财力,聚焦重点。聚焦国家重大战略产品和重大产业化目标,发挥举国体制的优势,集中财力,突出重点,避免资金安排分散重复。

(二)放管结合,权责对等。进一步转变政府职能,坚持做好"放管服",充分发挥相关管理机构的作用,明确职责,强化担当,落实资金管理责任。

(三)多元投入,注重绩效。坚持多元化投入原则,积极发挥市场配置技术创新资源的决定性作用和企业技术创新的主体作用,突出需求牵引和成果绩效导向,提高资金使用效益。

（四）专款专用，单独核算。各种渠道获得的资金都应当按照"专款专用、单独核算"的原则使用和管理。

第二章 管理机构与职责

第六条 按照重大专项的组织管理体系，重大专项资金实行分级管理，分级负责。

第七条 在部际联席会议制度下，科技部会同发展改革委、财政部负责组织重大专项实施方案（含总概算和阶段概算）编制论证，开展阶段实施计划（含分年度概算，下同）、年度计划综合平衡工作，统筹协调重大专项与国家其他科技计划（专项、基金等）、国家重大工程的关系；组织重大专项的监测评估、检查监督和总结验收等。

第八条 财政部会同科技部、发展改革委制定重大专项资金管理制度，评估审核专项总概算和阶段概算。财政部会同科技部组织开展阶段概算的分年度概算评审；对专项牵头组织单位、项目管理专业机构（以下简称专业机构）的重大专项资金管理情况进行监督检查，对项目（课题）资金使用情况和财务验收情况进行抽查。财政部审核批复分年度概算，按部门预算程序审核批复年度预算、执行中的重大概预算调剂等。

出资的地方财政部门负责落实其承诺投入的资金，提出资金安排意见，并加强对资金使用的管理。

第九条 牵头组织单位负责重大专项具体实施工作，制定资金管理实施细则，协调落实重大专项实施的相关支撑条件和配套政策；组织编报分年度概算，制定年度指南；审核上报年度计划建议（含年度预算建议，下同）；批复项目（课题）立项（含预算），按规定程序审核批复预算调剂；监督检查本专项预算执行情况，报告年度资金使用情况，按规定组织开展专项项目（课题）绩效评价；成立重大专项实施管理办公室等。

第十条 专业机构接受部际联席会议办公室与牵头组织单位的共同委托，负责重大专项项目（课题）的具体管理工作。负责组织项目（课题）立项、预算评审、提出年度计划建议；负责与项目（课题）牵头承担单位签订项目（课题）任务合同书（含预算书，下同）；按规定程序审核批复预算调剂；负责项目（课题）过程管理、结题验收和决算；定期报告年度资金使用情况；督促项目（课题）预算执行，监督检查项目（课题）资金使用情况；建立健全重大专项项目（课题）资金管理、财务验收、内部监督等制度，以及预算执行人失信警示和联合惩戒机制等。

第十一条 项目（课题）承担单位（以下简称承担单位）是项目（课题）资金使用和管理的责任主体，应强化法人责任，规范资金管理。负责编制和执行所承担的重大专项项目(课题)预算;按规定程序履行相关预算调剂职责;严格执行各项财务规章制度,接受监督、检查和审计,并配合评估和验收;编报重大专项资金决算,报告资金使用情况等;负责项目(课题)资金使用情况的日常监督和管理;落实单位自筹资金及其他配套条件等。

第三章　重大专项概算管理

第十二条　重大专项概算是指对专项实施周期内,专项实施所需总费用的事前估算,是重大专项预算安排的重要依据。重大专项概算包括总概算、阶段概算和分年度概算。

第十三条　重大专项概算应当同时编制收入概算和支出概算,确保收支平衡。重大专项收入概算包括中央财政资金概算和其他来源资金概算。

重大专项支出概算包括支出总概算、支出阶段概算和支出分年度概算。支出概算应当在充分论证、科学合理的基础上,根据任务相关性、配置适当性和经济合理性的原则,按照任务级次和不同研发阶段分别编列。

第十四条　牵头组织单位会同专业机构根据国务院批复的实施方案中确定的总概算和阶段概算,结合编制阶段实施计划,进一步细化年度任务目标,编制分年度概算。

第十五条　财政部会同科技部组织开展专项分年度概算评审。财政部根据评审结果,结合财力可能,按照有关规定核定并批复专项中央财政资金分年度概算。

第十六条　经国务院批复的总概算及阶段概算原则上不得调增。分年度概算在不突破阶段概算的前提下,可以在本阶段年度间调整,由牵头组织单位提出申请,按程序报财政部审批。重大专项任务目标发生重大变化等原因导致中央财政资金总概算、阶段概算确需调增的,由牵头组织单位提出调整申请,财政部、科技部、发展改革委审核后按程序报国务院批准。

第四章　资金核定方式及开支范围

第十七条　重大专项资金由项目(课题)资金和管理工作经费组成,分别核定与管理。

第十八条　重大专项项目(课题)资金由直接费用和间接费用组成,适用于前补助和事前立项事后补助项目(课题)。

(一)直接费用是指在项目(课题)实施过程(包括研究、中间试验试制等阶段)中发生的与之直接相关的费用。主要包括:

1. 设备费:是指在项目(课题)实施过程中购置或试制专用仪器设备,对现有仪器设备进行升级改造,以及租赁使用外单位仪器设备而发生的费用。应当严格控制设备购置,鼓励共享、试制、租赁专用仪器设备以及对现有仪器设备进行升级改造,避免重复购置。

2. 材料费:是指在项目(课题)实施过程中由于消耗各种必需的原材料、辅助材料等低值易耗品而发生的采购、运输、装卸和整理等费用。

3. 测试化验加工费:是指在项目(课题)实施过程中支付给外单位(包括承担单位内部独立经济核算单位)的检验、测试、设计、化验、加工及分析等费用。

4. 燃料动力费:是指在项目(课题)实施过程中相关大型仪器设备、专用科学装置等运行发生的水、电、气、燃料消耗费用等。

5. 会议/差旅/国际合作与交流费:是指在项目(课题)实施过程中发生的会议费、差旅费和国际合作与交流费。

会议费:是指在项目(课题)实施过程中为组织开展相关的学术研讨、咨询以及协调任务等活动而发生的会议费用。

差旅费:是指在项目(课题)实施过程中开展科学实验(试验)、科学考察、业务调研、学术交流等所发生的外埠差旅费、市内交通费用等。

国际合作与交流费:是指在项目(课题)实施过程中相关人员出国(境)、外国专家来华及港澳台专家来内地(大陆)工作而发生的费用。

在编制项目(课题)预算时,本科目支出预算不超过直接费用10%的,不需要提供预算测算依据。承担单位和科研人员应当按照实事求是、精简高效、厉行节约的原则,严格执行国家和单位的有关规定,统筹安排使用。

6. 出版/文献/信息传播/知识产权事务费:是指在项目(课题)实施过程中,需要支付的出版费、资料费、专用软件购买费、文献检索费、专业通信费、专利申请及其他知识产权事务等费用。

7. 劳务费:是指在项目(课题)实施过程中支付给参与研究的研究生、博士后、访问学者以及项目(课题)聘用的研究人员、科研辅助人员等的劳务性费用。

项目(课题)聘用人员的劳务费标准,参照当地科研和技术服务业人员平均工资水平,根据其在项目(课题)研究中承担的工作任务确定,其社会保险补助纳入劳务费科目列支。劳务费预算不设比例限制,据实编制。

8. 专家咨询费:是指在项目(课题)实施过程中支付给临时聘请的咨询专家的费用。专家咨询费不得支付给参与项目(课题)研究及其管理相关的工作人员。专家咨询费的标准按国家有关规定执行。

9. 基本建设费:是指项目(课题)实施过程中发生的房屋建筑物构建、工程配套机电设备购置等基本建设支出,应当单独列示,并参照基本建设财务制度执行。

10. 其他费用:是指在项目(课题)实施过程中除上述支出项目之外的其他直接相关的支出。其他费用应当在申请预算时详细说明。

(二)间接费用是指承担单位在项目(课题)组织实施过程中无法在直接费用中列支的相关费用。主要包括承担单位为项目(课题)研究提供的房屋占用,日常水、电、气、暖消耗,有关管理费用的补助支出,以及激励科研人员的绩效支出等。

结合承担单位信用情况,间接费用实行总额控制,按照不超过课题直接费用扣除设备购置费和基本建设费后的一定比例核定。具体比例如下:500万元及以下部分为20%,超过500万元至1 000万元的部分为15%,超过1 000万元以上的部分为13%。

间接费用由承担单位统筹使用和管理。承担单位应当建立健全间接费用的内部管理办法,公开透明、合规合理使用间接费用,处理好分摊间接成本和对科研人员激励的关系,绩效支出安排应当与科研人员在项目工作中的实际贡献挂钩。

项目(课题)中有多个单位的,间接费用在总额范围内由项目(课题)牵头承担单位与参与单位协商分配。承担单位不得在核定的间接费用以外,再以任何名义在项目(课题)资金中重复提取、列支相关费用。

第十九条 重大专项管理工作经费是指在重大专项组织实施过程中,科技部、发展改革委和财政部(以下简称三部门)、牵头组织单位、专业机构等承担重大专项管理职能且不直接承担项目(课题)的有关单位和部门,开展与实施重大专项相关的研究、论证、招标、监理、咨询、评估、评审、审计、监督、检查、培训等管理性工作所需的费用,由财政部单独核定。

第二十条 管理工作经费按照"分年核定、专款专用、勤俭节约、合理规范"的原则使用和管理。管理工作经费不得用于弥补相应单位的日常公用经费。

第二十一条 管理工作经费开支范围包括:会议费、差旅费、专家咨询费、劳务费、审计/评审评估/招投标/监理费、出版物/文献/信息传播费、设备购置费及其他费用等。

(一)会议费是指专项组织实施和管理过程中召开的研讨会、论证会、评审评估会、培训会等会议费用。会议费的开支应当按照国家有关规定执行,严格控制会议的规模、数量、开支标准和会期。

(二)差旅费是指专项组织实施和管理过程中临时聘请的咨询专家发生的外埠差旅费、市内交通费用等,开支标准应当按照国家有关规定执行。

(三)专家咨询费是指专项组织实施和管理过程中支付给临时聘请的咨询专家的费用。专家咨询费不得支付给参与专项管理的相关工作人员,开支标准按国家有关规定执行。

(四)劳务费是指专项组织管理工作中支付给临时聘用且没有工资性(包括退休工资)收入人员的劳务性费用。

(五)审计/评审评估/招投标/监理费是指专项组织实施和管理过程中发生的审计、立项评审、招投标、项目监理等相关费用,开支标准应当按照国家有关规定执行。

(六)出版物/文献/信息传播费是指专项组织实施和管理过程中需要支付的

出版费、资料费、专用软件购买费、文献检索费、宣传费等费用。

（七）设备购置费主要用于重大专项管理工作所必需的达到固定资产标准的小型设备购置。设备购置费原则上不予开支，确有需要的，应单独报批。

（八）其他费用是指在专项组织实施过程中除上述支出项目之外的其他与重大专项管理工作直接相关的支出。其他费用应当在申请预算时单独列示。

第二十二条　管理工作经费纳入部门预算管理。经费使用部门（单位）按照部门预算管理有关规定编报经费需求，财政部按规定审核下达管理工作经费预算。管理工作经费应当按规定纳入相应使用单位财务，统一管理，单独核算。管理工作经费的结转结余资金按照中央部门结转和结余资金管理有关规定执行。

第五章　预算编制与审批

第二十三条　预算编制与审批程序适用于前补助和事前立项事后补助项目（课题）。

第二十四条　重大专项实行全口径预算编制，应当全面反映重大专项组织实施过程中的各项收入和支出，明确提出各项支出所需资金的来源渠道。预算包括收入预算和支出预算，做到收支平衡。

第二十五条　专业机构根据年度指南，组织项目（课题）申报及预算编报，不得在预算申报前先行设置控制额度，可在年度指南中公布重大专项年度拟立项项目概算数。

第二十六条　承担单位按照政策相关性、目标相符性和经济合理性原则，科学、合理、真实地编制项目（课题）预算。对仪器设备购置、参与单位资质及拟外拨资金进行重点说明，并申明现有的实施条件和从单位外部可能获得的共享服务，项目（课题）申报单位对直接费用各项支出不得简单按比例编列。

第二十七条　专业机构委托具有独立法人资格的、具有相应资质的第三方机构进行预算评审。

预算评审第三方机构应当具备丰富的国家科技计划预算评审工作经验，熟悉国家科技计划（专项、基金等）和资金管理政策，建立了相关领域的科技专家队伍支撑，拥有专业的预算评审人才队伍等。

预算评审应当按照规范的程序和要求，坚持独立、客观、公正、科学的原则，对项目（课题）申报预算的政策相关性、目标相符性和经济合理性进行评审，预算评审过程中不得简单按比例核减预算。预算评审应当建立健全沟通反馈机制，承担单位对预算评审意见存在重大异议的，可向专业机构申请复议。

第二十八条　专业机构提出年度计划建议报牵头组织单位，牵头组织单位审核同意后，于每年9月底前将下一年年度计划报三部门综合平衡。财政部根据三部门综合平衡意见核定年度预算，按规定程序下达牵头组织单位，同时抄送科技部、发展改革委。

由地方政府作为牵头组织单位的重大专项按照有关规定执行。

第二十九条 专业机构应按照有关规定公示拟立项项目（课题）名单和预算（涉密内容除外），并接受监督。

第三十条 牵头组织单位根据三部门综合平衡意见和财政部预算批复，向专业机构下达项目（课题）立项批复（含预算）。

第三十一条 专业机构根据立项批复（含预算）与项目（课题）牵头承担单位签订项目（课题）的任务合同书。

任务合同书是项目（课题）预算执行、财务验收和监督检查的依据。任务合同书应以项目（课题）预算申报书为基础，突出绩效管理，明确项目（课题）考核目标、考核指标及考核方法，明晰各方责权，明确项目（课题）牵头承担单位和参与单位的资金额度，包括其他来源资金和其他配套条件等。

第三十二条 事前立项事后补助是指单位围绕重大专项目标任务，按照前补助规定的程序立项后，先行投入组织研发活动并取得预期成果，按规定程序通过审核、评估和验收后，给予相应补助的财政支持方式。

采用事前立项事后补助方式的项目（课题），可事先拨付不超过该项目（课题）中央财政核定专项资金总额30%的启动资金，启动资金列入立项当年预算。待专业机构对项目（课题）进行验收、提出其余中央财政资金预算安排建议，经牵头组织单位审批后，在以后年度预算中安排，承担单位可以统筹安排使用。

第三十三条 事后立项事后补助是对单位已取得了符合重大专项目标要求，但未纳入重大专项支持范围的核心关键技术等研究成果，按规定程序通过审核、评估后给予相应补助的财政支持方式。

采用事后立项事后补助方式的项目（课题），由专业机构组织开展成果征集、项目（课题）评估、技术验证和价值评估，结合项目（课题）的实际支出，提出后补助预算安排建议，并纳入年度计划建议，论证结果和预算安排建议应向社会公示（涉密内容除外）。事后立项事后补助方式获得的资金，承担单位可以统筹安排使用。

第六章 预算执行

第三十四条 自2018年1月1日起，重大专项资金不再通过特设账户拨付，资金支付按照国库集中支付制度有关规定执行。取消特设账户有关事项另行规定。

第三十五条 专业机构按照国库集中支付制度规定，及时办理向项目（课题）牵头承担单位支付年度项目（课题）资金的有关手续。实行部门预算批复前项目（课题）资金预拨制度。

项目（课题）牵头承担单位应当根据项目（课题）研究进度和资金使用情况，及时向项目(课题)参与单位拨付资金。课题参与单位不得再向外转拨资金。

项目(课题)牵头承担单位不得对参与单位无故拖延资金拨付,对于出现上述情况的单位,专业机构将采取约谈、暂停项目(课题)后续拨款等措施。

第三十六条 承担单位应当严格执行国家有关财经法规和财务管理制度,切实履行法人责任,建立健全项目(课题)资金内部管理制度和报销规定,明确内部管理权限和审批程序,完善内控机制建设,强化资金使用绩效评价,确保资金使用安全、规范、有效。

第三十七条 承担单位应当建立健全科研财务助理制度,为科研人员在项目编制和调剂、资金支出、财务决算和验收方面提供专业化服务。

第三十八条 承担单位应当将项目(课题)资金纳入单位财务统一管理,对中央财政资金和其他来源的资金分别单独核算,确保专款专用。按照承诺保证其他来源的资金及时足额到位。

第三十九条 承担单位应当建立信息公开制度,在单位内部公开立项、主要研究人员、资金使用(重点是间接费用、外拨资金、结余资金使用等)、大型仪器设备购置以及项目(课题)研究成果等情况,接受内部监督。

第四十条 承担单位应当严格执行国家有关支出管理制度。对应当实行"公务卡"结算的支出,按照中央财政科研项目使用公务卡结算的有关规定执行。对设备费、大宗材料费和测试化验加工费、劳务费、专家咨询费等支出,原则上应当通过银行转账方式结算。对野外考察、心理测试等科研活动中无法取得发票或者财政性票据的,在确保真实性的前提下,可按实际发生额予以报销。

第四十一条 承担单位应当按照下达的预算执行。项目(课题)在研期间,年度剩余资金结转下一年度继续使用。预算确有必要调剂时,应当按照调剂范围和权限,履行相关程序。

(一)专项年度预算总额的调剂,由专业机构提出申请,牵头组织单位审核后报财政部批复。

(二)项目(课题)年度预算总额调剂,由项目(课题)牵头承担单位向专业机构提出申请,专业机构按原预算评审程序委托预算评审第三方机构评审后,报牵头组织单位审批。

(三)项目(课题)年度预算总额不变,课题间预算调剂,课题承担单位之间预算调剂以及增减项目(课题)参与单位的预算调剂,由项目(课题)牵头承担单位审核汇总后,报专业机构审批。

(四)项目(课题)预算总额不变,直接费用中材料费、测试化验加工费、燃料动力费、出版/文献/信息传播/知识产权事务费、会议/差旅/国际合作与交流费、其他费用等预算如需调剂,由项目(课题)负责人根据实施过程中科研活动的实际需要提出申请,由项目(课题)牵头承担单位审批。设备费、劳务费、专家咨询费、基本建设费预算一般不予调剂,如需调减,可按上述程序调剂用于其他方面支出;如需调增,需由项目(课题)牵头承担单位报专业机构审批。

(五)项目(课题)的间接费用预算总额不得调增,经承担单位与项目(课题)负责人协商一致后,可以调减用于直接费用。

第四十二条　重大专项资金实行全口径决算报告制度。对按规定应列入项目(课题)决算的所有资金,应全部纳入项目(课题)决算。

第四十三条　项目(课题)牵头承担单位应当在每年的 4 月 20 日前,审核上年度收支情况,汇总形成项目(课题)年度财务决算报告,并报送专业机构。决算报告应当真实、完整、账表一致。

项目(课题)资金下达之日起至年度终了不满 3 个月的项目(课题),当年可以不编报年度财务决算报告,其资金使用情况在下一年度的年度财务决算报告报表中编制反映。

第四十四条　专业机构按规定组织项目(课题)财务验收,并将财务验收结果报牵头组织单位备案。有下列行为之一的,不得通过财务验收:

(一)编报虚假预算,套取国家财政资金;

(二)未对专项资金进行单独核算;

(三)截留、挤占、挪用专项资金;

(四)违反规定转拨、转移专项资金;

(五)提供虚假财务会计资料;

(六)未按规定执行和调剂预算;

(七)虚假承诺、单位自筹资金不到位;

(八)资金管理使用存在违规问题拒不整改;

(九)其他违反国家财经纪律的行为。

第四十五条　重大专项项目(课题)通过财务验收后,各承担单位应当在 1 个月内及时办理财务结账手续。

第四十六条　项目(课题)因故撤销或终止,承担单位应当及时清理账目与资产,编制财务报告及资产清单,报送专业机构。专业机构研究提出清查处理意见并报牵头组织单位审核批复,牵头组织单位确认后,按规定程序将结余资金(含处理已购物资、材料及仪器设备的变价收入)上缴国库。

第四十七条　对于项目(课题)结余资金(不含审计、年度监督评估等监督检查中发现的违规资金),项目(课题)完成任务目标并一次性通过验收,且承担单位信用评价好的,结余资金按规定留归承担单位使用,2 年内(自验收结论下达后次年的 1 月 1 日起计算)统筹安排用于科研活动的直接支出。2 年后结余资金未使用完的,按规定原渠道收回。

未一次性通过财务验收的项目(课题),或承担单位信用评价差的,结余资金按规定原渠道收回。

第四十八条 重大专项资金使用中涉及政府采购的,按照国家政府采购有关规定执行。

第四十九条 行政事业单位使用中央财政资金形成的固定资产属国有资产,应当按照国家有关国有资产的管理规定执行。企业使用中央财政资金形成的固定资产,按照《企业财务通则》等相关规章制度执行。中央财政资金形成的知识产权等无形资产的管理,按照国家有关规定执行。

中央财政资金形成的大型科学仪器设备、科学数据、自然科技资源等,按照规定开放共享。

第七章 监督检查

第五十条 三部门、牵头组织单位、专业机构和承担单位应当根据职责和分工,建立覆盖资金管理使用全过程的资金监督检查机制。监督检查应当加强统筹协调,加强信息共享,避免重复交叉。

第五十一条 三部门通过监督评估、专项检查、年度报告分析、举报核查、绩效评价等方式,按计划对专业机构内部管理、重大专项资金管理使用规范性和有效性进行监督检查;对承担单位法人责任落实情况,内部控制机制和管理制度的建设及执行情况,项目(课题)资金拨付的及时性,项目(课题)资金管理使用规范性、安全性和有效性以及财务验收情况等进行抽查。

第五十二条 牵头组织单位应当指导专业机构做好重大专项资金管理工作,对重大专项的实施进展情况、资金使用和管理情况进行监督检查。牵头组织单位按照规定组织开展项目(课题)绩效评价。牵头组织单位对监督检查中发现的问题,及时督促专业机构整改,追踪问责。

第五十三条 专业机构应当建立健全资金监管制度,组织开展重大专项资金的管理和监督,并配合有关部门监督检查,对发现问题的承担单位,采取警示、约谈等方式,督促整改,追踪问责。

专业机构应当在每年年末总结当年的重大专项资金管理和监督情况,并报牵头组织单位备案。

第五十四条 承担单位应当按照本办法和国家相关财经法规及财务管理制度,完善内部控制和监督制约机制,加强支撑服务条件建设,提高对科研人员的服务水平,建立常态化的自查自纠机制,保证项目(课题)资金安全。

承担单位应当强化预算约束,规范资金使用行为,严格按照本办法规定的开支范围和标准支出,严禁使用重大专项资金支付各种罚款、捐款、赞助等,严禁以任何方式牟取私利。承担单位应当建立健全各种费用开支的原始资料登记和材料消耗、统计盘点制度,做好预算与财务管理的各项基础性工作。

第五十五条 重大专项资金管理实行责任倒查和追究制度。对存在失职、渎职、弄虚作假、截留、挪用、挤占、骗取重大专项资金等违法违纪行为的,按照相关规定追究相关责任人和单位的责任;涉嫌犯罪的,移送司法机关处理。

财政部及其相关工作人员在重大专项概预算审核下达,牵头组织单位、专业机构及其相关工作人员在重大专项项目(课题)资金分配等环节,存在违反规定安排资金或其他滥用职权、玩忽职守、徇私舞弊等违法违纪行为的,按照《预算法》《公务员法》《行政监察法》《财政违法行为处罚处分条例》等国家有关规定追究相关单位和人员的责任;涉嫌犯罪的,移送司法机关处理。

第五十六条 重大专项组织管理过程中,相关机构和人员应严格遵守国家保密规定。对于违反保密规定的,给国家安全和利益造成损害的,应当依照有关法律、法规给予有关责任机构和人员处分,构成犯罪的,依法追究刑事责任。

第八章 附 则

第五十七条 牵头组织单位应当根据本办法制定实施细则,报三部门备案。

第五十八条 本办法由财政部负责解释。

第五十九条 本办法自发布之日起施行,《财政部科技部发展改革委关于印发〈民口科技重大专项资金管理暂行办法〉通知》(财教〔2009〕218号)、《财政部关于印发〈民口科技重大专项管理工作经费管理暂行办法〉的通知》(财教〔2010〕673号)、《财政部关于民口科技重大专项课题预算调整规定的补充通知》(财教〔2012〕277号)、《财政部关于印发〈民口科技重大专项后补助课题资金管理办法〉的通知》(财教〔2013〕443号)、《财政部关于民口科技重大专项项目(课题)结题财务决算工作的通知》(财教〔2013〕489号)、《财政部科技部发展改革委关于〈民口科技重大专项资金管理暂行办法〉的补充通知》(财科教〔2016〕56号)、《财政部关于〈民口科技重大专项管理工作经费管理暂行办法〉的补充通知》(财科教〔2016〕57号)、《财政部关于民口科技重大专项项目(课题)预算调整规定的补充通知》(财科教〔2016〕58号)、《财政部关于〈民口科技重大专项后补助项目(课题)资金管理办法〉的补充通知》(财科教〔2016〕59号)、《财政部关于民口科技重大专项项目(课题)结题财务决算工作的补充通知》(财科教〔2016〕60号)同时废止。

附录9 《国家科技重大专项(民口)项目(课题)财务验收办法》

(财科教〔2017〕75号)

财政部关于印发《国家科技重大专项(民口)项目(课题)财务验收办法》的通知

财科教〔2017〕75号

各国家科技重大专项(民口)牵头组织单位,国务院有关部委、有关直属机构,有关省、自治区、直辖市、计划单列市财政厅(局):

为做好国家科技重大专项(民口)(以下简称重大专项)项目(课题)财务验收工作,保证财务验收工作的科学性、公正性和规范性,根据《国家科技重大专项(民口)管理规定》(国科发专〔2017〕145号)、《国家科技重大专项(民口)资金管理办法》(财科教〔2017〕74号)以及国家有关财经法规和财务管理制度,结合重大专项管理特点,我们修订了《国家科技重大专项(民口)项目(课题)财务验收办法》。现印发给你们,请遵照执行。

附件:国家科技重大专项(民口)项目(课题)财务验收办法

财政部
2017年6月14日

国家科技重大专项(民口)项目(课题)财务验收办法

第一章 总 则

第一条 为做好国家科技重大专项(民口)(以下简称重大专项)项目(课题)财务验收工作,保证财务验收工作的科学性、公正性和规范性,根据《国家科技重大专项(民口)管理规定》(国科发专〔2017〕145号)、《国家科技重大专项(民口)资金管理办法》(财科教〔2017〕74号)以及国家有关财经法规和财务管理制度,制定本办法。

第二条 重大专项项目(课题)财务验收是重大专项项目(课题)验收的重要组

成部分。财务验收旨在客观评价重大专项资金使用的总体情况,进一步促进提高重大专项资金使用效益,更好地推进重大专项顺利实施。

第三条 凡经批准列入重大专项管理的项目(课题)均应当进行财务验收。项目(课题)财务验收与项目(课题)任务验收要统一部署、同期实施,在任务合同规定完成时间到期后6个月内完成。不能按期完成任务的,需提前3个月提出延期财务验收申请,说明延期理由和延期时间,报项目管理专业机构(以下简称专业机构)批复。延期时间一般不超过1年。

第四条 重大专项以项目(课题)为基本单元进行财务验收。项目(课题)分管理级次的,各重大专项的专业机构可以根据专项组织管理情况分级次组织、监督财务验收。

第五条 财务验收以国家相关财经法规和财务管理制度,以及批复的重大专项项目(课题)预算为依据。财务验收的资金范围为纳入重大专项预算管理的全部资金,包括中央财政资金、地方财政资金、单位自筹资金以及从其他渠道获得的资金等。

第二章 财务验收的组织管理

第六条 财政部指导重大专项的项目(课题)财务验收工作,并负责对财务验收工作进行监督检查。财政部根据有关规定对专业机构组织开展的财务验收工作及其结果,组织开展财务验收抽查工作。

第七条 牵头组织单位根据政府采购有关规定,确定开展财务审计工作的会计师事务所入围范围,并根据专业机构上报的项目(课题)财务审计计划,安排负责项目(课题)财务审计的会计师事务所。

第八条 专业机构负责相应重大专项项目(课题)财务验收工作。财务验收工作可以通过组织财务验收专家组和按规定委托第三方机构进行。

第九条 财务验收专家组、受托第三方机构应当按合同要求,独立、客观、公正地开展财务验收工作,依据财务验收内容、验收指标等出具初步财务验收意见和验收报告。

第十条 财务验收专家组应当包括财务专家、技术专家等。财务验收专家组成员原则上不少于7人,其中财务专家不少于5人。专家组组长由财务专家担任。

第十一条 项目(课题)牵头承担单位应当按要求及时提交财务验收申请报告及相关材料,并积极配合专家组完成财务验收相关工作。对于多个单位承担的项目(课题),参与单位应当积极配合牵头承担单位做好上述工作。

第十二条 实行回避制度。重大专项项目(课题)承担单位及其合作单位的人员不得作为验收专家参加本单位验收工作。专业机构工作人员不得作为验收专家参加验收工作。

第三章 财务验收的方式和内容

第十三条 财务验收采取现场验收、非现场验收或两者相结合等方式。专业机构可以视具体情况确定验收方式。

（一）现场验收：主要是通过深入项目（课题）承担单位现场，查验会计凭证和相关财务资料、现场听取有关汇报等，形成项目（课题）财务验收意见。

（二）非现场验收：主要是通过非现场听取汇报、查阅资料、咨询等形式进行财务验收，形成项目（课题）财务验收意见。对确需到项目（课题）现场核查有关资料的，可以组织专家到现场查阅相关资料。

第十四条 财务验收的主要内容有：财务管理及相关制度建设情况、资金到位和拨付情况、会计核算和财务支出情况、预算执行情况和资产管理情况等。

第十五条 财务管理及相关制度建设情况主要包括：项目（课题）承担单位是否建立预算管理、资金管理、合同管理、政府采购、审批报销、资产管理和内部控制等制度；如项目（课题）涉及基本建设，则需制定基建管理制度；以及上述制度的内容是否合理等。

第十六条 资金到位和拨付情况主要包括：重大专项各渠道资金的到位情况，以及项目（课题）牵头承担单位是否按预算批复和任务合同书（含预算书，下同）对参与单位及时足额拨付资金等。

第十七条 会计核算和财务支出情况主要包括：项目（课题）承担单位的会计核算是否规范、准确、真实；项目（课题）的实际支出是否按照预算执行（包括调剂后的预算）；项目（课题）的实际支出是否符合有关规定的支出范围和支出标准；项目（课题）的支出与项目（课题）内容的相关性和合理性等。

第十八条 预算执行情况主要包括：项目（课题）的预算执行情况和项目（课题）的预算调剂是否按照规定程序和权限进行，以及各类资金结余情况等。

第十九条 资产管理情况主要包括：资产配置是否符合新增资产配置预算、政府采购及合同管理制度的规定，资产使用及处置是否符合资产管理制度情况，设备类资产的使用效率及开放共享情况；以及无形资产管理的情况等。

第二十条 在财务验收过程中，有《国家科技重大专项（民口）资金管理办法》（财科教〔2017〕74号）第四十四条规定的9种情况之一的，验收结论为"不通过财务验收"。

第二十一条 财务验收评价采取定性与定量相结合的方式。依据规定的验收内容、验收指标及相应评价标准和分值（财务验收指标详见附件2），形成财务验收综合得分，同时对存在的问题提出整改意见。

第四章 财务验收程序

第二十二条 专业机构根据专项任务完成情况和总体工作安排，结合专项特点,制定专项项目(课题)财务验收工作方案,并报牵头组织单位备案。

专业机构根据财务验收工作方案向项目(课题)牵头承担单位发出进行财务验收的通知。

第二十三条　项目(课题)牵头承担单位应当在任务完成后的 30 日内,在认真清理账目、编制项目(课题)财务收支执行情况报告的基础上,向专业机构提交财务验收材料,主要包括:

(一)项目(课题)任务合同书和其他有关批复文件;

(二)项目(课题)财务收支执行情况报告(报告内容、格式见附件1);

(三)项目(课题)结余资金情况说明;

(四)其他需要提供的材料。

项目(课题)验收文件资料须加盖项目(课题)承担单位公章。项目(课题)承担单位对提供的验收文件资料和相关数据的真实性、准确性和完整性负责。

第二十四条　专业机构收到财务验收材料后,要及时进行形式审查。对通过形式审查的项目(课题),牵头组织单位从确定的会计师事务所范围内选定会计师事务所进行财务审计。

第二十五条　财务审计结束后,会计师事务所应当及时向牵头组织单位出具财务审计报告,牵头组织单位向专业机构做出回复。财务审计报告是财务验收的重要依据:对于财务审计无问题的,专业机构应当及时组织财务验收工作;对于财务审计有问题的,专业机构应当及时组织项目(课题)承担单位进行整改,整改完成后再进行财务验收。

第二十六条　进行项目(课题)财务验收时,每位专家应当在认真学习领会有关政策和制度要求、深入了解项目(课题)相关情况基础上,独立填写并提交财务验收专家意见(详见附件3)。总体财务验收结论意见须由全体验收专家讨论通过,由验收专家组组长组织填写财务验收专家组意见(详见附件4)并由专家组组长签名。

第二十七条　专业机构在汇总、分析项目(课题)财务验收意见的基础上,初步形成财务验收结论,并将财务验收结论下发至项目(课题)牵头承担单位。

第二十八条　对存在问题需要整改的项目(课题),项目(课题)承担单位应当于接到财务验收结论后 1 个月内,按照财务验收结论的要求整改完毕,并将整改情况书面报告专业机构重新进行财务验收,1 个项目(课题)仅有 1 次整改机会。整改到位的财务验收结论为"整改后通过财务验收",整改不到位的财务验收结论为"不通过财务验收"。

第二十九条　专业机构汇总整改后的财务验收意见及相关材料,形成最终财务验收结论,并编写财务验收报告(报告内容、格式见附件5),报送牵头组织单位备案。财政部对财务验收工作的程序、内容、质量和验收结论等进行抽查。

第三十条　对于财务验收抽查工作中发现的问题,专业机构及项目(课题)承担单位应当及时进行整改,并将整改情况报送牵头组织单位,牵头组织单位按照规定作相应处理。

第三十一条　涉密项目(课题)的财务验收工作,应严格按照国家有关保密法律法规要求进行管理,由专业机构商牵头组织单位另行组织实施。

第五章　财务验收结论及相关责任

第三十二条　重大专项财务验收结论分为"通过财务验收"("整改后通过财务验收")和"不通过财务验收"两种。

项目(课题)综合得分总分值为 100 分,综合得分高于 80 分为"通过财务验收";综合得分低于 80 分(含 80 分)为"不通过财务验收"或"整改后重新财务验收",其中,"整改后重新财务验收"的项目(课题)按照本办法第二十八条规定执行。

第三十三条　项目(课题)通过验收后 1 个月内,各项目(课题)承担单位应当办理完毕财务结账手续。项目(课题)资金如有结余,应当按照相关财经法规和财务管理制度处理。

第三十四条　到期无故不申请验收、验收未通过的项目(课题),项目(课题)负责人不得再申报重大专项项目(课题),项目(课题)承担单位 5 年内不得再申报重大专项项目(课题)。

第三十五条　在财务验收过程中发现弄虚作假、截留、挪用、挤占、骗取重大专项资金等行为,对相关单位及个人,按照《预算法》和《财政违法行为处罚处分条例》进行处罚;涉嫌犯罪的,移送司法机关处理。

第三十六条　验收专家组在验收过程中,出现不按照有关要求审核资料、偏袒特定承担单位、收受贿赂以及其他滥用职权、玩忽职守、徇私舞弊等违法违纪行为的,一经查实,终止或取消其参与重大专项财务验收工作的资格;同时按照信用管理相关规定进行记录和评价,并按照有关规定追究相应责任;涉嫌犯罪的,移送司法机关处理。

会计师事务所等第三方机构人员在验收过程中,出现协助承担单位弄虚作假、重大稽核失误以及其他虚假陈述或未勤勉尽责行为的,一经查实,不再委托其参与重大专项财务验收工作;同时按照《中华人民共和国注册会计师法》及国家有关规定追究相应责任;涉嫌犯罪的,移送司法机关处理。

相关单位及其工作人员、相关管理人员在验收过程中,出现违规参与评审、干扰验收过程和结果,收受贿赂以及其他滥用职权、玩忽职守、徇私舞弊等违法违纪行为的,一经查实,按照《预算法》《公务员法》《行政监察法》《财政违法行为处罚处分条例》等国家有关规定追究相应责任;涉嫌犯罪的,移送司法机关处理。

第六章　附　则

第三十七条　各专业机构依据本办法,制定相应的项目(课题)财务验收管理实施细则,报牵头组织单位和财政部备案。

第三十八条　专业机构组织财务验收等所需经费,在专业机构管理工作经费中列支;牵头组织单位组织会计师事务所遴选费用、项目(课题)财务审计费用等,在牵头组织单位管理工作经费中列支;财政部组织财务验收抽查等所需经费,在三部门管理工作经费中列支。经费的开支内容和标准严格按照《国家科技重大专项(民口)资金管理办法》(财科教〔2017〕74号)执行。

第三十九条　本办法由财政部负责解释,自发布之日起施行。《财政部关于印发〈民口科技重大专项项目(课题)财务验收办法〉的通知》(财教〔2011〕287号)同时废止。

附件:1. 国家科技重大专项(民口)项目(课题)财务收支执行情况报告
　　　2. 国家科技重大专项(民口)项目(课题)财务验收指标
　　　3. 国家科技重大专项(民口)项目(课题)财务验收专家意见
　　　4. 国家科技重大专项(民口)项目(课题)财务验收专家组意见
　　　5. 国家科技重大专项(民口)项目(课题)财务验收报告

(以上附件略,详情请登录财政部网站)

附录10 《北京市科技计划项目(课题)经费管理办法》

(京财科文〔2021〕1822号)

关于印发《北京市科技计划项目(课题)经费管理办法》的通知

(京财科文〔2021〕1822号)

市属各单位(各总公司、集团公司,各高校、科研院所、医疗卫生机构等),各区财政局、科委:

为规范并加强北京市科技计划项目(课题)经费的管理,提高资金使用效益,根据《关于进一步完善中央财政科研项目资金管理等政策的若干意见》(中办发〔2016〕50号)、《国务院关于优化科研管理提升科研绩效若干措施的通知》(国发〔2018〕25号)、《国务院办公厅关于改革完善中央财政科研经费管理的若干意见》(国办发〔2021〕32号)、《关于新时代深化科技体制改革加快推进全国科技创新中心建设的若干政策措施》(京政发〔2019〕18号)等文件精神,进一步激发科研人员的创造性和创新活力,促进科技事业发展,依据北京市市级支出预算要求及有关财务管理制度,结合本市财政科技经费管理的实际情况,特制定《北京市科技计划项目(课题)经费管理办法》,现印发给你们,请遵照执行。

北京市财政局

北京市科学技术委员会、中关村科技园区管理委员会

2021年9月8日

北京市科技计划项目(课题)经费管理办法

第一章 总 则

第一条 为规范并加强北京市科技计划项目(课题)(以下简称"项目(课题)")经费的管理,提高财政资金使用效益,根据《关于进一步完善中央财政科研项目资金管理等政策的若干意见》(中办发〔2016〕50号)、《国务院关于优化科研管理提升科研绩效若干措施的通知》(国发〔2018〕25号)、《国务院办公厅关于改革完善中央财政科研经费管理的若干意见》(国办发〔2021〕32号)、《关于新时代深化科技体制改革加快推进全国科技创新中心建设的若干政策措施》(京政发〔2019〕18号)等文

件精神,进一步激发科研人员的创造性和创新活力,促进科技事业发展,依据北京市市级支出预算要求及有关财务管理制度,结合本市财政科技经费管理的实际情况,制定本办法。

第二条 项目(课题)指为落实国家方针政策,围绕北京市经济社会的发展和国际科技创新中心建设需求,由北京市科学技术委员会、中关村科技园区管理委员会(以下简称"市科委、中关村管委会")研究确定并通过公开竞争、定向委托等方式组织安排的法人单位承担的基础研究、应用研究、技术研究与开发等各类科研项目,以及市委、市政府确定的其他科技创新等科研项目(课题)。

本办法规范在北京地区注册的法人单位承担项目(课题)经费的管理和使用。对境外法人单位承担并实行项目制管理的科技创新项目,另行制定经费管理制度。

项目(课题)经费来源于市级财政资金。事业单位履行本职工作的经费和市科委、中关村管委会工作任务类经费不在该范围之内。

第三条 科研经费管理和使用原则

(一)集中财力,突出重点。根据市委、市政府的战略部署、重点工作和国际科技创新中心建设需求,确定项目(课题)经费重点支持方向。

(二)遵循规律,分类支持。遵循科学研究、技术创新和成果转化规律,实行分类管理,创新财政科技经费支持方式。

(三)放管结合,优化服务。坚持"放、管、服"相结合,明确承担单位资金管理的法人责任,提高管理服务水平;发挥市场对创新要素配置的导向作用,建立符合科研规律的项目(课题)经费分配、绩效评价机制,激发科研人员的积极性,增强科技创新活力和动力。

(四)专款专用,单独核算。项目(课题)经费应当纳入单位财务统一管理,实行单独核算,确保专款专用,不得截留、挤占和挪用。

(五)公正公开,追踪问效。强化资金管理信息公开,加强科研诚信建设和信用管理,建立既符合预算绩效管理要求、又适应科技创新规律的绩效考评机制,推行面向目标和结果的问效机制。

第二章 职责与权限

第四条 北京市财政局(以下简称"市财政局")的主要职责。

根据国际科技创新中心建设需求、本市科技发展规划及财政预算编制要求,负责审核并批复年度项目(课题)经费预算和决算。会同市科委、中关村管委会制定经费管理办法。负责审批项目(课题)重大预算调整。对预算执行情况进行监督。对项目(课题)经费进行财政绩效评价。

第五条 市科委、中关村管委会的主要职责。

根据市委、市政府战略部署,制定年度项目(课题)经费的支持方向,会同市财政局制定经费管理办法。负责组织承担单位编报项目（课题）经费的预算及决算，组织或委托项目管理专业机构开展项目（课题）预算评审与实施方案"二合一"论证。根据市财政局预算批复，按项目（课题）进度拨付经费。负责审批项目（课题）重大预算调整。组织项目（课题）经费自查、经费审计和绩效管理。对项目（课题）承担单位开展信用评价管理等工作。负责监督项目（课题）经费预算执行情况，协助有关部门对项目（课题）经费进行监督检查。减少科研项目实施周期内的各类评估、检查、抽查、审计等活动，对实施周期3年以下的项目一般不开展过程检查。

第六条 项目管理专业机构的主要职责。

负责建立符合项目（课题）特点的经费内部监管机制，保证经费使用的规范性、合理性、有效性。负责组织承担单位落实市财政科技经费以外其他渠道资金及相关配套条件。负责组织承担单位编报项目（课题）经费预算和决算，按规定程序汇总审核经费预算和决算，并报送市科委、中关村管委会。协助市科委、中关村管委会监督项目（课题）经费预算执行情况，对实施中的重大预算调整按规定程序报市科委、中关村管委会及市财政局审批。负责组织承担单位对项目（课题）经费使用情况的自查工作，配合市科委、中关村管委会开展对项目（课题）的绩效评价与监督检查等工作。负责有关财务文件的归档保存。

第七条 承担单位的主要职责。

承担单位要认真落实国家和北京市有关政策规定，按照"权责一致，自我约束，自我规范，接住管好"的原则，健全完善内部管理制度，切实履行在项目（课题）申请、组织实施、验收和经费使用等方面的管理职责。

（一）负责制定和完善单位内控制度。制定或完善与项目（课题）经费管理有关的预算、支出、报销等财务规章制度。制定和公示绩效支出使用和分配制度。

（二）负责建立健全科研财务助理制度，为科研人员在预算编制和调剂、资金支出、财务决算和验收等方面提供专业化服务，减轻科研人员事务性负担。

（三）负责编制项目（课题）经费预算和决算，按照项目（课题）有关匹配资金的约定，落实单位自筹资金及其他配套条件。

（四）负责落实项目预算调剂、间接费用统筹使用、结余资金使用、科研仪器设备采购等管理工作。

（五）负责在单位内部主动公开项目立项、主要研究人员、经费使用、大型仪器设备购置、研究成果、结余资金等，并接受内部监督。

（六）配合进行项目（课题）经费审计等工作，接受市科委、中关村管委会、项目管理专业机构及有关部门的监督检查和绩效评价等工作。

（七）负责有关财务文件的归档保存。

第三章 经费的支持方式及支出范围

第八条 项目（课题）经费采取事前直接补助方式，对项目（课题）所需成本，在开展前直接给予部分或全部补助。探索开展后补助、股权投资、风险补偿金、贷款贴息等其他支持方式。具体支持方式、支出范围及标准由市科委、中关村管委会结合科技创新活动特点和承担单位性质在项目(课题)组织过程中予以明确。本办法适用于事前直接补助的科研项目(课题)经费管理。纳入"包干制"改革试点的科研项目,依据相应项目经费管理制度执行。

第九条 项目(课题)的支出范围包括直接费用和间接费用两部分。

第十条 直接费用是指在项目(课题)实施过程中发生的与之直接相关的费用,按设备费、业务费、劳务费三大类编制预算。

(一)设备费主要用于在项目(课题)实施过程中购置或试制专用仪器设备,购置计算类仪器设备、软件工具;对现有仪器设备进行升级改造,以及租赁使用外单位仪器设备而发生的相关费用。

(二)业务费是指为完成项目(课题)目标所需购置低值易耗品费用和消耗性费用等相关费用。主要包括材料、测试化验加工、燃料动力、差旅/会议/国际合作与交流、档案/出版/文献/信息传播/知识产权事务、咨询、其他等方面支出。具体内容可包括:

1. 材料支出主要用于在项目(课题)实施过程中消耗的各种原材料、辅助材料等低值易耗品的采购及运输、装卸、整理等费用。

2. 测试化验加工支出主要用于由于承担单位自身的技术、工艺和设备等条件的限制,在项目(课题)实施过程中委托或与外单位合作(包括承担单位内部独立经济核算单位)进行的检验、测试、化验、加工、计算、试验、设计、制作等所支付的费用。

3. 燃料动力支出主要用于在项目(课题)实施过程中相关大型仪器设备、专用科学装置等运行发生的可以单独测算的水、电、气、燃料消耗等费用。

4. 差旅/会议/国际合作与交流支出主要用于在项目(课题)实施过程中为组织开展学术研讨、咨询论证,以及组织协调项目或课题等活动而发生的会议费用;开展科学实验(试验)、科学考察、业务调研、学术交流等所发生的城市间交通费、住宿费、伙食补助费和市内交通费;研究人员出国及外国专家来华开展科学技术交流与合作的费用。

5. 档案/出版/文献/信息传播/知识产权事务支出主要用于在项目(课题)实施过程中,需要支付的出版、资料购买及印刷、文献检索、专业通信、专利申请及其他知识产权事务等费用。

6. 咨询支出主要用于项目(课题)实施过程中支付给临时聘请的咨询专家的费用。

7. 其他支出主要用于项目(课题)实施过程中除上述支出之外的其他业务费支出。

（三）劳务费主要用于在项目（课题）实施过程中支付给项目（课题）组成员、参与项目研究的研究生、博士后、访问学者以及项目（课题）组临时聘用的研究人员、科研辅助人员、科研财务助理的劳务性费用。项目（课题）聘用人员的社会保险补助、住房公积金等纳入劳务费列支。

第十一条 间接费用是指项目（课题）承担单位在组织实施项目（课题）过程中发生的无法在直接费用中列支的相关费用，主要包括绩效支出及管理费用。绩效支出是项目（课题）承担单位为提高科研工作绩效安排的相关支出。管理费用主要包括项目（课题）承担单位为项目（课题）研究提供的现有仪器设备及房屋，水、电、气、暖等消耗，以及有关管理费用的补助支出等。

第四章 经费管理

第十二条 预算编制

（一）预算编制原则

1. 项目（课题）经费预算编制严格遵守目标相关性、政策相符性、经济合理性和任务完成的可行性原则。根据科研活动规律和特点，开展预算编制，无需提供过细的测算依据。

2. 项目（课题）经费预算编制时需编制来源预算与支出预算。来源预算指用于同一项目（课题）的各种不同渠道的经费，包括市级财政科技经费、单位自筹资金和其他来源资金。支出预算应当按照经费支出范围确定的支出科目和不同经费来源编列。

3. 由多个单位共同承担的项目（课题），应当同时编列各单位承担的主要任务、经费预算等。

4. 项目（课题）经费预算应当由项目（课题）负责人、科研财务助理与承担单位财务人员共同参与编制。

（二）明细预算编制和使用要求

1. 设备费

承担单位应当严格控制仪器设备购置支出。对使用市级财政科技经费购置的仪器设备，应根据国家有关政策及本市关于加强首都科技条件平台建设、促进重大科研基础设施和大型科研仪器开放共享的相关规定，履行查重评议程序。承担单位可自行采购科研仪器设备，自行选择科研仪器设备评审专家。对科研急需的设备和耗材采用特事特办、随到随办的采购机制，可不进行招标投标程序。涉及变更政府采购方式的，财政部门实行限时办结制度，对符合要求的申请项目，原则上自收到变更申请之日起5个工作日内办结。对承担单位采购进口科研仪器设备实行备案制管理。

2. 业务费

承担单位为完成项目(课题)的任务目标,列支的差旅/会议/国际合作交流支出不纳入"三公"经费、机关运行经费和行政一般性支出统计范围,不受"零增长"限制。

承担单位应根据科研活动实际需要,按照实事求是、精简高效、厉行节约的原则,制定出台科研类差旅、会议支出管理办法,合理确定科研人员乘坐交通工具等级、住宿费标准,会议次数、天数、人数和会议支出范围、标准。

落实中央关于破除科技评价"唯论文"不良导向要求,不得列支在学术期刊"黑名单"或预警名单上发表论文的支出。

承担单位应根据科研活动实际需要,制定咨询支出管理办法和开支标准,不得支付给参与项目(课题)研究及管理相关的工作人员。

3. 劳务费

承担单位应根据科研活动实际需要,建立劳务费分配制度。财政供养人员不得列支劳务费。

4. 间接费用

实行总额控制,按照不超过项目(课题)经费中直接费用扣除设备费后的30%核定。对数学、物理等纯理论基础研究项目,间接费用比例进一步提高到不超过60%,具体间接费用核定比例由市科委、中关村管委会在项目(课题)组织过程中予以明确。

间接费用由承担单位统筹安排使用。承担单位应当建立健全间接费用的内部管理办法,公开透明、合理规范使用间接费用。间接费用的使用应向项目(课题)组内部创新绩效突出的团队和个人倾斜,承担单位要处理好合理分摊间接成本和对科研人员激励的关系,不得截留、挪用、挤占。承担单位可将间接费用全部用于绩效支出,不受比例限制。绩效支出安排应当与科研人员在项目(课题)研究中的实际贡献挂钩,真正体现科研人员价值。绩效支出的使用范围和标准应在单位内部公示。

实行工资总额管理的承担单位从科研经费中列支的编制内有工资性收入科研人员的绩效支出,一次性计入当年本单位绩效工资总量,但不受核定的本单位绩效工资总量限制,不作为核定下一年度绩效工资总量的基数,不作为社会保险费缴纳基数。

第十三条 预算评审与方案论证

项目(课题)预算评审与实施方案论证"合二为一",由市科委、中关村管委会组织科技、财务等方面的专家,坚持科学合理、实事求是的原则,重点对目标相关性、技术创新性、路线可行性、政策相符性以及经济合理性等进行论证。专家组必须出具单独的经费预算评审意见,保证其相对独立性。

项目(课题)应按要求参加预算评审与实施方案论证,属下列范围之一的项目

(课题)可不参加。

（一）政策法规已明确补助标准、范围等定额方式，已制定相关经费管理办法，并经市级财政部门审查通过的项目。

（二）按有关规定其他可不参加预算评审及论证的项目。

第十四条 预算审批及拨付

市科委、中关村管委会将项目(课题)经费预算报市财政局审核、批复后按进度拨付。对实施"里程碑"式管理的项目(课题)，完成关键节点绩效目标后拨付下一阶段款项。

第十五条 经费使用管理

（一）经费核算

1. 承担单位、项目管理专业机构应当具备健全的财务和内控制度，以及项目(课题)财务管理制度，由专职的财务人员负责项目(课题)经费的财务核算和管理工作。

2. 承担单位、项目管理专业机构应当对不同来源的项目(课题)经费分别进行单独核算，即在单位适用的会计制度一级科目统括之下，按照规定的项目(课题)支出范围设置明细科目，按开支范围与标准执行，并进行会计核算。

（二）资金结算方式

科研院所、高等学校等事业单位承担项目(课题)所发生的差旅/会议/国际合作交流、材料和测试化验加工等支出，按财政部门相关规定实行银行转账或"公务卡"结算。

（三）除科研急需的设备和耗材外，涉及政府采购事项的，应严格按照《中华人民共和国政府采购法》及北京市有关规定执行。承担单位使用财政资金采购北京市政府集中采购目录以内或者采购限额标准以上的货物、工程和服务项目，均应按照政府采购有关规定执行。

（四）承担单位使用市级财政科技经费购置(试制)的固定资产属国有资产，原则上由承担单位进行管理和使用，国家有权调配用于相关科学研究开发，其处置按国家相关规定执行。

财政科技经费形成的知识产权等无形资产的管理，按照国家有关规定执行。

财政科技经费形成的大型科学仪器设备、科学数据、自然科技资源等，在保障有关参与单位合法权益的基础上，按照国家和北京市有关规定实施开放共享，提高资源利用效率。

（五）承担单位应当强化预算约束，严格按照本办法规定的资金开支范围和标准执行，严禁使用项目(课题)经费支付各种罚款、捐款、赞助等，严禁以任何方式牟取私利。

（六）承担单位因科研活动需要，邀请国内外专家、学者和有关人员参加其主办的会议,对确需负担的城市间交通费、国际旅费,可由其在会议费等费用中报销。对国内差旅费中的伙食补助费、市内交通费和难以取得发票的住宿费,承担单位可实行包干制。承担单位要制定符合科研实际需要的内部报销规定,切实解决野外考察、心理测试等科研活动中无法取得发票或财政性票据等的报销问题。

（七）承担单位应加强财务数据的电子化建设,推动科研经费报销的数字化、无纸化。

（八）项目(课题)经费实行决算报告制度,分为年度决算和总决算。

（九）企业承担项目(课题)取得财政性资金的税务处理,参照国家和本市关于专项用途财政性资金企业所得税处理有关规定执行。

第十六条 预算调整

（一）项目(课题)总预算调整、项目(课题)主要承担单位变更属于重大预算调整,应报市科委、中关村管委会及市财政局批准。

（二）在项目(课题)总预算不变的情况下,项目负责人可根据科研活动实际需要自主安排和调整全部科目的经费支出,每年年底或验收(结题)时通过科技项目管理信息系统备案。承担单位要统筹考虑现有设备配置情况、科研项目实际需求等,据实核准设备费调整。

第十七条 结转、结余资金管理

项目(课题)经费中市级财政科技经费结转、结余资金,视不同情况执行。

（一）项目(课题)在研期间,年度剩余资金可以结转下一年度继续使用。

（二）结余资金使用与市科委、中关村管委会科技信用管理制度挂钩。对于按要求完成项目(课题)目标并通过验收的,结余资金留归承担单位使用。承担单位要将结余资金统筹用于科研活动直接支出,优先考虑原项目团队科研需求。承担单位应加强结余资金管理,建立健全结余资金盘活机制,加快结余资金使用进度。结余资金情况作为项目(课题)验收情况信息向社会主动公开,接受单位内部和社会监督。

第五章 经费监督管理与处理原则

第十八条 承担单位、项目管理专业机构在项目(课题)经费使用和管理中,不得存在以下行为：

（一）未对项目(课题)经费进行单独核算；

（二）编报虚假预算、套取国家财政资金；

（三）截留、挤占、挪用项目(课题)经费；

（四）违反规定转拨、转移项目(课题)经费；

（五）未获批准擅自变更项目(课题)承担主体；

（六）提供虚假财务会计信息,虚列支出；

（七）虚假承诺配套资金；

（八）未按规定执行和调整预算；

（九）发生设备购置、租赁、测试、化验、加工，对外合作等事项未签订相关合同或协议；

（十）随意调账变动支出、随意修改记账凭证、以表代账应付财务审计和检查；

（十一）违反其他国家法律法规及相关规章制度的行为。

出现上述行为的，视情节轻重将采取暂停项目（课题）拨款、终止项目（课题）执行、追回已拨项目（课题）资金、取消项目（课题）承担者一定期限内项目（课题）申报资格等措施。对于违反财经法律法规的行为，按照《财政违法行为处罚处分条例》及其他相关法律法规处理、处罚，涉嫌犯罪的，移交司法机关依法处理。建立责任倒查制度，针对出现的问题，倒查项目（课题）主管部门相关人员的履职尽责和廉洁自律情况，经查存在问题的依法依规严肃处理。

第十九条 对承担单位、项目管理专业机构及关联的相关机构和人员在项目（课题）经费使用和管理中的问题，按照市科委、中关村管委会信用管理的有关规定进行记录。存在上述行为之一的，一经查实，记入相关机构和人员的信用记录。信用记录作为项目（课题）立项及科技经费安排、项目管理专业机构遴选、咨询专家遴选等的重要参考依据。

第六章 附 则

第二十条 本办法由市财政局、市科委、中关村管委会负责解释。

第二十一条 本办法在实施过程中如遇国家、本市颁布新规定，按"从优不重复"原则执行。

第二十二条 强化承担单位法人主体责任，严格按照有关政策规定和权责一致的要求，及时制定、完善内部管理制度，加快清理修订与本办法不符的内部规定或办法。

第二十三条 本办法自 2021 年 10 月 1 日施行。《北京市科技计划（课题）经费管理办法》（京财科文〔2016〕2861 号）同时废止。2021 年 10 月 1 日前验收（结题）的项目（课题）原则上不适用本办法；2021 年 10 月 1 日后验收（结题）的项目（课题）可适用本办法；2021 年 10 月 1 日及以后年度立项的项目（课题）均适用本办法。

附录11 《关于中央财政科技计划(专项、基金等)经费管理新旧政策衔接有关事项的通知》

(财教〔2021〕173号)

关于中央财政科技计划(专项、基金等)经费管理新旧政策衔接有关事项的通知

财教〔2021〕173号

国务院各部委、各直属机构,各省、自治区、直辖市、计划单列市财政厅(局)、科技厅(委、局),新疆生产建设兵团财政局、科技局,有关单位:

为贯彻落实国务院办公厅《关于改革完善中央财政科研经费管理的若干意见》(国办发〔2021〕32号,以下称《若干意见》)要求,加强改革前后政策衔接,现就中央财政科技计划(专项、基金等)经费管理新旧政策衔接的有关事项通知如下:

一、政策衔接的具体要求

为落实《若干意见》有关要求,财政部、科技部等部门正在修订或制定中央财政科技计划(专项、基金等)经费管理办法及配套实施细则。新旧政策按照项目组织实施阶段,实行分类衔接。

1. 关于正在组织开展项目申报或评审的科研项目。

已填写申报书的项目,申报书不再调整,据此开展项目评审,后续在任务书签订阶段结合申报单位意见对间接费用等进行调整;尚未填写申报书的项目,原则上按新政策编报预算,填写申报书。

已启动的项目评审,可沿用原有方式组织开展;尚未启动的项目评审,应按新政策在项目评审的同时开展预算评审。

已提交任务书的项目,原任务书暂不做调整,执行中适用在研项目的调整要求。

2. 关于尚在执行期内的在研项目。

项目(课题)承担单位应统筹考虑本单位实际情况,并与科研人员充分协商后,确定是否执行间接费用等方面的新政策。涉及按原政策规定需项目管理部门(单位)同意的事项,履行相关程序后执行。

3. 关于执行期已结束的科研项目。

执行期已结束并已下达验收结论的项目,相关经费管理和支出按照原政策执行,不再作调整。对于正在开展项目综合绩效评价、尚未下达验收结论的项目,项

目管理部门(单位)要结合《若干意见》关于劳务费、设备费、预算调剂、间接费用等管理新要求形成验收结论。

4. 关于结余资金。

自《若干意见》发布之日起,已按规定留给单位使用的中央财政科技计划(专项、基金等)项目结余资金,不再执行两年收回政策,由承担单位统筹安排用于科研活动的直接支出。对于正在开展项目综合绩效评价、尚未下达验收结论的项目,结余资金处理按新政策执行。

二、有关要求

1. 项目管理部门(单位)应尽快按照《若干意见》要求完善项目管理流程和规定,修改项目申报书、任务书中预算有关内容,形成项目评审与预算评审合并方案,及时部署国家科技管理信息系统开发调试工作,确保项目管理尽快按照新政策执行。上述工作原则上在《若干意见》发布后2个月内完成。

2. 项目承担单位要落实好科研项目实施和科研经费管理使用的主体责任,按照《若干意见》要求,尽快修订或制定预算调剂、间接费用管理、结余资金管理、科研财务助理等内部管理制度,并做好在研项目新旧政策衔接等工作,确保科研自主权接得住、管得好。

3. 科研单位主管部门应修订或制定本部门相关管理规定,指导督促所属单位做好新旧政策衔接有关工作,确保政策落实落细落地。

为便于沟通交流,财政部、科技部开通了政策咨询邮箱(zcc@jgzx.org)。在执行过程中如遇到问题,请及时向两部门反馈。

财政部 科技部
2021年9月28日

附录12 《中央高校基本科研业务费管理办法》

(财教〔2021〕283号)

关于印发《中央高校基本科研业务费管理方法》的通知

(财教〔2021〕283号)

党中央有关部门,国务院有关部委、有关直属机构,中央部门所属各高等学校:

根据中共中央、国务院关于科研经费管理改革有关要求和《国务院办公厅关于改革完善中央财政科研经费管理的若干意见》(国办发〔2021〕32号),我们对《财政部教育部关于印发〈中央高校基本科研业务费管理办法〉的通知》(财教〔2016〕277号)进行了修订。现将修订后的《中央高校基本科研业务费管理办法》印发你们,请遵照执行。

附件:中央高校基本科研业务费管理办法

财政部教育部
2021年11月30日

中央高校基本科研业务费管理办法

第一章 总 则

第一条 为贯彻落实《中共中央办公厅国务院办公厅印发〈关于进一步完善中央财政科研项目资金管理等政策的若干意见〉的通知》、《国务院关于优化科研管理提升科研绩效若干措施的通知》(国发〔2018〕25号)、《国务院办公厅关于改革完善中央财政科研经费管理的若干意见》(国办发〔2021〕32号)和《财政部教育部关于改革完善中央高校预算拨款制度的通知》(财教〔2015〕467号)等文件精神,加强对中央高校自主开展科学研究的稳定支持,提升中央高校服务国家发展战略能力、自主创新能力和高层次人才培养能力,提高资金使用效益,根据国家有关规定以及预算管理改革的有关要求,制定本办法。

第二条 中央高校基本科研业务费(以下简称基本科研业务费)用于支持中央高校自主开展科学研究工作,重点使用方向包括:支持40周岁以下青年教师提升科研创新能力,支持在校优秀学生提升基本科研能力;支持一流科技领军人才和创新团队建设,支持科研创新平台能力建设;开展多学科交叉的基础性、支撑性和战略性研究,加强科技基础性工作等。

第三条 基本科研业务费的使用和管理遵循以下原则。

(一)稳定支持。对中央高校培养优秀科研人才和团队、开展前瞻性自主科研、提升创新能力给予稳定支持,根据绩效评价结果和中央财力状况适时加大支持力度。

(二)自主管理。中央高校根据基本科研需求统筹规划,自主选题、自主立项,按规定编制预算和使用资金。

(三)聚焦重点。中央高校坚持问题导向和需求导向,围绕国家战略需求,开展基础研究、前沿探索和技术攻关,支持一流科技领军人才和创新团队。

(四)注重绩效。强化绩效导向,从重过程向重结果转变,加强分类绩效评价和结果应用,提高资金使用效益。

第二章 管理权限与职责

第四条 财政部会同教育部核定基本科研业务费支出规划和年度预算,对资金使用和管理情况进行监督指导,根据工作需要开展重点绩效评价,并将评价结果作为预算编制、改进管理的重要依据。

第五条 主管部门应当按照部门预算管理的有关要求,及时将基本科研业务费预算下达到所属高校,对资金使用情况进行监督,组织开展全过程绩效管理。

第六条 中央高校是基本科研业务费使用管理的责任主体,应当切实履行法人责任,健全内部管理机制,加强项目库的建设和管理,对立项项目进行全过程预算绩效管理,具体组织预算执行。

第七条 项目负责人是基本科研业务费使用管理的直接责任人,对资金使用和项目实施的规范性、合理性和有效性负责。

第三章 预算管理

第八条 基本科研业务费采用因素法分配,主要考虑中央高校青年教师和在校学生科研需求及能力、科研活动开展情况、科技创新平台和创新团队建设情况、财务管理情况、绩效评价结果等因素。

第九条 基本科研业务费分别用于支持自主选题项目、科技领军人才和优秀青年团队项目。

第十条 自主选题项目由中央高校结合中期财政规划和科研需求,自行组织项目的遴选和立项,建立校内基本科研业务费项目库,并实行动态调整。

科技领军人才和优秀青年团队项目以前沿科学中心、集成攻关大平台、协同创新中心为依托,支持其一流科技领军人才牵头组织的创新团队;支持具有较强原始创新能力和潜力的青年人才组建的跨学科、跨领域的优秀团队。

第十一条　中央高校根据预算管理要求,完成项目申报、评审、遴选排序等工作,科学合理安排年度预算。对实施期限为一年以上的研究项目,应当根据研究进展分年度安排预算。

第十二条　基本科研业务费支持的项目,原则上同一负责人同一时期只能牵头负责一个项目,作为团队成员参加者合计不得超过三个项目。

第四章　支出和决算管理

第十三条　基本科研业务费纳入中央高校财务统一管理,专款专用。基本科研业务费具体使用范围和开支标准,由中央高校按照国家有关规定和本办法有关要求,结合实际情况确定。

基本科研业务费用于支持青年科研人员的比例,一般不低于年度预算的50%。

第十四条　基本科研业务费不得开支有工资性收入的人员工资、奖金、津补贴和福利支出,不得分摊学校公共管理和运行费用,不得开支罚款、捐赠、赞助、投资等,也不得用于按照国家规定不得列支的其他支出。

第十五条　基本科研业务费的资金支付执行国库集中支付制度。中央高校应当严格执行国家有关支出管理制度。对应当实行"公务卡"结算的支出,按照中央财政科研项目使用公务卡结算的有关规定执行。对于设备、大宗材料、测试化验加工、劳务、专家咨询等费用,原则上应当通过银行转账方式结算。

第十六条　基本科研业务费的支出中属于政府采购范围的,应当按照《中华人民共和国政府采购法》及政府采购的有关规定执行。

第十七条　中央高校应将基本科研业务费的收支情况纳入单位年度决算,统一编报。项目在研期间,年度剩余资金可以结转下一年度继续使用。项目任务目标完成并通过审核验收后,结余资金由高校统筹安排用于科研活动直接支出,优先考虑原团队科研需求。

第十八条　使用基本科研业务费形成的资产属于国有资产,应当按照国家国有资产管理的有关规定加强管理;其中科技成果和科学数据等由学校按规定统筹管理。

第五章　绩效管理与监督检查

第十九条　教育部会同其他主管部门建立绩效管理制度,对项目资金组织开展全过程绩效管理。加强分类绩效评价,强化评价结果运用,将绩效评价结果作为项目调整、后续支持的重要依据。

中央高校应当切实加强绩效管理,强化绩效目标管理,做好绩效运行监控,开展绩效自评,引导科研资源向优秀人才和团队倾斜,提高科研经费使用效益。

第二十条 主管部门、财政部对基本科研业务费的预算执行、资金使用效益和财务管理等情况进行监督检查。如发现有截留、挤占、挪用资金的行为,以及因管理不善导致资金浪费、资产毁损、效益低下的,财政部将暂停或核减其以后年度预算。

第二十一条 中央高校应当按照国家科研信用制度的有关要求,建立基本科研业务费的科研信用制度,并按照国家统一要求纳入国家科研信用体系。

第二十二条 中央高校应当建立信息公开机制,在学校内部主动公开非涉密项目立项、主要研究人员、预算、决算、设备购置、结余资金使用等情况,自觉接受监督。

第二十三条 中央高校要严格遵守国家财政财务制度和财经纪律,切实加强对基本科研业务费使用和管理的事中事后监管,自觉接受审计、监察、财政及主管部门的监督检查,确保经费合理规范使用。

第二十四条 财政部、主管部门及其相关工作人员在基本科研业务费分配使用、审核管理等相关工作中,存在违反规定安排资金或其他滥用职权、玩忽职守、徇私舞弊等违法违规行为的,依法责令改正,对负有责任的领导人员和直接责任人员依法给予处分;涉嫌犯罪的,依法移送有关机关处理。

中央高校及其工作人员在基本科研业务费申报、使用过程中存在截留、挤占、挪用资金等违法违规行为的,按照《中华人民共和国预算法》及其实施条例、《财政违法行为处罚处分条例》等国家有关规定追究相应责任;涉嫌犯罪的,依法移送有关机关处理。

第六章 附 则

第二十五条 本办法由财政部、教育部负责解释。各中央高校应当根据本办法,制定适合本校特点的实施细则,报主管部门备案,同时抄送财政部、教育部。

第二十六条 本办法自印发之日起施行。《财政部教育部关于印发〈中央高校基本科研业务费管理办法〉的通知》(财教〔2016〕277号)同时废止。

附录13 《高等学校哲学社会科学繁荣计划专项资金管理办法》

（财教〔2021〕285号）

关于印发《高等学校哲学社会科学繁荣计划专项资金管理办法》的通知

（财教〔2021〕285号）

中央有关部门，国务院有关部委、有关直属机构，各省、自治区、直辖市、计划单列市财政厅（局）、教育厅（教委、教育局），新疆生产建设兵团财政局、教育局：

根据中共中央、国务院关于科研经费管理改革有关要求和《国务院办公厅关于改革完善中央财政科研经费管理的若干意见》（国办发〔2021〕32号），我们对《财政部教育部关于印发〈高等学校哲学社会科学繁荣计划专项资金管理办法〉的通知》（财教〔2016〕317号）进行了修订。现将修订后的《高等学校哲学社会科学繁荣计划专项资金管理办法》印发你们，请遵照执行。

附件：《高等学校哲学社会科学繁荣计划专项资金管理办法》

财政部 教育部
2021年11月15日

高等学校哲学社会科学繁荣计划专项资金管理办法

第一章 总 则

第一条 为规范高等学校哲学社会科学繁荣计划专项资金（以下简称繁荣计划专项资金）管理和使用，提高资金使用效益，推动面向2035高校哲学社会科学高质量发展，根据《中华人民共和国预算法》及其实施条例等法律法规和《中共中央办公厅国务院办公厅印发〈关于进一步完善中央财政科研项目资金管理等政策的若干意见〉的通知》、《国务院关于优化科研管理提升科研绩效若干措施的通知》（国发〔2018〕25号）、《国务院办公厅关于改革完善中央财政科研经费管理的若干意见》（国办发〔2021〕32号）等要求，结合繁荣计划管理特点，制定本办法。

第二条 繁荣计划专项资金由中央财政安排，是用于支持高校思政课建设和哲学社会科学研究、学科发展、人才培养、队伍建设的专项资金。

第三条 繁荣计划专项资金管理，以促进高校哲学社会科学高质量发展为目标，以推动高校加快构建中国特色哲学社会科学学科体系、学术体系、话语体系为重点，坚持以人为本、遵循规律、突出绩效、规范安全的原则。

第四条 财政部根据国家教育事业发展规划，结合高校哲学社会科学资金需求、国家财力可能和绩效结果，将繁荣计划专项资金列入中央财政预算，核定支出规划和年度预算，对资金使用和管理情况进行监督指导。

第五条 教育部负责编制繁荣计划专项资金年度预算、具体组织实施和管理监督工作，健全绩效考评机制。

第六条 项目承担高校是繁荣计划专项资金管理的责任主体，建立健全专项资金管理制度，完善内部控制、绩效管理和监督约束机制，合理确定科研、财务、人事、资产、审计、监察等部门的责任和权限。

第七条 项目负责人是繁荣计划专项资金使用的直接责任人，对资金使用的合法合规性、合理性、真实性和相关性负责。

第八条 繁荣计划专项资金分为研究项目资金、非研究项目资金和管理资金。

第二章 研究项目资金

第九条 研究项目资金支出是指繁荣计划中设立的各类研究项目在组织实施过程中与研究活动相关的、由项目资金支付的各项费用。研究项目资金支出由直接费用和间接费用组成。根据预算管理方式不同，研究项目资金分为预算制项目资金和包干制项目资金。

本办法所称的研究项目，包括教育部哲学社会科学研究项目，以及专项资金支持的研究基地、实验室、平台、智库等设立的研究项目。

第十条 直接费用是指在项目研究过程中发生的与之直接相关的费用，包括：

（一）业务费：指在项目研究过程中购置图书、收集资料、复印翻拍、检索文献、采集数据、翻译资料、印刷出版、会议、差旅、国际合作与交流等费用，以及其他相关支出。

（二）劳务费：指在项目实施过程中支付给参与研究的研究生、博士后、访问学者、聘用的研究人员、科研辅助人员等的劳务性费用，以及支付给临时聘请的咨询专家的费用等。

聘用人员的劳务费开支标准，参照当地社科研究从业人员平均工资水平，根据其在研究中承担的工作任务确定，其由单位缴纳的社会保险补助、住房公积金等纳入劳务费科目列支。

支付给临时聘请的咨询专家的费用，不得支付给参与本项目及所属课题研究和管理的相关人员，其管理按照国家有关规定执行。

（三）设备费：指在项目研究过程中购置设备和设备耗材、升级维护现有设备及租用外单位设备而发生的费用。应当合理购置设备，鼓励共享、租赁及对现有设备进行升级改造。

第十一条 间接费用是指项目承担高校在组织实施项目过程中发生的无法在直接费用中列支的相关费用,主要包括:项目承担高校为项目研究提供的房屋占用,日常水、电、气、暖等消耗,有关管理费用的补助支出,以及激励科研人员的绩效支出等。

第十二条 预算制项目负责人在申请繁荣计划项目资金时,按照研究实际需要和资金开支范围,科学合理、实事求是地按年度编制项目预算、设定项目绩效目标。直接费用中除 50 万元以上的设备费外,其他费用只提供基本测算说明,不需要提供明细。

跨单位合作的科研活动,确需外拨资金的,应当在预算中单独列示,并对合作研究单位资质、承担的研究任务、外拨资金额度等进行说明。间接费用外拨金额由项目承担高校和合作研究单位协商确定。

第十三条 间接费用由项目承担高校统筹安排使用。项目承担高校应当公开透明、合理合规使用间接费用,处理好分摊间接成本和对科研人员激励的关系。绩效支出安排应当与科研人员在研究工作中的实际贡献挂钩,可以将间接费用全部用于绩效支出,并向创新绩效突出的团队和个人倾斜。项目承担高校不得在间接费用以外再以任何名义在项目资金中重复提取、列支管理费用和绩效支出。

第十四条 间接费用按照不超过项目资助总额的一定比例核定,具体如下:50 万元及以下部分为 40%;超过 50 万元至 500 万元的部分为 30%;超过 500 万元的部分为 20%。

对纯理论基础研究项目,间接费用比例 50 万元及以下部分可提高到不超过 60%;超过 50 万元至 500 万元的部分可提高到不超过 50%;超过 500 万元的部分可提高到不超过 40%,具体范围由教育部商财政部确定。

第十五条 教育部根据繁荣计划建设目标和建设内容,组织专家重点对预算申请的目标相关性、政策相符性、经济合理性进行评审。

第十六条 项目负责人应当严格执行批准后的预算。预算有以下情况确需调剂的,由项目承担高校审批或备案。

(一)原预算未列示外拨资金,需要增列的;外拨资金如需调剂的,由项目负责人根据科研活动的实际需要提出申请,报项目承担高校审批。

(二)设备费预算如需调剂的,由项目负责人根据科研活动的实际需要提出申请,报项目承担高校审批。

(三)业务费、劳务费预算如需调剂的,由项目负责人根据科研活动实际需要自主安排,并报项目承担高校备案。

(四)间接费用预算总额不得调增,项目负责人与项目承担高校协商一致后可调减用于直接费用。

项目承担高校应当根据科研活动的实际需求及时办理调剂手续。

第十七条 包干制项目实施范围由教育部商财政部确定。

第十八条 项目承担高校应当制定项目资金包干制管理规定。管理规定应当包括资金使用范围和标准、各方责任、违规惩戒措施等内容，报教育部备案。

第十九条 包干制项目负责人应在承诺遵守科研伦理道德和学风诚信要求、经费全部用于与项目研究工作相关支出的基础上，本着科学、合理、规范、有效的原则使用资金，无需编制预算。

第二十条 包干制项目资金由项目负责人自主决定使用，对于本办法第十条、第十一条规定的开支范围内的资金由项目负责人自主决定使用，无需履行调剂程序。

对于项目承担高校为研究提供的房屋占用，日常水、电、气、暖等消耗及开展有关管理工作的补助支出，由项目承担高校根据实际管理需要，在充分征求项目负责人意见基础上确定合理标准。

对于激励科研人员的绩效支出，由项目负责人根据实际科研需要和相关薪酬标准自主确定，项目承担高校按照工资制度进行管理。

第三章 非研究项目资金

第二十一条 非研究项目资金支出是指支持研究基地、实验室、平台、智库、团队等建设费用。

非研究项目资金按照"稳定支持、长效机制，遵循规律，引导带动，绩效导向、动态调整"的原则进行资助和管理，具体开支范围如下。

（一）人员聘用经费：指支付给聘用的编制以外、不开支财政补助人员经费的专职研究人员、管理人员和国外访问学者的费用。

（二）能力建设经费：指用于改善科研条件，推进全方位能力建设的经费，主要包括开展的国内学术交流、国情调研、信息采集、成果转化、联合研究等费用。

（三）国际合作与交流经费：指为开展对外合作交流活动，如出访、在境内外举办国际会议（含双边）、外国专家来华及港澳台专家来内地（大陆）学术合作交流等发生的费用。开支国际合作与交流经费应当执行国家外事经费管理的有关规定。

（四）奖励经费：指根据研究人员实际贡献安排的奖励性费用，安排奖励性费用应加大对优秀人才和成果的奖励力度。

开支奖励经费的情况包括：

1. 坚持服务国家目标与鼓励自由探索相结合，在思想理论上有重大创新、传承文明上有突出贡献、学科建设上有显著推动；

2. 围绕国家重大战略，在解决经济社会发展重大问题上有重要贡献，为党和政府提供决策服务上有重要建树；

3．阐释中国立场、发出中国声音，产生较大国际影响；

4．在方法创新上有重大突破；

5．教育部认定在其他方面做出突出贡献的。

奖励经费的使用范围和标准由项目承担高校根据财政部、教育部规定制定，要合理合规、公开公平、拉开档次。安排奖励经费要符合国家收入分配制度和项目承担高校薪酬制度要求，由项目承担高校核定，在高校内部公示。不得在奖励经费以外再以任何名义在专项资金中重复提取、列支相关费用。

第二十二条　对于非研究项目资金中国家已规定开支标准的科目，应当严格按照国家有关规定执行；对于国家未规定开支标准的科目，各类非研究项目应当建立健全经费开支标准和管理制度。

第二十三条　非研究项目资金不得用于本办法第二十一条开支范围外的行政事业单位人员经费和公用经费。

第四章　管理资金

第二十四条　管理资金支出是指教育部在实施繁荣计划过程中发生的工作所需费用，包括组织、协调、评审、鉴定和奖励费用等。

第二十五条　按规定对"教育部科学研究优秀成果奖（人文社会科学）"、有价值高水平的咨政成果进行奖励。

第二十六条　管理资金在实施过程中，按照"管、办、评"分离原则，推进政府购买服务，规范向社会力量购买服务的程序和方式。

第五章　预算执行与决算

第二十七条　教育部根据部门预算编制要求，将繁荣计划专项资金3年支出规划和年度预算建议数报送财政部，财政部按部门预算程序审核后批复年度预算。

第二十八条　教育部根据繁荣计划不同类型科研活动特点、研究进度、资金需求等，合理制定经费拨付计划。教育部在项目任务书签订后30日内，向项目承担高校下达经费，首笔资金拨付比例充分尊重项目负责人意见，切实保障科研活动需要。

第二十九条　项目承担高校应当将资金纳入单位财务部门统一管理，单独核算，专款专用。

项目承担高校要根据项目负责人意见，及时将外拨资金拨付至项目合作单位，并加强对外拨资金的监督管理。

项目负责人应当结合科研活动需要，科学合理安排资金支出进度。项目承担高校应当关注资金执行进度，有效提高资金使用效益。

第三十条　繁荣计划专项资金按照国库集中支付制度规定拨付。

第三十一条 繁荣计划专项资金不得用于租赁办公场所和基础设施建设,不得用于开支各种罚款、捐赠、赞助、投资、偿还债务等,不得用于与项目工作无关的支出,严禁以任何方式牟取私利。

第三十二条 项目承担高校应当严格执行国家有关科研资金支出管理制度。对应当实行公务卡结算的支出,按照中央财政科研项目使用公务卡结算的有关规定执行。劳务费支出原则上应当通过银行转账方式结算,从严控制现金支出事项。

专项资金支出属于政府采购范围的,应当按照政府采购有关规定执行。对科研急需的设备和耗材采取特事特办、随到随办的采购机制。

第三十三条 研究过程中,项目承担高校因科研活动实际需要,邀请境内外专家、学者和有关人员参加由其主办的会议等,对确需负担的城市间交通费、国际旅费,可在会议费等费用中报销。对国内差旅费中的伙食补助费、市内交通费和难以取得发票的住宿费可实行包干制。对调查研究、野外考察、问卷调查、数据采集等科研活动中无法取得发票或财政性票据的支出,在确保真实性的前提下,项目承担高校可按实际发生额予以报销。

第三十四条 凡使用繁荣计划专项资金形成的固定资产、无形资产等属于国有资产,应当按照国有资产管理的有关规定执行。

第三十五条 项目承担高校要切实强化法人责任,严格按照国家有关规定和本办法规定,指导项目负责人科学合理编制预算,规范预算调剂程序,加强对外拨资金、间接费用、结转结余资金等的审核和管理。

第三十六条 项目承担高校应当创新服务方式,让科研人员潜心从事科学研究。应当全面落实科研财务助理制度,确保配有相对固定的科研财务助理,为科研人员在预算编制、经费报销等方面提供专业化服务。科研财务助理所需人力成本费用(含社会保险补助、住房公积金),由项目承担高校统筹解决。

第三十七条 项目承担高校应当改进财务报销管理方式,充分利用信息化手段,推动项目经费数字化、无纸化报销,建立符合科研实际需要的内部报销机制。

第三十八条 项目承担高校应将繁荣计划专项资金收支情况纳入单位年度决算统一编报。

第三十九条 完成研究后,项目负责人应当按照学校财务规定清理账目与资产,据实编报决算,并附财务部门审核确认的资金收支明细账,与结项验收材料一并报送教育部。

有外拨资金的项目,外拨资金决算经合作研究单位财务、审计部门审核并签署意见后,由项目负责人汇总编制项目资金决算。

第四十条 对于研究项目资金,在研周期内,年度剩余资金可以结转下一年度继续使用。通过结项验收后,结余资金由项目承担高校统筹安排用于科研活动直接支出,优先考虑原团队科研需求。项目承担高校应当健全结余资金盘活机制。

对于非研究项目资金和管理资金,按照财政部关于结转结余资金管理有关规定执行。

第四十一条 对于因故被终止执行和被撤销的科研活动,应当视情节轻重分别作出退回结余资金、退回结余资金和绩效支出、退回已拨资金处理。项目承担高校应当及时清理账目与资产,在接到有关通知后 90 日内按原渠道退回教育部。所退资金由教育部统筹用于资助繁荣计划科研活动。

项目承担高校发生变更的,原承担高校应当及时向新承担高校转拨项目资金。

第六章 绩效管理与监督检查

第四十二条 教育部应进一步突出绩效导向,落实绩效管理责任,做好绩效目标管理,加强分类评价,强化绩效评价结果运用,将绩效评价结果作为科研活动调整、后续支持的重要依据。财政部根据工作需要对繁荣计划专项资金开展绩效评价。

项目承担高校要切实加强绩效管理,引导科研资源向优秀人才和团队倾斜,提高科研经费使用效益。

第四十三条 繁荣计划专项资金管理建立承诺机制。项目承担高校应当承诺依法履行专项资金管理的职责。项目负责人应当承诺提供真实的信息,并认真遵守专项资金管理的有关规定。项目承担高校和项目负责人对违反承诺导致的后果承担相应责任。

第四十四条 项目承担高校应当建立信息公开机制,在学校内部主动公开预算、预算调剂、决算、设备购置、外拨资金、劳务费发放、间接费用、结余资金使用等情况,自觉接受监督。

第四十五条 项目承担高校要动态监管经费使用并实时预警提醒。对项目承担高校和科研人员在科研经费管理使用过程中出现的失信情况,纳入信用记录管理,对严重失信行为实行追责和惩戒。

第四十六条 项目承担高校和项目负责人应当依法依规管理使用专项资金,不得存在以下行为:

(一)虚假编报项目预算;

(二)未对繁荣计划专项资金进行单独核算;

(三)列支与项目任务无关的支出;

(四)违反规定转拨项目资金;

(五)通过虚假合同、虚假票据、虚构事项、虚报人员等弄虚作假方式,转移、套取、报销项目资金;

(六)截留、挤占、挪用项目资金;

(七)设置账外账、随意调账变动支出、随意修改记账凭证、提供虚假财务会计资料等；

（八）在使用项目资金中以任何方式列支应由个人负担的有关费用和利用项目资金支付各种罚款、捐款、赞助、投资、偿还债务等；

（九）其他违反国家财经纪律的行为。

第四十七条 财政部、教育部及其相关工作人员在项目资金分配使用、审核管理等相关工作中，存在违反规定安排资金或其他滥用职权、玩忽职守、徇私舞弊等违法违规行为的，依法责令改正，对负有责任的领导人员和直接责任人员依法给予处分；涉嫌犯罪的，依法移送有关机关处理。

项目承担高校和项目负责人应当自觉接受审计监督、财会监督，自觉接受主管部门日常监督。项目承担高校及其相关工作人员、项目负责人及其团队成员在资金管理使用过程中，不按规定管理使用项目资金、不按时编报项目决算、不按规定进行会计核算，存在截留、挪用、侵占项目资金等违法违规行为的，按照《中华人民共和国预算法》及其实施条例、《中华人民共和国会计法》、《财政违法行为处罚处分条例》等国家有关规定追究相应责任。涉嫌犯罪的，依法移送有关机关处理。

第七章 附 则

第四十八条 本办法由财政部、教育部负责解释。

第四十九条 本办法自颁布之日起施行。2016年11月24日财政部、教育部印发的《高等学校哲学社会科学繁荣计划专项资金管理办法》（财教〔2016〕317号）同时废止。

第五十条 各项目承担高校要依据本办法修订完善内部相关管理办法。